E. F. Engelhardt

Das grosse inoffizielle Fritz!Box Handbuch

W0214915

E. F. ENGELHARDT

DAS GROSSE INOFFIZIELLE FRITZ!BOX HANDBUCH

MIT 262 ABBILDUNGEN

FRANZIS

Bibliografische Information der Deutschen Bibliothek

Die Deutsche Bibliothek verzeichnet diese Publikation in der Deutschen Nationalbibliografie; detaillierte Daten sind im Internet über http://dnb.ddb.de abrufbar.

Alle Angaben in diesem Buch wurden vom Autor mit größter Sorgfalt erarbeitet bzw. zusammengestellt und unter Einschaltung wirksamer Kontrollmaßnahmen reproduziert. Trotzdem sind Fehler nicht ganz auszuschließen. Der Verlag und der Autor sehen sich deshalb gezwungen, darauf hinzuweisen, dass sie weder eine Garantie noch die juristische Verantwortung oder irgendeine Haftung für Folgen, die auf fehlerhafte Angaben zurückgehen, übernehmen können. Für die Mitteilung etwaiger Fehler sind Verlag und Autor jederzeit dankbar. Internetadressen oder Versionsnummern stellen den bei Redaktionsschluss verfügbaren Informationsstand dar. Verlag und Autor übernehmen keinerlei Verantwortung oder Haftung für Veränderungen, die sich aus nicht von ihnen zu vertretenden Umständen ergeben. Evtl. beigefügte oder zum Download angebotene Dateien und Informationen dienen ausschließlich der nicht gewerblichen Nutzung. Eine gewerbliche Nutzung ist nur mit Zustimmung des Lizenzinhabers möglich.

© 2010 Franzis Verlag GmbH, 85586 Poing

Alle Rechte vorbehalten, auch die der fotomechanischen Wiedergabe und der Speicherung in elektronischen Medien. Das Erstellen und Verbreiten von Kopien auf Papier, auf Datenträgern oder im Internet, insbesondere als PDF, ist nur mit ausdrücklicher Genehmigung des Verlags gestattet und wird widrigenfalls strafrechtlich verfolgt.

Die meisten Produktbezeichnungen von Hard- und Software sowie Firmennamen und Firmenlogos, die in diesem Werk genannt werden, sind in der Regel gleichzeitig auch eingetragene Warenzeichen und sollten als solche betrachtet werden. Der Verlag folgt bei den Produktbezeichnungen im Wesentlichen den Schreibweisen der Hersteller.

Satz: G&U Language & Publishing Services GmbH, Flensburg
art & design: www.ideehoch2.de
Druck: Bercker, 47623 Kevelaer
Printed in Germany

ISBN 978-3-7723-60057-6

Vorwort

Wer nachts ruhig schlafen will, sperrt seine Eingangstür ab. So einfach geht das bei einem Computer nicht: Eindringlinge aus dem Internet sind durch konventionelle Schlösser und Türen nicht zu stoppen. Viren, Trojanische Pferde, Würmer und Spam-E-Mails sind nur einige der Gefahren, denen Ihr Computer oder das Heimnetzwerk ausgesetzt sind. Gerade wenn Sie viele wichtige Daten auf den privaten PC oder Firmenrechner speichern, sollten Sie sich Gedanken über die Sicherheit der FRITZ!Box und deren Konfiguration machen. Wer sie nicht entsprechend eingerichtet hat, wird leicht Opfer von Spionen oder Angreifern, die Lust am Zerstören haben.

Wer ein schnelles DSL für den Internetzugang nutzt, setzt meistens einen WLAN-Router ein. So stehen an jeder Straßenecke zig Funknetze zur Verfügung. Allerdings steigt mit zunehmender Funknetzdichte auch die Notwendigkeit, das Netz gründlich abzusichern. Heutzutage ist das aber bei DSL-Routern wie der FRITZ!Box sowie aktuellen Computern kein Problem mehr, denn diese beherrschen auch die neueste Verschlüsselungstechnologie.

Normale FRITZ!Boxen sind nach der Grundinstallation offen wie Scheunentore: Der offene Zugangsmechanismus im Heimnetz macht es Angreifern leicht – Lücken in Sachen Virenschutz, Zugriffsschutz, offene Ports und Datensicherheit rauben einem den Schlaf. Doch mit diesem Buch ist Sicherheit auch auf Windows-Systemen möglich – die Pflichtlektüre also für jeden, der seinen Computer wirkungsvoll abschließen möchte.

Mit den grundlegenden Kenntnissen in Sachen FRITZ!Box-Konfiguration schotten Sie Ihr Heimnetz ab. Das Buch bietet dafür alles Nötige. Außerdem finden Sie Möglichkeiten, wie Sie die FRITZ!Box mit inoffiziellen Eingriffen erweitern können. Mithilfe der verschiedenen Workshops und Schritt-für-Schritt-Anleitungen stellt das Aufspielen einer inoffiziellen Firmware kein Problem mehr dar. Möchten Sie sich über das Internet mit Ihrem Heimnetz verbinden, ohne Ängste in Sachen Mitleser und Datendiebstahl zu haben, finden Sie in diesem Buch etliche Tipps und Tricks für die Konfiguration einer VPN-Verbindung, die zeigen, wie Sie mit Hausmittelchen sicher Daten austauschen können.

Wir wünschen Ihnen ganz viel Spaß mit und vor allem viel Nutzen aus diesem Buch.

Autor und Verlag

Sie haben Anregungen, Fragen, Lob oder Kritik zu diesem Buch? Sie erreichen den Autor per Mail unter *ef.engelhardt@gmx.de*.

1 11WLAN: Standards und Komponenten

WLAN (*Wireless Local Area Network*) ist mittlerweile nicht nur flächendeckend etabliert, sondern auch durch die geringen Preise erschwinglich wie nie. Das Schöne: Mit einem Notebook können Sie kabellos fast überall online sein, vorausgesetzt, es ist ein WLAN-Hotspot in der Nähe, mit dem sich die WLAN-Karte verbinden kann. Möchten Sie den Kabelsalat aus dem Wohnzimmer verbannen oder mit Ihrer Familie gemeinsam den Internetanschluss ohne langwieriges Kabelverlegen nutzen, ist WLAN erste Wahl.

Bild 1.1 Die FRITZ!Box Fon WLAN 7390 vereint mit VDSL, ADSL, Telefonanlage, WLAN, DECT-Basis, Gigabit-Ethernet und internem Netzwerkspeicher alle für die Kommunikation wichtigen Funktionen in einem Gerät. Damit setzt AVM neue Maßstäbe am Internetanschluss und bei der Vernetzung zu Hause. Seit dem ersten Quartal 2010 ist die FRITZ!Box Fon WLAN 7390 erhältlich.

Obwohl WLAN primär für mobile Endgeräte wie Notebooks gedacht ist, können Sie auch den PC mit einer WLAN-Karte nachrüsten – solche Karten sind ab 30 Euro erhältlich. Für Notebooks wie für Desktopcomputer gibt es eine besonders praktische Variante, den USB-Adapter. Das oft bei älteren Notebooks vorhandene USB 1.1 ist zwar nicht mehr zeitgemäß, reicht aber für die langsamen WLAN-Standards völlig aus. Highspeed-WLAN realisieren Sie damit ab USB 2.0, was fast nahezu jeder Computer neuerer Bauart beherrscht. In Zukunft wird auch der Nachfolgestandard USB 3.0 etabliert sein, der noch höhere Datenraten über den USB-Bus ermöglicht.

1.1 WLAN: Was ist das eigentlich?

WLANs, also drahtlose Netzwerke, die per Funk Daten übertragen, sind insbesondere im privaten Bereich überaus praktisch, weil der Computer nicht immer in der Nähe des Telefonanschlusses stehen muss und Kabel damit überflüssig werden. Kaum ein DSL-Zugang wird deshalb heute noch ohne die notwendigen Komponenten für den Aufbau eines Drahtlosnetzwerks angeboten. Ein WLAN-Funknetz bietet viele Vorteile.

Sie können Verbindung zu anderen Computern und sonstigen Geräten wie Druckern, Videoservern etc. durch Wände und eingeschränkt auch über mehrere Etagen aufbauen, ohne Kabel legen zu müssen. Sie kommen problemlos durch dicke Wände in der Wohnung oder im Haus, und im Freien kann die Reichweite um die 100 Meter betragen. Mit speziellen Antennen lässt sich die Reichweite bei freier Sicht auf einige Hundert Meter und mit speziellen Richtantennen sogar auf bis zu zwei Kilometer erhöhen.

Zwei Standards sind derzeit für WLAN aktuell: Je nachdem, welche WLAN-Steckkarte Sie nutzen, sendet diese im 2,4-GHz- oder im 5-GHz-Funkbereich. Die Funkleistung von 2,4 GHz ist mittlerweile veraltet, da es nur 11 MBit/s übertragen kann. Das moderne 5-GHz-Funknetz schafft per Standard 54 MBit/s. Firmenspezifische Lösungen bieten bei gleicher Funkleistung schon das Doppelte, diese Technik ist jedoch nicht standardisiert und macht somit speziell aufeinander abgestimmte Komponenten notwendig.

Ein WLAN lässt sich wahlweise im sogenannten Ad-hoc-Modus oder im Infrastrukturmodus betreiben. Im Ad-hoc-Modus kommunizieren die Stationen, also die Rechner, direkt miteinander. Ad-hoc-Verbindungen sind hier quasi Point-to-Point-Verbindungen, von denen aber jede Station mehrere haben kann – ein Vorteil des Funknetzes. Der Ad-hoc-Modus ist für Anwender geeignet, die kein großes Funknetz aufbauen möchten, sondern nur schnell zwei WLAN-Geräte miteinander verbinden wollen.

Der Infrastrukturmodus braucht stattdessen einen sogenannten Access Point, über den die WLAN-Komponenten kommunizieren und auch auf das kabelgebundene Netz wie Internet etc. zugreifen können. Access-Point-Technik liefern alle WLAN-Router, die Sie im Handel kaufen können. So macht ein Access Point nichts anderes, als die Daten zwischen WLAN und LAN hin- und herzuschieben, und stellt somit eine Sende- und Empfangseinheit dar. Für das Netzwerk zu Hause nutzen Sie einen DSL-fähigen WLAN-Router, mit dem Sie alle Räume der Wohnung mit Internet versorgen können, ohne in jeden einzelnen Raum Löcher durch die Wand bohren zu müssen.

Als Erstes wird der Router ausgepackt und aufgestellt. Anschließend kommt der Rundstecker der Stromversorgung in das Gerät. Auf der Rückseite des Routers ist eine Buchse mit der Aufschrift DSL/TEL, in die das Kabel des DSL-Splitters eingesteckt wird.

Bild 1.2 Die DSL/TEL-Buchse (links) stellt die Verbindung zum Internet Service Provider her.

Damit ist eine permanente Internetverbindung möglich, ohne dass ein Computer im Netzwerk laufen muss. Anschließend können Sie hier sowohl kabelgebundene Netzwerkkarten als auch WLAN-Netzwerkkarten mit einem WLAN-Router in einem gemeinsamen Netz betreiben. Zum Einrichten und Konfigurieren des WLAN-Routers schließen Sie ihn aus Sicherheitsgründen per Netzwerkkabel (Twisted Pair) an. Das sollten Sie auch bei Notebooks beherzigen, die standardmäßig immer mit WLAN-Adaptern ausgestattet sind. Für die Ersteinrichtung sollte ein offenes Funknetz tabu sein. Deshalb ist für die FRITZ!Box eine sichere WLAN-Verbindung bereits ab Werk voreingestellt – für den Browserzugriff via WLAN muss das individuelle WPA2-Passwort, das sich auf dem Aufkleber auf der Unterseite der FRITZ!Box befindet, eingegeben werden.

Grundvoraussetzung für eine WLAN-Verbindung mit einem WLAN-Router ist eine WLAN-Karte. Befindet sich in Reichweite ein WLAN-Router, können Sie kabellose Geräte miteinander verbinden und beispielsweise den Internetanschluss zur Verfügung stellen. Auch wenn die Verbindung allgemein als unsicher gilt, kann durch geschickte Konfiguration die Übertragung mithilfe verschiedenster Mechanismen sicherer gemacht werden.

1.2 Funknetze kritisch betrachtet

Funknetze sind komfortabel – kein Bohren, keine Kabel, einfach nur Luft als Übertragungsmedium. Das ist technisch nicht weiter anspruchsvoll, die Funktechnik gibt es schon lange. Gebremst werden die Funkwellen von Stahlbetonwänden und -decken oder Metallteilen. Die WLAN-Technik liegt im Bereich der Mikrowellenstrahlung – und da kennen Sie ja die Metallgehäuse, die die Mikrowellen von den Lebewesen fernhalten. Das Metallgehäuse schirmt die Mikrowellen ab, die sich sonst frei verteilen würden.

Beim Funknetz gibt es kein Metallgehäuse, also breiten sich die Funkwellen kreisförmig aus und werden nur von Betonwänden oder Ähnlichem gedämpft. Und mit diesen Funkwellen breiten sich auch Ihre Daten aus, sie machen nicht an der Wohnungs- oder Hauswand halt. Wie weit die Strahlung reicht, hängt davon ab, wie ungehindert sich die Wellen ausbreiten können. Deshalb ist es möglich, ein WLAN von außen zu entdecken, wenn man mit einem Notebook mit WLAN-Karte am Haus vorbeifährt.

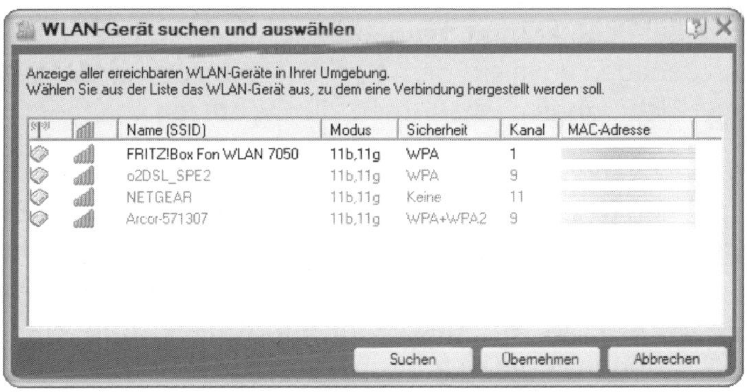

Bild 1.3 Freie Auswahl: Gerade in dicht besiedelten Wohnanlagen findet der PC zig WLAN-Netzwerke.

Gleiches gilt natürlich auch für Mehrfamilienhäuser oder Wohnanlagen, in denen ohne Schwierigkeiten mehrere Funknetze nebeneinander laufen können und man auch immer zusätzlich andere Netze als das eigene zu sehen bekommt. Damit Sie Ihr WLAN nicht öffentlich bereitstellen, sind daher einige Sicherheitsmaßnahmen erforderlich. Welche das sind, erfahren Sie weiter unten.

Immer wieder in der Diskussion und nicht wegzuleugnen – WLANs sind natürlich am Phänomen Elektrosmog beteiligt. Sie senden elektromagnetische Wellen aus – und manch einer mag sie nicht ständig in der Wohnung haben. Ähnlich wie schnurlose DECT-Telefone sind WLANs dauerhaft auf Sendung, auch wenn gerade keine Daten übertragen werden. Wenn Sie Elektrosmog einschränken möchten, können Sie Ihren Router möglicherweise mit einer Nachtschaltung abends abschalten. Alternativ kann auch die Steckdose abgeschaltet werden. Möchten Sie allerdings über das Internet günstiger telefonieren (Voice over IP), sollten Sie das komplette Abschalten vermeiden, denn dann können Sie auch nicht mehr das Telefon nutzen.

Nachteile, die nicht verschwiegen werden sollen

WLANs haben neben den praktischen Vorteilen auch ein paar Nachteile, die je nach Einsatz stärker ins Gewicht fallen. Zunächst einmal sind sie oft langsamer als kabelgebundene Netzwerke. Auch wenn die meisten WLAN-Router theoretisch genauso schnell sind wie der Standard für Kabelnetzwerke, in der Praxis erreichen WLANs nur unter optimalen Bedingungen die volle Leistung. Die Mauer, die das WLAN überwinden soll, kann je nach Beschaffenheit schon eine erste Hürde darstellen.

Aus direkt benachbarten Räumen lässt sich das Netzwerk meist noch mit guter Übertragungsqualität nutzen, sind aber mehrere Wände oder gar Geschossdecken dazwischen, lässt die Leistung deutlich nach. Ein weiterer Nachteil ist die mangelnde Begrenzung der Funkwellen. Die Daten machen eben nicht vor Wänden halt. Wenn ein Kabel liegt, kommt niemand so einfach an Ihre Daten heran, das Funknetz kann dagegen auch aus dem Nachbarhaus noch erreichbar sein. Es gibt aber wirksame Sicherungsmechanismen, die Sie nutzen können.

Die Zuverlässigkeit der Netzwerkverbindungen ist bei Funknetzen nicht so hoch wie im kabelgebundenen Netz, zu vielfältig sind die äußeren Einflüsse. Es kann immer wieder vorkommen, dass die Verbindung abreißt oder gar nicht erst zustande kommt. Die Nutzung des WLAN für die Übertragung großer Datenströme, wie sie beispielsweise bei Videos anfallen, ist daher nur selten und unter optimalen Bedingungen angeraten.

1.3 Aktuelle WLAN-Standards

WLANs arbeiten mit bestimmten Standards, die Funkfrequenz, Kanalnummer und Übertragungsgeschwindigkeit festlegen. Für den Aufbau eines WLAN bedeutet das zunächst, dass alle Komponenten einen gemeinsamen Standard beherrschen müssen, um zusammenzuarbeiten. Funknetze verständigen sich per Funk, dazu brauchen sie eine gemeinsame Frequenz. Die gemeinsame Frequenz gehört zusammen mit anderen Daten zur Norm, die für die Kommunikation benötigt wird.

Die Basisnorm heißt 802.11. Wie bei allem in der Welt gibt es aber auch hier unterschiedliche Varianten, die ungünstigerweise nur anhand des Abschlussbuchstabens zu unterscheiden sind. In diesem Fall gibt es also 802.11b, 802.11g etc. Die verschiedenen Normen, auch Standards genannt, haben unterschiedliche Frequenzen, unterschiedliche Reichweiten und unterschiedliche Übertragungsgeschwindigkeiten. So sieht die Welt der Funknetze derzeit aus:

IEEE-Standard	Beschreibung	Bemerkung
802.11	Protokoll und Übertragungsverfahren für drahtlose Netze (bis 1997 für 2 MBit/s bei 2,4 GHz definiert).	Grundlage für alle WLAN-Standards.
802.11a	WLAN mit bis zu 54 MBit/s im 5-GHz-Bereich, 12 nicht überlappende Kanäle, Modulation: OFDM (*Orthogonal Frequency Division Multiplexing*).	In Deutschland eher unüblich und selten; nicht mehr aktuell.
802.11b	WLAN mit bis zu 11 MBit/s im 2,4-GHz-Bereich, 3 nicht überlappende Kanäle.	Früher WLAN-Standard in Europa, immer noch in älteren Centrino-Notebooks zu finden.
802.11b+	WLAN mit bis zu 22 MBit/s im 2,4-GHz-Bereich, Modulation: PBCC.	Modifizierte Variante des 802.11b-Standards. Verbreitung eher gering.
802.11c	Wireless Bridging zwischen Access Points.	
802.11d	Anpassungen an regionale Regulierungen und Besonderheiten wie den Frequenzbereich.	
802.11e	Erweitert WLAN um QoS (*Quality of Service*) – Priorisierung von Datenpaketen, z. B. für Multimedia-Anwendungen und Streaming.	

IEEE-Standard	Beschreibung	Bemerkung
802.11f	Roaming zwischen Access Points verschiedener Hersteller.	
802.11g	54-MBit/s-WLAN im 2,4-GHz-Band, Modulation: OFDM.	Dieser Standard steckt in allen modernen Notebooks und wird von nahezu allen modernen WLAN-Geräten beherrscht. Darunter geht perspektivisch nichts mehr.
802.11h	Ergänzungen zu 802.11a für Europa: DFS (*Dynamic Frequency Selection*) und TPC (*Transmit Power Control*).	
802.11i	WPA2: Verbesserung der Verschlüsselung: AES, 802.1x (aufbauend auf WEP und WPA).	WPA2 ist inzwischen mit vielen Adaptern für den Standard g oder höher möglich.
802.11j	Japanische Variante von 802.11a.	
802.11k	Bessere Messung/Auswertung/Verwaltung der Funkparameter wie Signalstärke macht ortsbezogene Dienste möglich.	
802.11m	Zusammenfassung früherer Ergänzungen sowie Bereinigung von Fehlern aus vorausgegangenen Spezifikationen.	
802.11n	WLAN-Erweiterung mit 108 MBit/s bis 320 MBit/s.	Dieser Standard steckt in allen modernen Notebooks und wird von nahezu allen modernen WLAN-Geräten beherrscht. Die neueste Generation der WLAN-Router bietet ebenfalls 802.11n – auch das aktuelle AVM-Spitzenmodell FRITZ!Box Fon WLAN 7390.
802.11o	Definiert die Sprachpriorisierung gegenüber dem klassischen Datenverkehr im WLAN.	
802.11p	Erweiterung des 802.11a-Standards für den Einsatz in Fahrzeugen (DSRC/Car2Car-Technik).	Diese Car2Car-Technik steckt noch in den Kinderschuhen.
802.11q	WLAN-Unterstützung von VLAN (*Virtual LAN*).	Ist nur bei einer leistungsfähigen Funkverbindung sinnvoll.

IEEE-Standard	Beschreibung	Bemerkung
802.11r	Hier wird das sogenannte Fast Roaming beim Wechsel zwischen unterschiedlichen Access Points definiert.	Gerade bei Telefonaten via VoIP eine Herausforderung. Derzeit ohne Gesprächsunterbrechungen nicht möglich.
802.11s	Verbesserung von WDS (*Wireless Distribution System*): Hier werden WLAN-Geräte als Relais zum nächstgelegenen Access Point genutzt. Damit werden die Übertragungsrate und vor allem die Netzabdeckung der bestehenden Access-Point-Infrastruktur deutlich verbessert.	WDS funktioniert derzeit häufig nur mit einheitlichen Geräten eines Chipsatz- oder Geräteherstellers – mit der Einführung des Standards WLAN Mesh Network gehören diese Probleme (hoffentlich) der Vergangenheit an.
802.11t	Einheitliche Test- und Prüfverfahren für die Funknetze sind in diesem WPP-Standard (*Wireless Performance Prediction*) festgelegt.	
802.11u	Hier wird eine eventuelle »Zusammenarbeit« mit anderen Funkstandards wie DECT, Handynetzen und Ähnlichem definiert.	
802.11v	Wireless Network Management.	Wie im kabelgebundenen Netzwerk auch.
802.11w	Protected Management Frames.	
802.11z	Hier ist das sogenannte DLS (*Direct Link Setup*) definiert, das Direktverbindungen zwischen zwei WLAN-Clients, die über einen Access Point verbunden sind, ermöglicht.	
802.11aa	Erweitert die QoS (aus 802.11e) um weitere Funktionen für die Videoübertragung.	
802.11ad	Gigabit-WLAN.	Zukunftsmusik!

Die Einheit MBit pro Sekunde (MBit/s) wird leicht mit der in der PC-Branche üblichen Angabe MByte verwechselt. Tatsächlich besteht ein Byte aus acht Bit, die bei älteren Geräten theoretisch mögliche Geschwindigkeit bei 11 MBit/s beträgt in MByte gerechnet ein Achtel, also etwas mehr als 1,3 MByte/s. Allerdings werden diese Werte in der Praxis nicht erreicht, weil zusätzlich zu den Nutzdaten auch administrative Informationen übertragen werden. Mehr als 600 bis 700 KByte/s sind selten drin. Gleiches gilt für den g-Standard, also rund 4 bis 5 MByte/s.

Für Sie ist wichtig, welchen Einsatz Sie für Ihr WLAN planen. Ein WLAN zum Surfen im Internet vom Sofa aus wäre auch bei 11 MBit/s noch ausreichend schnell, solange die volle Sendeleistung erreicht wird. Die meisten DSL-Anschlüsse stellen zwischen 2 und 6 MBit/s bereit, da ist ausreichend Luft nach oben. Für die schnellen 16-MBit/s-Zugänge ist der ältere Standard aber zu langsam. Aktuelle Komponenten versprechen Übertragungsleistungen von 108 MBit/s und mehr.

Diese Werte werden normalerweise nur erreicht, wenn die Komponenten aus einem Haus stammen. AVM ermöglicht 125 MBit/s lediglich in Verbindung mit dem hauseigenen FRITZ!Box-System und USB- oder Cardbus-Adapter aus dieser Baureihe. Besitzer eines älteren Centrino-Notebooks kommen in der Regel nicht in den Genuss solcher Geschwindigkeiten, weil der Chipsatz herstellerspezifische Ansätze nicht unterstützt.

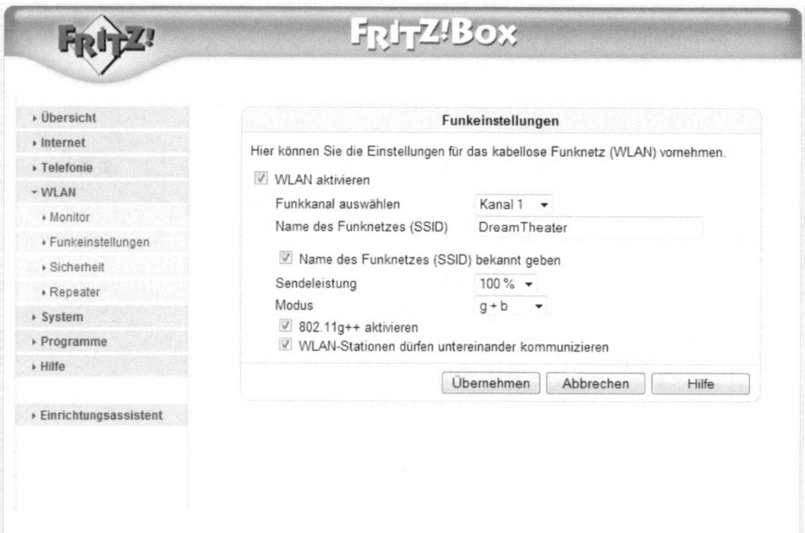

Bild 1.4 Der schnelle 802.11g++-Modus funktioniert nur mit hauseigenen FRITZ!-Komponenten. Kommt es mit einem FRITZ!-AVM-Gerät zu Verbindungsproblemen, sollten Besitzer einer WLAN-FRITZ!Box diese Einstellung deaktivieren.

Beim Kauf von WLAN-Komponenten sollten Sie daher darauf achten, dass alle den gleichen Standard unterstützen, denn das WLAN-System ist abwärtskompatibel. Bei langsameren Komponenten schaltet das ganze Netzwerk auf die niedrigere Geschwindigkeit herunter. Es genügt eine ältere Komponente, und schon werden alle schnelleren ausgebremst. Gleiches gilt auch für die automatische Reduzierung der Übertragungsrate bei Verbindungsproblemen aufgrund dämpfender Wände oder dergleichen. Das ganze Netz wird langsamer.

Bild 1.5 Ein WLAN-Router stellt den Internetzugang für den PC und WLAN-Geräte zur Verfügung. Mithilfe eines WLAN-USB-Adapters kann ein WLAN-Zugang einfach per USB nachgerüstet werden. (Foto: AVM)

Ein Muss: 802.11n-WLAN-Standard

Gerade beim Kauf von neuen WLAN-Komponenten wie Routern oder WLAN-Adaptern fürs Notebook oder den PC, aber auch bei NAS-Lösungen sollten Sie auf die 802.11n-Kompatibilität achten. Der 802.11n-WLAN-Standard gehört zur Grundausstattung in einem modernen WLAN. Macht das schmale Budget keine Komplettumstellung auf 802.11n möglich, lässt sich hier schrittweise vorgehen:

Da der 802.11n-Standard abwärtskompatibel ist, können solche Komponenten auch in ein bestehendes »älteres« WLAN integriert werden, und ebenso lässt sich ein 802.11n-tauglicher WLAN-Router oder Zugriffspunkt so konfigurieren, dass er auch Verbindungswünsche von älteren WLAN-Komponenten entgegennimmt.

Der 802.11n-Standard wird in der Werbung vor allem wegen seiner höheren Datentransferrate gepriesen. Tatsächlich hängt es in der Praxis vom Zusammenspiel und der Kompatibilität der verbundenen WLAN-Geräte ab, ob ein neuer Geschwindigkeitsrekord erreicht werden kann. So lassen sich unterm Strich nicht mal 100 MBit/s unter guten Bedingungen erreichen. Das ist zwar deutlich schneller als ein »alter« WLAN-Router mit 54 MBit/s, doch im Vergleich zu einem kabelgebundenen Netzwerk ist noch deutlich Luft nach oben.

Hat man jedoch noch ein altes WLAN-Modell im Einsatz oder steigt erst in Sachen WLAN ein, kann man mit dem 802.11n-Standard den Wechsel bzw. den Einstieg in das drahtlose Netzwerk wagen. Im Gegensatz zur »alten« WLAN-Technik reicht der neue Standard für mehrere hochauflösende Videostreams aus und macht endlich ruckelfreie Video-/TV-Übertragungen im Heimnetz möglich. Zusätzlich bieten manche Geräte der neuesten WLAN-Generation noch weitere Features, die einen Umstieg attraktiver machen:

Wer bei der Datensicherung noch immer mit einer externen Festplatte arbeitet, kennt das Problem: Sind in einem Heimnetz mehrere PCs im Einsatz und sollen Daten schnell und problemlos übertragen werden, wird das Umstecken einer externen Festplatte von einem PC zum anderen schnell lästig. Einfacher und vor allem bequemer sind Festplatten, die direkt im Netzwerk angeschlossen sind: Hier lässt sich von jedem PC oder Mac – auch gleichzeitig – darauf zugreifen. Mit einer passenden FRITZ!Box mit USB-Festplattenanschluss erweitern Sie die Möglichkeiten des Heimnetzwerks enorm.

1.4 DSL- und WLAN-Komponenten

Um ein WLAN aufzubauen, benötigen Sie nur wenige Komponenten. Wenn Sie ein Komplettpaket von einem der großen DSL-Anbieter erworben haben, ist alles schon dabei. Kaufen Sie die Komponenten einzeln, weil Sie bereits einen DSL-Zugang haben, sollten Sie anhand folgender Liste einkaufen gehen:

Komponente	Beschreibung
DSL-WLAN-Router	Der Router hat die Funktion, das Netzwerk zu realisieren, indem er die nötigen Anschlüsse per Funk und eventuell für Netzwerkkabel bereitstellt. Außerdem stellen neue Modelle die Verbindung zur DSL-Leitung her, fungieren also auch als DSL-Modem. Im Sinne des Funknetzes ist der Router der sogenannte Access Point, der Zugriffspunkt, der die teilnehmenden Computer verbindet. Möchten Sie auf den Internetzugang verzichten, genügt auch ein Access Point zur drahtlosen Vernetzung von PCs. Das ist in Privathaushalten aber eher selten der Fall.
WLAN-Adapter	Der WLAN-Adapter wird benötigt, um drahtlos mit dem Router kommunizieren zu können. WLAN-Adapter gibt es in Form von Steckkarten für normale PCs, als PCMCIA- oder Cardbus-Adapter für Notebooks, als USB-Lösung für stationäre PCs und Notebooks oder als Bestandteil des Notebooks. Im letzteren Fall ist der WLAN-Adapter in den Chipsatz integriert.

Komponente	Beschreibung
Kabel Splitter – Router	Dieses Kabel wird normalerweise mit dem Router geliefert und verbindet den Splitter mit dem Router. Ob WLAN oder nicht, auf dieses Kabel können Sie nicht verzichten. Alles andere kann kabellos funktionieren, aber an dieser Stelle wird noch auf absehbare Zeit eine sichtbare Kabelverbindung benötigt.
Netzwerkkarte	Wenn Sie den PC, über den der Router und das Netz eingerichtet werden, über ein Kabel an den Router anschließen möchten, muss der Computer mit einer Netzwerkkarte ausgestattet sein. Ist das nicht der Fall, können Sie eine solche Karte günstig nachrüsten oder auch die Erstverbindung per Funk erledigen. Dazu benötigen Sie nur einen der oben genannten WLAN-Adapter für den PC. Es empfiehlt sich aber, die Erstverbindung über ein Netzwerkkabel zu realisieren. Moderne Notebooks haben heutzutage sowohl einen Netzwerkanschluss als auch einen WLAN-Adapter. Desktop-PCs sind seit rund fünf Jahren in der Regel mit einem Netzwerkanschluss ausgestattet.
Netzwerkkabel	Weitere PCs können bei vielen Routern auch kabelgebunden angeschlossen werden. Ob der Router Ihrer Wahl das zulässt, müssen Sie prüfen. Viele Router, die einzeln verkauft werden, bieten vier Netzwerkanschlüsse, sodass zusätzlich zum WLAN auch ein kleines Kabelnetzwerk aufgebaut werden kann. Je nach Einsatzzweck ist das sehr praktisch, denn Sie können zwei stationäre PCs im Arbeitszimmer per Kabel vernetzen und Daten austauschen, während Sie sich mit dem Notebook per WLAN ins Internet aufmachen. Sollen mehrere PCs per Kabel angeschlossen werden, benötigen Sie die entsprechende Anzahl Kabel.

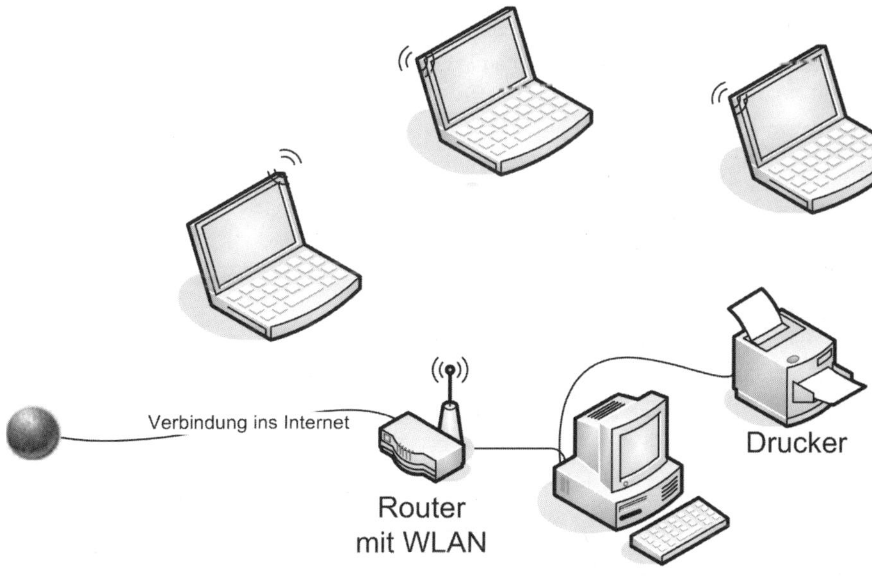

Bild 1.6 Desktop-PCs werden normalerweise per Kabel angeschlossen, Notebooks nehmen per Funk Kontakt auf.

TIPP!

Welche Kabel liegen dem Router bei?

Manche Router benötigen besondere Kabel, sogenannte Kreuzkabel. Prüfen Sie beim Einkauf, ob dem Router ein passendes Kabel beiliegt. Ein Kreuzkabel ist anders verschaltet als ein Netzwerkkabel, es kann nur zur Verbindung zwischen Router und dem ersten PC oder für eine Direktverbindung zweier PCs über die Netzwerkbuchse eingesetzt werden. Eine Besonderheit der FRITZ!Box soll nicht verschwiegen werden: Sie können vor allem bei älteren FRITZ!Box-Modellen statt eines Netzwerkkabels auch ein USB-Kabel verwenden, das der Box beiliegt. Bei den meisten anderen Routern ist das nicht der Fall. Moderne FRITZ!Box-Modelle bieten diese USB-Schnittstelle für den Anschluss von USB-Druckern oder Speichermedien wie USB-Stick bzw. USB-Festplatte. Solche Geräte können Sie problemlos anschließen, es muss dann nur ein Treiber installiert werden, damit es läuft.

Splitter, Router und Standortwahl

Für ein WLAN mit Internetzugang benötigen Sie zunächst eine Telefonleitung mit DSL-Funktionalität. Wenn Sie bereits DSL nutzen, verfügen Sie auch über einen Splitter. Steigen Sie erst jetzt auf DSL um, gehört der Splitter zum Lieferumfang des DSL-Providers. Der Splitter wird an die TAE-Telefonbuchse angeschlossen und trennt das Telefon- vom DSL-Signal.

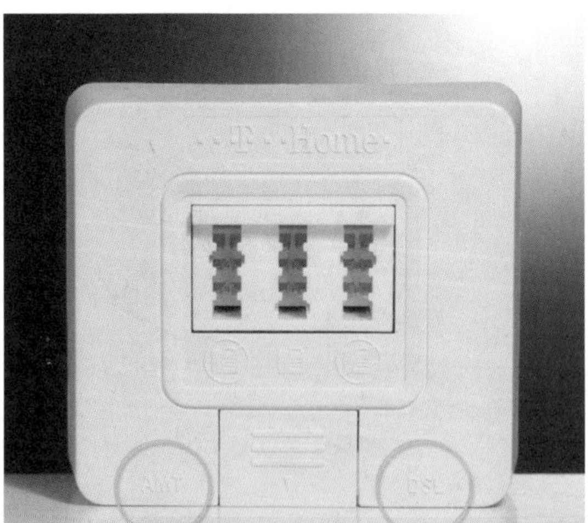

Bild 1.7 Der aktuelle T-Home-Splitter mit allen Anschlüssen.

Splitter und Router anschließen

Es ist sinnvoll, zunächst den Splitter und den Router anzuschließen, um die Reichweite der Kabel rund um Ihren Telefonanschluss festzustellen. Der Standort des Routers spielt eine entscheidende Rolle für die Übertragungsleistung. Je freier die Antenne oder die Antennen (manche Router haben zwei) senden und empfangen können, desto besser. Dicke Betonwände schirmen stark ab, Gleiches gilt für Metallkonstruktionen.

Standort für den Router

WLAN-Sender senden ähnlich wie Mikrowellen – und die werden mithilfe eines Metallkäfigs gekapselt. Die besten Übertragungsraten erzielen Sie, wenn der Router freie »Sicht« zum WLAN-Adapter hat, eine dünne Wand dazwischen und ein geringer Abstand sind normalerweise auch kein Problem. Führt allerdings irgendwo ein Metallmöbel zu einem Funkschatten, wird das die Leistung beeinträchtigen.

Wächst die Entfernung oder nimmt die Zahl der zu durchdringenden Wände zu, sinkt die Übertragungsleistung des Netzwerks. Bei der Nutzung über zwei oder mehr Etagen ist es meist günstiger, den Router im Treppenhaus anzubringen, um die Dämpfung der Stahlbetondecken zu umgehen. Bei einem Anschluss im Keller ist das oft die einzig sinnvolle Möglichkeit, den Empfang sicherzustellen.

Access Point für optimale Signalverteilung

Haben Sie vor, mehrere Etagen zu vernetzen, kann die Anschaffung von Access Points für die oberen Etagen sinnvoll sein. Dazu setzen Sie im Treppenhaus einen Access Point, der auf der Etage das Signal problemlos verteilt. Innerhalb des Treppenhauses reicht die Leistung der meisten Router aus, um einen Access Point mit voller Leistung anzusprechen.

2 FRITZ!Box und WLAN einrichten

Wer in Sachen Netzwerke einigermaßen fit ist und auf ausführliche Erklärungen verzichten möchte, der kann die Checkliste für die sichere Konfiguration des WLAN-Routers in Kapitel »Checkliste: FRITZ!Box-Sicherheitseinstellungenliste: FRITZ!Box-Sicherheitseinstellungen« nutzen. Alle anderen kommen mit den jetzt beschriebenen Erläuterungen aber ganz sicher zum Ziel, denn der Grundaufbau ist narrensicher. Knifflig wird's erst später, aber das meistern Sie locker. Auch die wesentlichen Sicherheitsaspekte werden Schritt für Schritt erläutert.

2.1 Das drahtlose Netzwerk startklar machen

Wenn Sie also noch kein drahtloses Netzwerk eingerichtet haben, sollten Sie dieses Kapitel von Anfang bis Ende systematisch nachvollziehen. Danach geht es dann an die Einbindung kabelloser Rechner und die komplette Absicherung.

FRITZ!Box und Computer verbinden

Für die Verbindung zwischen FRITZ!Box und Computer, die Sie benötigen, um den Router einzurichten, gibt es zwei Möglichkeiten:

- die Verbindung per Kreuzkabel (Netzwerkkabel) oder
- die WLAN-Verbindung über einen WLAN-Adapter.

In den meisten Fällen wird ein vorhandener stationärer PC an den Router angeschlossen, für Notebooks wird dann ein WLAN für den Internetzugang und gegebenenfalls die gemeinsame Nutzung von Druckern und Dateien bereitgestellt.

Die meisten aktuellen Desktop-PCs verfügen bereits ab Werk über einen Netzwerkanschluss. Besitzt Ihr PC keinen Netzwerkanschluss, müssen Sie eine entsprechende Netzwerkkarte nachrüsten. Sie können aber auch direkt auf WLAN setzen und den PC über einen USB-WLAN-Adapter mit dem Router verbinden.

Bild 2.1 Gruppenfoto der FRITZ!WLAN USB Stick-Familie. Der neue FRITZ!WLAN USB Stick N 2.4 (Mitte) unterstützt WLAN N im 2,4-GHz-Frequenzbereich und erreicht Übertragungsraten bis zu 150 MBit/s. Er ergänzt die beiden aktuellen Modelle FRITZ!WLAN USB Stick N (links) und FRITZ!WLAN USB Stick (rechts).

In vielen Fällen wird die Steckkarte nicht die erste Wahl sein, denn dafür müssen Sie den PC öffnen und sich sowohl mit den internen Steckplätzen als auch mit der Installation von solchen Karten ein wenig auskennen. Bei den PCs der letzten fünf Jahre ist der Netzwerkanschluss bereits auf der Hauptplatine integriert und von hinten als Buchse zugänglich.

Achten Sie darauf, Router und PC mit dem Kabel zu verbinden, das Sie beim Kauf des Routers mit dazubekommen haben. Oft sind diese Kabel farbcodiert und werden in der Anleitung genau beschrieben. Erst wenn die Verbindung mit dem richtigen Kabel steht, schalten Sie Router und PC ein.

Erste Anmeldung an der FRITZ!Box

Für die erstmalige Anmeldung an der FRITZ!Box bekommt die Netzwerkschnittstelle per DHCP (Dynamic Host Configuration Protocol) automatisch eine IP-Adresse zugewiesen. Ist das nicht der Fall, stellen Sie sie auf DHCP um. Danach kommen Sie ganz einfach über den Webbrowser in das Konfigurationsmenü des WLAN-Routers. Starten Sie dazu den Browser. Die Konfigurationsadresse, unabhängig von Herstellungsjahr und Modell, ist bei der FRITZ!Box immer:

```
http://fritz.box
oder
http://192.168.178.1
```

In der Regel haben die FRITZ!Box-Modelle keinen Passwortschutz. Oftmals hat der Provider hier den WLAN-Schlüssel als Konfigurationspasswort gesetzt. Sind Sie auf der Konfigurationsseite der FRITZ!Box, wird dieser Schutz aus Sicherheitsgründen aktiviert und ein persönliches Passwort verwendet – allerspätestens nach dem Abschluss der Konfiguration sollten Sie es jedoch einstellen.

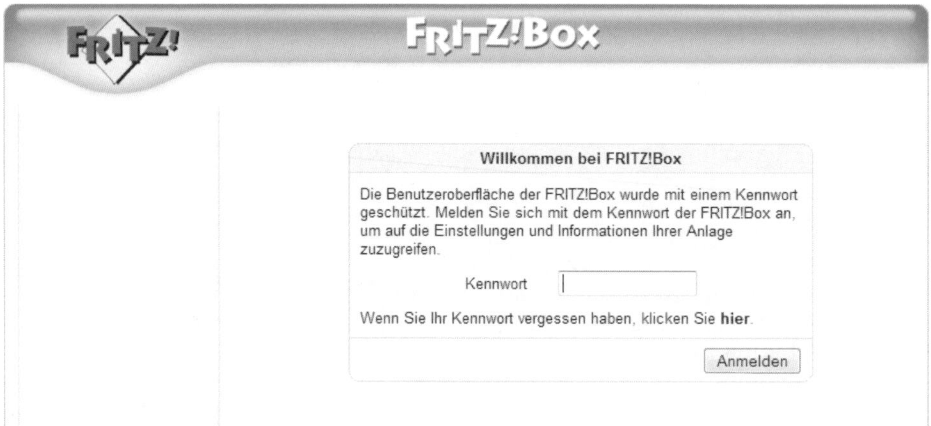

Bild 2.2 Aber sicher: Ein vernünftiger WLAN-Router sichert die Konfiguration per Zugangskennung ab.

Wenn keine Verbindung zum Router zustande kommt, sollten Sie folgendermaßen vorgehen:

- Zunächst untersuchen Sie die Stromversorgung der FRITZ!Box – Stecker am Netz? Prüfen Sie die Position und den Sitz des Netzwerksteckers. Da bei älteren Modellen die Buchse für das Kabel zum DSL-Splitter und die Buchse für den ersten Netzwerkrechner nebeneinanderliegen, kann man sich da leicht vertun.
- Dann prüfen Sie die eingegebene IP-Adresse noch einmal auf Vertipper. Ist kein Schreibfehler zu sehen, heißt es, die Adresse erneut mit der Angabe im Handbuch abzugleichen.
- Ist das Netzwerkkabel an Ihrem Rechner fest eingesteckt, und handelt es sich wirklich um die Netzwerkschnittstelle? Haben Sie das richtige Kabel verwendet? Meist sind die Kabel farbcodiert.

Wenn alles in Ordnung ist, sollte die FRITZ!Box nicht nur laufen, sondern auch auf die Kontaktaufnahme des PCs reagieren. Es gibt ganz seltene Fälle, in denen ein Kabel defekt ist. Bei fabrikneuen Geräten kann man das meist ausschließen, aber es kommt dennoch vor. Es ist also noch Testpotenzial vorhanden. Wir gehen aber davon aus, dass es bei Ihnen läuft.

Basiseinstellungen per Einrichtungsassistent

Ist der WLAN-Router in Ihrem Netzwerk angeschlossen, muss er konfiguriert werden. Abhängig vom Router-Modell stehen dafür verschiedene Möglichkeiten zur Verfügung. Die FRITZ!Box prüft unmittelbar nach dem erstmaligen Einstecken des DSL-Routers die Netzwerkumgebung. Hier werden sämtliche angeschlossenen PCs sowie die Internetverbindung geprüft und, falls möglich, gleich konfiguriert. Zunächst ermittelt die FRITZ!Box, ob sie ordnungsgemäß an einen DSL-Splitter angeschlossen ist. Ist das der Fall, leitet ein Assistent durch die Erstinstallation.

Bild 2.3 Ist die FRITZ!Box noch nicht konfiguriert, bietet ein Einrichtungsassistent an, dies nach dem Einschalten zu erledigen.

Sicherer und für Fortgeschrittene empfehlenswert ist jedoch eine manuelle Konfiguration des Geräts. Für Einsteiger empfiehlt es sich, die Arbeit vom Setup-Assistenten übernehmen zu lassen, gerade wenn Sie nicht darin geübt sind, selbst eine Internetverbindung einzurichten.

Wer die Internetverbindung selbst konfigurieren möchte, wählt bei der FRITZ!Box auf der Startseite der Weboberfläche den Punkt *Einrichtungsassistent* aus, der Schritt für Schritt die für eine Internetverbindung notwendigen Einstellungen abfragt. Hier brauchen Sie selbstverständlich die passenden Installations- und Konfigurationsparameter sowie den Benutzernamen und das Passwort aus den Zugangsunterlagen des Internet Service Providers, oft auch kurz ISP genannt.

Vorgegebenes Kennwort sofort ändern

Nach dem Auspacken, Aufstellen und Konfigurieren sichern Sie die FRITZ!Box gegen unerwünschte Veränderungen mit einem eigenen Passwort ab. Denn es wäre ärgerlich, wenn all Ihre Mühe umsonst ist, weil ein Spaßvogel im Heimnetz auf die FRITZ!Box zugreifen und die Einstellungen verändern kann. Im Zweifelsfall kämen Sie selbst nicht mehr hinein.

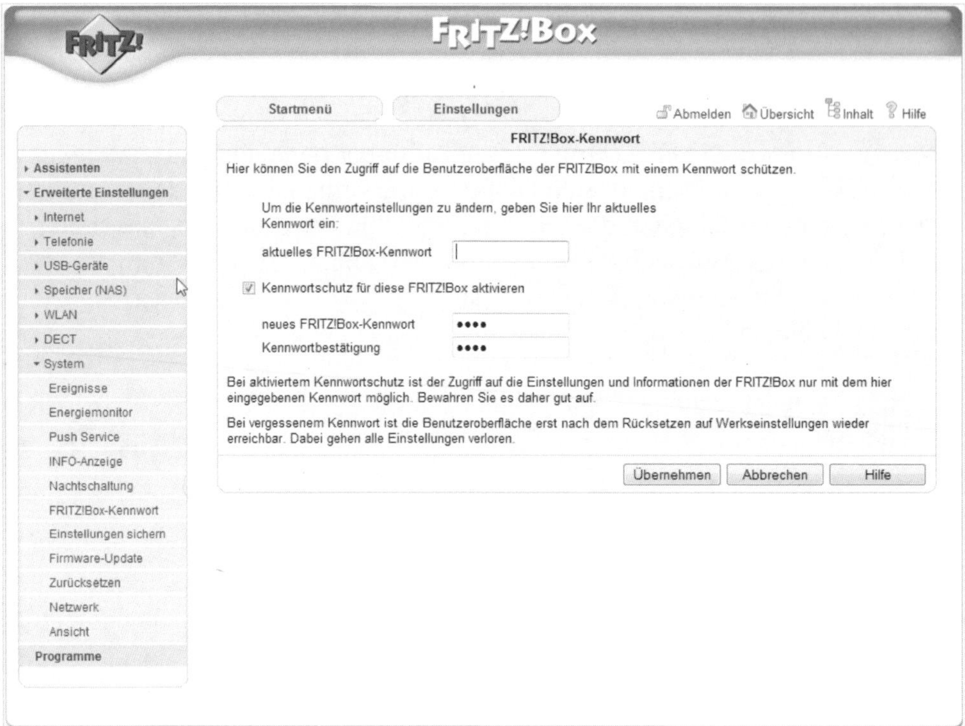

Bild 2.4 Damit der Kennwortschutz aktiviert werden kann, setzen Sie das Häkchen bei *Kennwortschutz für diese FRITZ!Box aktivieren.*

Die FRITZ!Box lässt sich nach Abschluss der Konfiguration mit einem Passwort absichern. Über den Webbrowser erreichen Sie per *Übersicht/Einstellungen/Erweiterte Einstellungen/System/FRITZ!Box-Kennwort* den entsprechenden Dialog. Am besten notieren Sie sich das Kennwort und bewahren es an einem sicheren Ort auf.

TIPP!

Ersteinrichtung per Kabelverbindung

Auch wenn Sie mit einem Notebook und WLAN arbeiten möchten, empfiehlt es sich, die Ersteinrichtung über den Netzwerkanschluss und nicht über das WLAN durchzuführen. Zum Start ist das WLAN auch hier noch nicht optimal gesichert – Sie sollten die Kabelverbindung vorziehen.

Standardeinstellungen manuell anpassen

Beim erstmaligen Einrichten des Routers können Sie möglicherweise die Standardeinstellungen ohne Änderungen übernehmen. Haben Sie bereits ein Heimnetz eingerichtet und der DSL-Router wird nachträglich ins Heimnetz integriert, müssen Sie verschiedene Einstellungen anpassen. Orientieren Sie sich einfach an folgenden Schritten:

1. Die Konfiguration der Internetzugangsdaten nehmen Sie im Menü *Internet/ Zugangsdaten* vor. Hier geben Sie den Konto-/Benutzernamen ein. Falls Ihr Internetanbieter Ihnen einen bestimmten Hostnamen mitgeteilt hat (z. B. *X00132454*), geben Sie den hier an. Bei T-Online beispielsweise setzt sich der Log-in-Name aus zwei wesentlichen Komponenten zusammen – der geheimen Anschluss- und der Benutzerkennung, die jeweils aus zwölf Stellen bestehen. Achten Sie deshalb bei der Konfiguration auf die Reihenfolge Anschlusskennung + T-Online-Nummer + (#) Mitbenutzersuffix + @t-online.de. Ein möglicher Benutzername wäre demnach *111111111111222222222220001@t-online.de.*

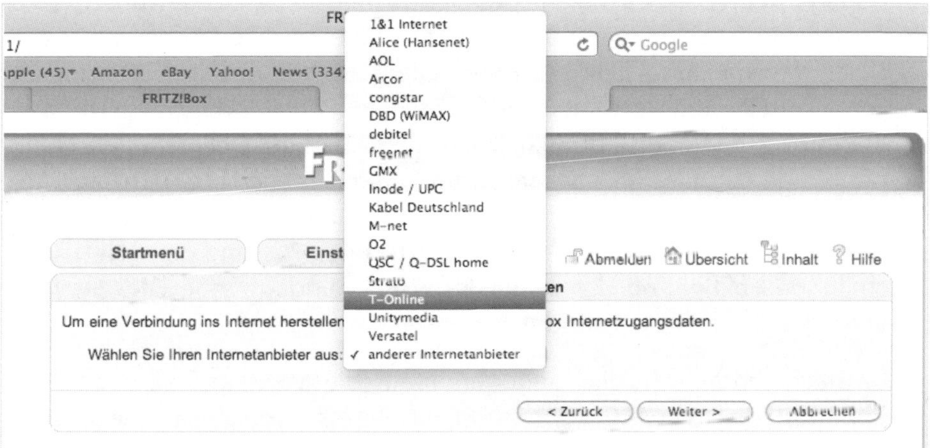

Bild 2.5 Hier wählen Sie zunächst den Anbieter aus dem Drop-down-Menü aus. Ist der gewünschte Provider nicht dabei, wählen Sie die Option *anderer Internetanbieter*.

2. Für eine Verbindung ins Internet benötigt die FRITZ!Box eine IP-Adresse. Stellt die FRITZ!Box eine Verbindung zu Ihrem Internetanbieter her, bezieht sie automatisch eine IP-Adresse, die aus einem Adresspool des Internetanbieters zur Verfügung gestellt wird. Nur wenige Internetanbieter vergeben eine feste (oder statische) IP-Adresse – falls Sie eine solche haben, hat Ihnen der ISP die erforderlichen Informationen in den Unterlagen mitgegeben. In

diesem Fall wählen Sie *Statische IP-Adresse verwenden* aus und tragen die IP-Adresse, die Subnetzmaske sowie die Gateway-IP-Adresse in die entsprechenden Felder ein. Bei der Internetkonfiguration der FRITZ!Box wählen Sie dafür im Bereich *Zugangsdaten* nicht die Option *Internetzugang über DSL*, sondern den Punkt *Internetzugang über LAN* aus. Anschließend lassen sich die vom ISP angegebenen IP-Adressparameter eintragen.

3. Je nach FRITZ!Box-Modell richten Sie nun den DNS-Server (DNS=Domain Name System) ein. Dieser wird zur Suche von Webadressen verwendet und löst den DNS-Namen in einer IP-Adresse auf. Stehen in den ISP-Unterlagen ein oder zwei DNS-Serveradressen, tragen Sie einfach die primäre und die sekundäre Adresse im Konfigurationsdialog ein. In der Regel reicht der Eintrag *Automatisch vom ISP abrufen*, wenn der ISP den DNS-Server automatisiert zur Verfügung stellt. Näheres dazu finden Sie in Ihren Unterlagen zum DSL-Zugang.

   Bei den meisten Modellen der FRITZ!Box ist das Konfigurieren der DNS-Serveradressen des ISP standardmäßig nicht möglich. Möchten oder müssen Sie mit dem PC dennoch einen anderen DNS-Server verwenden, muss bei der IP-Konfiguration des PCs die entsprechende IP-Adresse des gewünschten DNS-Servers eingetragen werden. Hier wählen Sie über die Systemsteuerung bei *Netzwerkverbindungen* die Schnittstelle aus, die für den Internetzugang sorgt, und klicken dort auf *Eigenschaften*. Im Register *Allgemein* ist das TCP/IP-Protokoll zu finden – dort klicken Sie abermals auf *Eigenschaften*. Nun können Sie den Punkt *DNS-Adressen automatisch beziehen* auf *Folgende DNS-Serveradressen verwenden* umstellen und dort die IP-Adresse des gewünschten DNS-Servers eintragen. Nach dem Neustart des PCs sind diese Netzwerkeinstellungen aktiv, und der in der FRITZ!Box eingetragene DNS-Server wird vom PC nicht mehr verwendet.

4. Im nächsten Schritt wird gegebenenfalls die MAC-Adresse der FRITZ!Box konfiguriert. Eine MAC-Adresse (*Media Access Control*) ist eine eindeutige Hardwareadresse in einem Netzwerk und sorgt für zusätzliche Sicherheit beim Verbindungsaufbau, weil jeder Netzwerkkomponente eine eindeutige Adresse zugeordnet ist (in den meisten Fällen ist das die Netzwerkkarte). Selten kommt es vor, dass ein Internetanbieter nur eine bestimmte MAC-Adresse für den Internetzugriff zulässt, mit der (und nur mit der!) eine Verbindung zustande kommen darf. Bei älteren FRITZ!Boxen ist das Ändern der MAC-Adresse nicht ohne Weiteres möglich. Zwar existiert ein Weg über eine Recovery-Konsole via FTP, doch dieser ist ausschließlich Spezialisten vorbehalten. Zu groß ist hier das Risiko, dass die FRITZ!Box nach dem Eingriff nicht mehr startet. Die MAC-Adresse der FRITZ!Box finden Sie über die Kommandozeile heraus.

```
C:\>arp -a

Schnittstelle: 192.168.123.174 --- 0x4
  Internetadresse       Physikal. Adresse     Typ
  192.168.123.21        00-14-6c-57-23-ef     dynamisch
  192.168.123.23        00-30-1b-b8-ec-4f     dynamisch
  192.168.123.38        00-17-f2-ef-f7-ca     dynamisch
  192.168.123.199       00-04-0e-14-1c-51     dynamisch

C:\>nslookup 192.168.123.199
Server:  fritz.fon.box
Address:  192.168.123.199

Name:    fritz.fon.box
Address:  192.168.123.199


C:\>
```

Bild 2.6 Mit dem Befehl *arp –a* im DOS-Fenster liefert *arp* zu jeder IP-Adresse die aktuell zugeordnete MAC-Adresse.

Bei neuen FRITZ!Box-Modellen bzw. FRITZ!Boxen mit einer aktuellen Firmware ist das Konfigurieren der MAC-Adresse etwas umständlicher gelöst. Damit Sie überhaupt an die Einstellung für die Netzwerkparameter herankommen, muss im Hauptmenü zunächst die sogenannte Expertenansicht aktiviert werden. Diese finden Sie über *Übersicht/Einstellungen/System/Ansicht/Expertenansicht aktivieren.*

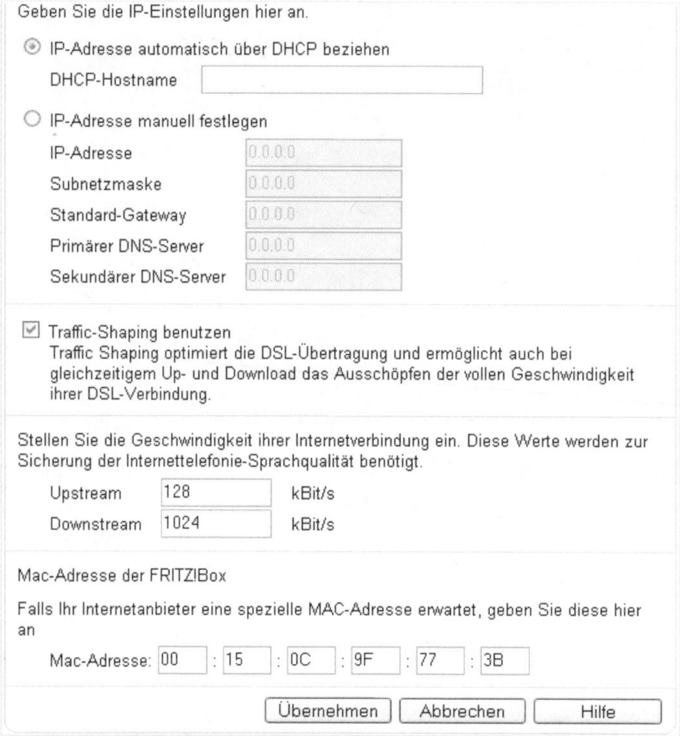

Bild 2.7 Erwartet der Internetanbieter eine spezielle MAC-Adresse für die Internetverbindung, tragen Sie diese hier ein.

> **TIPP!**
>
> **Internetzugang über LAN 1**
>
> Das Ändern der IP- bzw. MAC-Adresse der FRITZ!Box ist jedoch nur dann möglich, wenn der Internetzugriff über die Option *Internetzugang über LAN 1* konfiguriert ist. In diesem Fall ist die FRITZ!Box an ein bereits vorhandenes Netzwerk (LAN) oder einen anderen DSL-Router angeschlossen, der die Zugangsdaten für den Provider für das Netzwerk zur Verfügung stellt.

Internetverbindung dauerhaft halten?

Internetverbindung ist nicht gleich Internetverbindung. Obwohl die meisten Komplettangebote eine Flatrate bieten, kann es sein, dass sich für manche Zwecke der Stundentarif lohnt, der nach einem bestimmten Zeittakt und Tarif zu bezahlen ist. Abhängig vom Vertrag (Flat/Stundentarif etc.) mit Ihrem Internetanbieter kann die falsche Konfiguration des DSL-Routers dann richtig Geld kosten: Ist er falsch eingestellt, hält der Router die Internetverbindung rund um die Uhr aufrecht, auch wenn kein Rechner eingeschaltet ist.

Bild 2.8 Über die Weboberfläche unter *Übersicht/Erweiterte Einstellungen/Internet/Zugangsdaten* prüfen Sie im Bereich *Verbindungseinstellungen bei der Option Internetverbindung dauerhaft halten* die Verbindungseinstellungen der FRITZ!Box.

Haben Sie eine Flatrate, kann diese Option normalerweise aktiviert bleiben. So wird die Internetverbindung nach jedem Time-out automatisch hergestellt, wenn der Router aus dem Heimnetz Verbindungswünsche mit dem Internet feststellt.

Kanalwechsel: Wenn andere Router stören

Beim Funkkanal können Sie häufig die Werkeinstellung beibehalten, es sei denn, es sind Störstrahlungen von einem anderen WLAN-Router in der Umgebung bemerkbar. Dies macht sich vor allem durch Schwierigkeiten beim Verbindungsaufbau und in der Geschwindigkeit bemerkbar. Hängen in der Nachbarschaft einige andere WLAN-Router an der Steckdose, kann das Umkonfigurieren des Kanals einen Geschwindigkeitsschub bringen.

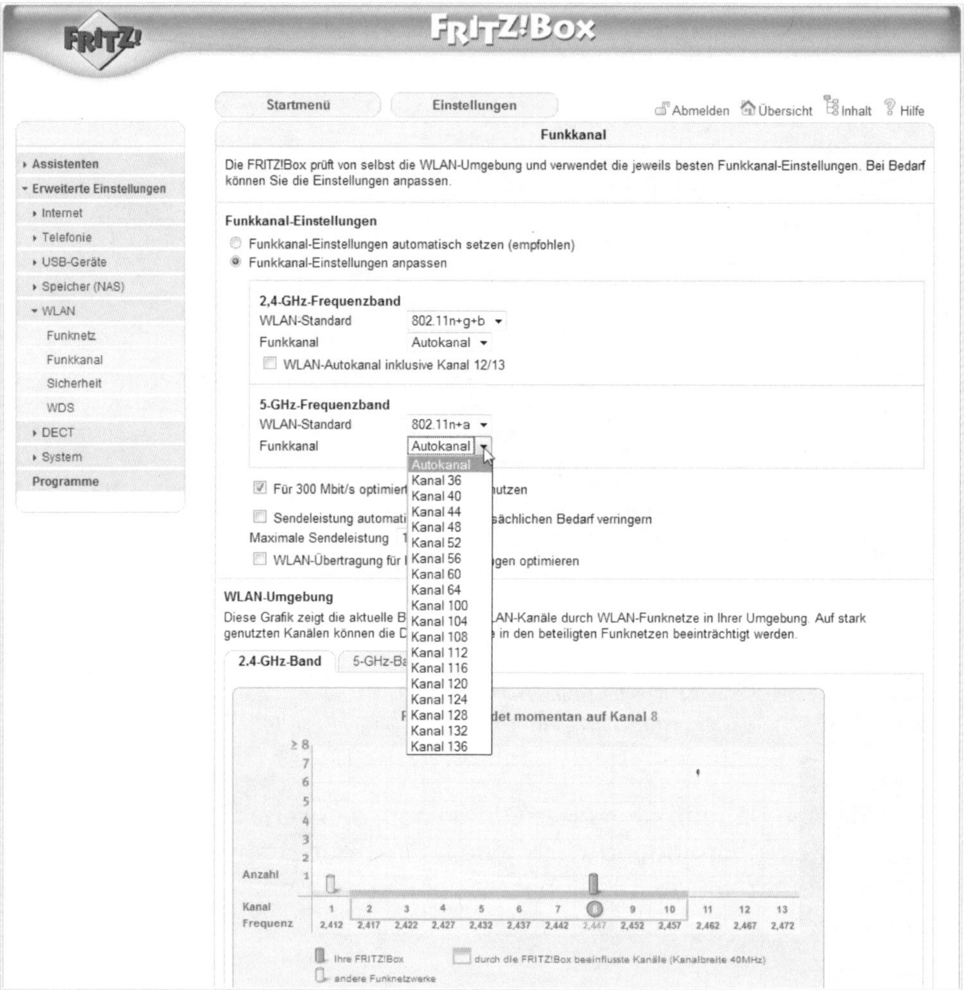

Bild 2.9 FRITZ!Box-Spezialität: Kommt es auf einem Kanal zu Übertragungsspitzen, wechseln Sie in diesem Dialog einfach den Kanal. Hier lassen sich die Kanäle des 2,4-GHz- und des 5-GHz-Frequenzbands getrennt konfigurieren.

TIPP!

So läuft das WLAN wieder wie geschmiert

Im Konfigurationsmenü Ihres WLAN-Routers stehen Ihnen 13 Kanäle zur Verfügung. Dabei beträgt der Abstand der Mittenfrequenzen jeweils 5 MHz. Bedingt durch die große Bandbreite jedes einzelnen Funkkanals kommt es zu Überschneidungen der Frequenzbänder. Wird Ihr WLAN immer langsamer oder bricht die Verbindung ganz ab, ist das in den meisten Fällen auf eine Überschneidung mehrerer Funkkanäle zurückzuführen. Für beste Funkqualität sollten daher alle im Umkreis befindlichen WLANs mit einem Abstand von fünf Kanälen betrieben werden. Sendet Ihr Nachbar in seinem WLAN auf *Kanal 6*, wechseln Sie zu *Kanal 1*, *11*, *12* oder *13*, und Ihr WLAN läuft wieder wie geschmiert.

Feintuning der WLAN-Geschwindigkeit: Wer keine Uraltgeräte (mit dem alten 802.11b-Standard) mehr im Einsatz hat oder haben möchte, wählt im Dropdown-Menü bei *WLAN-Standard* anstelle des Standardeintrags *802.11n+g+b* die Einstellung *802.11n+g* aus. Damit verhindern Sie, dass ältere Geräte nach dem b-Standard das WLAN-Netz auf 11 MBit/s drosseln.

Strom sparen mit der FRITZ!Box

Trotz Flatrate wird der Internetzugang in den wenigsten Fällen rund um die Uhr benötigt. Gerade wer die WLAN-Schnittstelle der FRITZ!Box für den Internetzugang nutzt, kann mit etwas Feinkonfiguration ein paar Kilowatt Strom sparen. Drücken Sie vor dem »Zubettgehen« manuell den WLAN-Schalter am FRITZ!Box-Gehäuse, haben Sie die WLAN-Funktion einfach per Knopfdruck ausgeschaltet.

Wem das zu umständlich ist, der kann dafür auch die Nachtschaltungsfunktion der FRITZ!Box nutzen, mit der sich die WLAN-Funktionen für einen definierten Zeitraum komplett ausschalten lassen. Sie aktivieren die Nachtschaltung unter *Übersicht/Erweiterte Einstellungen/System/Nachtschaltung*.

Nutzen Sie die WLAN-Funktion zudem nur in den eigenen vier Wänden – beispielsweise nur in einem Raum –, können Sie zusätzlich Strom sparen, indem Sie die Funkleistung der FRITZ!Box reduzieren. Das sorgt nicht nur für weniger Strahlung im Haus, sondern auch für weniger Störsignale in der Nachbarschaft sowie etwas mehr Schutz vor ungebetenen Eindringlingen, da die reduzierte WLAN-Funkleistung im Idealfall an der Hauswand scheitert.

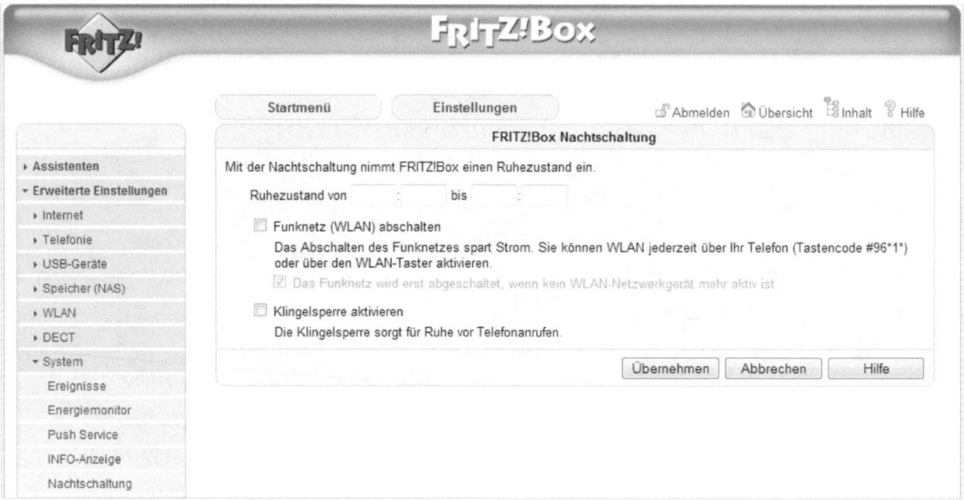

Bild 2.10 Wer nachts ruhig schlafen möchte, kann neben der Nachtschaltung auch per Mausklick eine nächtliche Klingelsperre aktivieren, die für Ruhe vor Telefonanrufen über die Anschlüsse der FRITZ!Box sorgt.

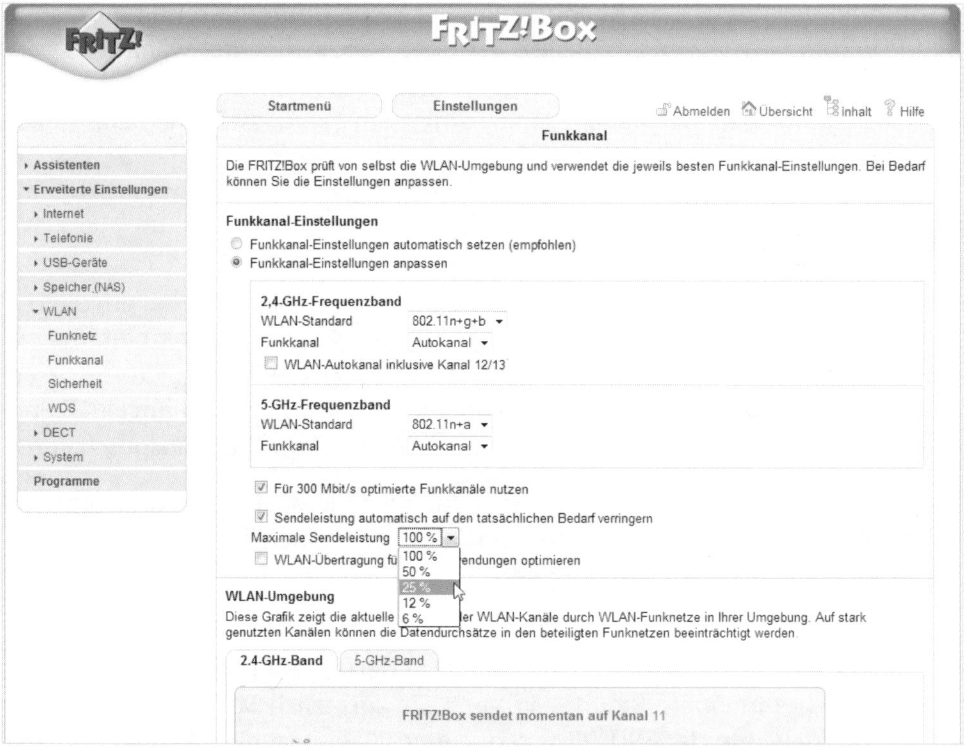

Bild 2.11 Die Hauswand als natürliche Firewall: Kommen die eingesetzten WLAN-Geräte ausschließlich in einem einzigen Raum zum Einsatz, reicht eine reduzierte Sendeleistung völlig aus.

Wird nur wenig Energie benötigt, um die Verbindung zum Internet herzustellen, wird bei aktiviertem TCP (*Transmission Power Control*) auch die Funkleistung auf die tatsächlich benötigte Energiemenge reduziert. Über die Benutzeroberfläche der FRITZ!Box stellen Sie die Funkleistung auf Ihre persönliche Umgebung zu Hause ein.

2.2 WLAN gegen Eindringlinge dicht machen

Das Aufsetzen eines drahtlosen Netzwerks ist leichter, als Sie denken. Normalerweise genügen ein Browser und die Eingabe der wichtigsten Standardeinstellungen, und dann kann es losgehen mit dem kabellosen Surfvergnügen. Doch wollen Sie auf Nummer sicher gehen, sollten Sie vorher das WLAN-Netzwerk dicht machen, damit niemand anderer als Sie selbst über das Funknetz arbeiten kann. Denn: Viele Schmarotzer können auf Ihre Kosten mitsurfen.

Haben Sie eine Flatrate, dann gibt es zwar bezüglich der Kosten keinen Unterschied. Steht jedoch eines Tages bei Ihnen der Staatsanwalt vor der Haustür, dann hat ein Eindringling möglicherweise über Ihren Internetanschluss Unfug getrieben. Deshalb sollten Sie die vorhandenen Sicherheitsmechanismen des Routers nicht nur kennen, sondern auch nutzen.

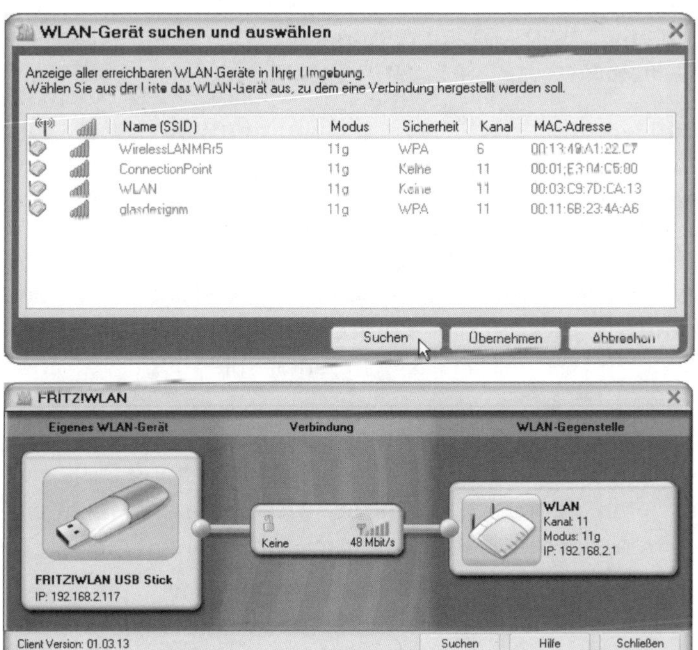

Bild 2.12 Ausprobiert: Das ungesicherte Funknetz *WLAN* kann problemlos angesprochen werden – ganz einfach mit einem USB-WLAN-Adapter.

Grundlage für jede Absicherung: die SSID

Das Wichtigste für eine sichere WLAN-Konfiguration: eine sichere und unsichtbare SSID (*Service Set Identifier*). Mit der SSID ist nach Abschluss der Konfiguration das WLAN für die Umgebung sichtbar. Jeder, der sich an das Netz anmelden möchte, benötigt diesen Netzwerknamen (SSID), und sämtliche WLAN-Geräte müssen ihn kennen. Funknetze werden in der Standardeinstellung mit dieser Kennung angezeigt, die Kennung wird sozusagen mitgesendet.

Ändern Sie sofort die Standardeinstellung des Herstellers. Die FRITZ!Box hat im Auslieferungszustand als SSID meist den Namen des Geräts eingetragen, z. B. *FRITZ!Box Fon WLAN 7390*. Der ist für potenzielle Angreifer nicht nur zu sehen, sondern bei verborgener SSID dennoch leicht zu erraten, er wird auch in den Supportforen der Hersteller für jedes Router-Modell genannt.

Ein sicherer SSID-Name besteht aus einer zufälligen Reihenfolge von Zahlen und Buchstaben, gemischt mit Groß- und Kleinbuchstaben. Möglich ist auch eine nur Ihnen bekannte Kombination aus persönlichen Daten, Namen sowie Groß- und Kleinschreibung (z. B. *MeineOmaIngridhatte3Hundeund2Katzen!*).

Konfigurieren Sie eine neue SSID und notieren Sie sich diese Kennung auf einem Zettel, der sich beim WLAN-Handbuch befindet. Die FRITZ!Box bietet Ihnen auch das Ausdrucken der Einstellungen an. Wer ganz auf Nummer sicher gehen möchte, ändert in regelmäßigen Abständen diesen SSID-Namen, um es etwaigen Eindringlingen auf Dauer schwer zu machen.

Das ist natürlich nur dann richtig sinnvoll, wenn die Rundumsendung der SSID (SSID-Ratio) versteckt wird. Der SSID-Name der FRITZ!Box lässt sich im Menü *Übersicht/Einstellungen/WLAN/Funkeinstellungen* bzw. bei den aktuellen Firmwareversionen über *Übersicht/Erweiterte Einstellungen/WLAN/Funknetz* ändern.

Profis richten das WLAN-Netzwerk mit einem sicheren SSID-Namen ein und deaktivieren anschließend das SSID-Ratio – also das Versenden des SSID-Namens an die Umgebung. Bei der FRITZ!Box nehmen Sie hierfür das Häkchen bei *Name des Funknetzes (SSID) bekannt geben* heraus. Nur passend konfigurierte WLAN-Karten und WLAN-VoIP-Telefone können anschließend den WLAN-Router noch sehen und mit ihm Verbindung aufnehmen. Damit haben Sie schon viel für die Absicherung getan, denn eine komplizierte SSID, die man nicht einfach erraten kann, muss von einem potenziellen Hacker erst einmal herausgefunden werden.

Bild 2.13 Spezialität der topaktuellen FRITZ!Box 7390: Erst wenn das Häkchen bei *2,4-GHz-Frequenzband* und/oder *5-GHz-Frequenzband* gesetzt ist, lässt sich der Name der SSID auf einen beliebigen Namen setzen.

Manchmal praktisch: Neuere FRITZ!Boxen wie die FRITZ!Box Fon WLAN 7390 bzw. *neuere* Firmwareversionen lassen hier auch eine getrennte Handhabung des 2,4-GHz- bzw. 5-GHz-Frequenzbands zu. So lassen sich ältere WLAN-Geräte mit einer anderen SSID betreiben – sprich, die FRITZ!Box drosselt die Geschwindigkeit der schnellen WLAN-Geräte nicht auf den kleinsten gemeinsamen Nenner herunter.

Nur mit aktiver WLAN-Verschlüsselung

Ebenso wichtig wie die SSID ist die Verschlüsselung des WLAN. Damit sich beispielsweise Nachbarn nicht per Funk über die FRITZ!Box in das Internet einwählen können, sollten, neben dem Verzicht auf die SSID-Rundumsendung, unbedingt die WEP- oder WPA-/WPA2-Sicherheitsoptionen aktiviert werden.

Die Standards sind unterschiedlich sicher (WEP ist vergleichsweise unsicher, WPA2 bisher nicht knackbar), ihre Verwendung hängt aber von den genutzten Geräten ab. Ältere Geräte können über USB-Adapter auch zur Unterstützung moderner Standards gebracht werden, entscheidend ist letztlich der Router.

Das am häufigsten eingesetzte Verfahren zur Verschlüsselung ist bei älteren WLAN-Routern WEP, das für *Wired Equivalent Privacy* steht – übersetzt etwa Kabelnetz-äquivalenter Schutz. Beim Einsatz von WEP ist ein sogenannter Netzwerkschlüssel für die Verschlüsselung notwendig. Diesen können Sie bei der Konfiguration des Routers selbst eingeben. WEP ist allerdings problemlos innerhalb einiger Minuten knackbar. Das sollten Sie wissen. Wenn Sie also nur auf WEP setzen können, weil Ihre Netzwerkgeräte keine andere Verschlüsselungstechnologie unterstützen, sollten Sie regelmäßig den Schlüssel und idealerweise auch die SSID wechseln.

Bild 2.14 Neuere FRITZ!Box-Modelle sind ab Werk schon mit einem sicheren WPA2-Schlüssel vorkonfiguriert. Dieser befindet sich auf der Bodenplatte des Geräts.

Abhängig von der Geräteinfrastruktur im Heimnetz sind unterschiedliche Schlüssellängen möglich. Im Zweifelsfall nutzen Sie den längsten Schlüssel. Denn je länger der Schlüssel ist, desto sicherer ist auch die Datenübertragung. So sind meist eine 64-Bit-Verschlüsselung und eine 128-Bit-Verschlüsselung möglich. Abhängig vom »kleinsten gemeinsamen Nenner« stehen hier folgende Optionen zur Verfügung:

Schlüsseltypen	Beschreibung
Deaktivieren	Keine Datenverschlüsselung (nicht zu empfehlen).
WEP (Wired Equivalent Privacy)	64-Bit- oder 128-Bit-WEP-Datenverschlüsselung verwenden (nutzen, wenn die übrigen WLAN-Geräte kein WPA-PSK oder WPA2 unterstützen). Wenn WEP aktiviert ist, können Sie die vier Datenschlüssel manuell eingeben oder automatisch erstellen lassen. Diese Werte müssen auf allen PCs und Access Points in Ihrem Netzwerk identisch sein und verwendet werden.

Schlüsseltypen	Beschreibung
WPA-PSK (Wi-Fi Protected Access Pre-Shared Key)	WPA-PSK-Standardverschlüsselung verwenden (empfohlen). Manche WLAN-Karten unterstützen diese Verschlüsselung nicht. In diesem Fall nutzen Sie 128-Bit-WEP. Auch hier ist ein Verschlüsselungswert erforderlich.
WPA2-AES (Advanced Encryption Standard)	Bieten der Router und die angeschlossenen Geräte WPA2 oder WPA-AES an, sollte aus Sicherheitsgründen diese Verschlüsselung genutzt werden. Dieser Sicherheitsstandard ist derzeit das Maß aller Dinge und in Verbindung mit einem nicht erratbaren Schlüsselwert eine sichere Sache.

Ende des Jahres 2004 wurde WPA2, also die 802.11i-Spezifikation für WLANs, festgelegt. Dafür ist in der Regel neue Hardware, beispielsweise ein WLAN-Router sowie passende WLAN-Karten, notwendig. WPA2 verwendet statt des Verschlüsselungsprotokolls RC4 den sichereren *Advanced Encryption Standard* (AES). Nutzen Sie immer die aktuellste Verschlüsselung.

TIPP!

Auf WPA2-Kompatibilität achten

Achten Sie beim Kauf von WLAN-Komponenten auf die WPA2-Kompatibilität, denn es ist ärgerlich, nur aufgrund eines Geräts die Sicherheit des gesamten WLAN-Netzes zu schwächen. Wenn für eine ältere FRITZ!Box eine aktuelle Firmware angeboten wird, können Sie auch auf moderne Verschlüsselungsstandards umstellen.

Näheres zum Firmware-Update finden Sie im Kapitel »FRITZ!Box per Firmware-Update frisch haltenlten«.

WEP-Schlüssel erstellen

Beim Erstellen eines Sicherheitsschlüssels im WEP-Verfahren stehen meist zwei unterschiedliche Methoden zur Verfügung: Sie können entweder den Schlüssel automatisch erstellen lassen oder selbst manuell einen eingeben.

Bei der automatischen Schlüsselerstellung geben Sie ein Wort oder eine Zeichenfolge in das Feld *Kennwort* ein und klicken auf die Schaltfläche *Erstellen*. Anschließend baut der Router selbstständig einen WEP-Schlüssel im Hexadezimalformat zusammen. In diesem Format werden nur die Zahlen von 0 bis 9 sowie die Buchstaben von A bis F genutzt.

Bei der Verschlüsselungsstärke 64 Bit füllt der Router automatisch alle vier Schlüsselfelder mit einem Schlüsselwert auf, bei der Verschlüsselungsstärke von 128 Bit ist das lediglich ein Wert. Egal ob Sie 64 Bit oder 128 Bit nutzen, dieser Schlüsselwert oder einer der Werte wird anschließend beim Einrichten der WLAN-Netzwerkkarte gebraucht.

Im manuellen Eingabemodus wählen Sie aus, welcher der vier Schlüssel (im Fall von 64 Bit) verwendet werden soll, und geben die Informationen zum WEP-Schlüssel für das Netzwerk im Hexadezimalformat in das ausgewählte Schlüsselfeld ein. Bei der WEP-Verschlüsselungsstärke von 64 Bit geben Sie 10 Hexadezimalzahlen ein, bei der WEP-Verschlüsselungsstärke von 128 Bit tragen Sie 26 Hexadezimalzahlen ein. Damit lässt sich die WLAN-Karte sicher mit dem WLAN-Router verbinden.

WPA-Schlüssel erstellen

Als sehr sicher schätzen Experten die Sicherheitsverschlüsselung WPA-PSK ein, das neuere WPA2-AES wird als noch sicherer eingestuft. Aus diesem Grund sollten Sie auch dieses Verfahren für Ihr WLAN-Netzwerk nutzen. Ältere Centrino-Notebooks (beispielsweise Baujahr 2004) beherrschen allerdings meist nur WPA-PSK. Bei der Schlüsselerstellung geben Sie ein Wort bzw. eine Zeichenfolge in das Feld *Kennwort* ein, das mindestens 8 und maximal 63 Zeichen lang sein darf. So können Sie beispielsweise ein ähnlich langes Kennwort wie dieses nutzen:

`AdamundEvagehenindenWaldundholen6Aepfelheraus!GibtesApfelkuchen.`

Bild 2.15 Die FRITZ!Box unterstützt mit WPA2 die derzeit aktuellste Verschlüsselung für WLANs. Lässt sich WPA2 bei einer betagten FRITZ!Box nicht auswählen, hilft in der Regel ein Firmware-Update, um die Box auf den aktuellen Stand zu bringen.

Es kann aber auch etwas Persönliches mit Ziffern etc. sein. Sie sollten es sich jedoch auf Papier notieren, da es beim Einrichten des WLAN-Client-PCs für die Verbindung gebraucht wird. Ist die Verschlüsselung aktiviert, so ist der Grundstein gelegt, damit keine Fremden über Ihren WLAN-Router Unfug anstellen können. Anschließend aktivieren Sie die Protokollierung, damit Sie über sämtliche Aktivitäten des WLAN-Routers informiert sind.

Wireless-Moduseinstellungen richtig festlegen

Fast alle aktuellen WLAN-Router sind abwärtskompatibel, doch veraltete WLAN-Netzwerkkarten können manchmal nicht im Auto-Modus (automatische Erkennung des verwendeten Modus) betrieben werden und fordern den passenden Wireless-Modus explizit an, damit eine Übertragung überhaupt zustande kommen kann. So sind folgende Wireless-Moduseinstellungen möglich:

Wireless-Modus	Beschreibung
n + a	Hier können sowohl 802.11a- als auch 802.11n-konforme Wireless-Geräte verwendet werden. Die Geschwindigkeit wird jeweils an das langsamste Gerät angepasst. 802.11a-Geräte erreichen eine maximale Bruttodatenrate von 54 MBit/s – achten Sie also auf den Einsatz von schnellen 802.11n-Geräten.
n + g	Hier können sowohl 802.11g- als auch 802.11n-konforme Wireless-Geräte verwendet werden. Die Geschwindigkeit wird jeweils an das langsamste Gerät angepasst.
b + g	Hier können sowohl 802.11g- als auch 802.11b-konforme Wireless-Geräte verwendet werden. Die Geschwindigkeit wird jeweils an das langsamste Gerät angepasst.
g	Im g-Modus können nur 802.11g-konforme WLAN-Geräte genutzt werden. Die Geschwindigkeit liegt standardmäßig bei 54 MBit/s und wird nur bei Verbindungsproblemen angepasst.
g++	Diese Bezeichnung ist vor allem bei neueren AVM-Geräten verbreitet. Dieser erweiterte g-Modus lässt sich nur mit hauseigenen AVM-Geräten nutzen.
b	Vergangenheit: Hier können alle 802.11b-konformen WLAN-Geräte verwendet werden. Zudem können 802.11g-konforme WLAN-Geräte im 802.11b-Modus betrieben werden. Die Geschwindigkeit orientiert sich am b-Standard, liegt also bei 11 MBit/s.
nur 108 MBit/s	Bei aktuellen Geräten nicht mehr vorhanden: Wie bei g++ auch, ist dieser Modus herstellerabhängig. Der 108-MBit/s-Modus kann nur von kompatiblen 802.11g-Wireless-Geräten genutzt werden.

Wireless-Modus	Beschreibung
n + g + b	Es können alle 802.11n-, 802.11g- und 802.11b-Geräte verwendet werden.
Für 300 MBit/s optimierte Funkkanäle nutzen	Je schneller, desto besser: Ist die FRITZ!Box auf dem neuesten Stand, sollen die neuen WLAN-Geräte auch den schnellsten Standard nutzen dürfen.

Im b-Modus können alle 802.11b-konformen WLAN-Geräte verwendet werden. Zudem können 802.11g-konforme WLAN-Geräte auch im 802.11b-Modus betrieben werden. Ist die Option *108 Mbit/s-Einstellungen/Erweiterte 108 Mbit/s-Einstellungen deaktivieren* vorhanden und markiert, deaktiviert der Wireless-Router die Datenkomprimierung, das Packet-Bursting und die Unterstützung großer Frames. Wer beispielsweise eine PSP (*PlayStation Portable*) mit einem Netgear-Router nutzen möchte, muss dieses Feature ausschalten.

Diese Funktion ist bei manchen FRITZ!Box-Modellen bei den WLAN-Einstellungen unter 802.11g++ versteckt. Soll beispielsweise eine mobile PSP-Spielkonsole via WLAN mit dem Heimnetzwerk oder dem Internet verbunden werden, muss also eingegriffen werden: Der in der PSP eingebaute WLAN-Standard der ersten Generation ist 802.11b, der eine Übertragungsgeschwindigkeit von etwa 11 MBit/s ermöglicht. Im PSP-Betrieb muss der FRITZ!Box-g++-Schalter daher zwingend deaktiviert werden. Schnellere Datenübertragungsraten sind derzeit mit der PSP nicht möglich.

Wichtige Systemereignisse dokumentieren

Ein Protokoll ist prinzipiell eine detaillierte Aufzeichnung der Webseiten, auf die die angeschlossenen Rechner in Ihrem Netzwerk zugegriffen haben bzw. zuzugreifen versucht haben. Aus Sicherheitsgründen sollten Sie, falls vorhanden, diese Option aktivieren. Damit können Sie, sollte es zu Zwischenfällen oder Problemen kommen, nachschauen, was welcher Computer angestellt hat oder auch nicht. Die FRITZ!Box bietet derzeit keine Protokollierung der Webseiten, sondern nur eine Dokumentation wichtiger Systemereignisse wie Internetverbindungsauf-/-abbau, Onlinezeit sowie das verbrauchte Onlinedatenvolumen.

Fungiert die FRITZ!Box auch als VoIP-Telefonzentrale, wird zusätzlich eine Anrufliste mitdokumentiert. In der Anrufliste werden alle ein- und ausgehenden Telefonate erfasst, die mit der FRITZ!Box geführt wurden. Ob allerdings eine Rufnummer protokolliert wird, hängt davon ab, ob Ihr Telefonanschluss das unterstützt. Kommen bei einem Analoganschluss keine Rufnummernübermittlungen an, kann auch die Box nichts anzeigen. Dann sehen Sie nur die von Ihnen getätigten Telefonate.

Bild 2.16 Spartanisch: In Sachen Protokollierung beschränkt sich die FRITZ!Box auf die wesentlichen Ereignisse. Diese sind via Weboberfläche über *Übersicht/Ereignisse* abrufbar.

Manche WLAN-Router bieten zusätzlich zur Protokollierung eine Content-Filterung. Ist diese Option aktiviert, ist in den Protokollen zu sehen, wann ein Rechner in Ihrem Netzwerk auf eine gesperrte Site zuzugreifen versucht hat. Bei einer aktivierten E-Mail-Benachrichtigung wird Ihnen das Protokoll automatisch in einer E-Mail zugestellt, Sie brauchen dann nicht immer über den Webseitendialog des Routers zu gehen.

Inaktive Dienste in der FRITZ!Box-Firewall sperren

Ein wesentlicher Sicherheitsaspekt bei der Konfiguration der FRITZ!Box sind die konfigurierten Dienste sowie die geöffneten Ports der integrierten Firewall. Eine Firewall muss prinzipiell zwei Funktionen erfüllen: Sie muss den PC und andere an ihn angeschlossenen Geräte nach außen in Richtung Internet absichern, damit Eindringlinge keine Chance haben. Dazu soll die Firewall den auf dem PC laufenden Programmen und Spielen eine sichere Verbindung nach außen gewähren.

Die Firewall überwacht den Datenstrom an sogenannten Ports, das sind virtuelle Ein- und Ausgänge, die der PC verwaltet. Bei der Übertragung von Daten wird ein Port festgelegt und verwendet, Standardfunktionen wie FTP (*File Transfer Protocol*) oder HTTP haben vorgegebene Ports. Da ein Programm aber auch an einem beliebigen Port warten kann, macht die Firewall außerhalb der bekannten Ports meist zunächst mal dicht.

Portnummer	Beschreibung
20/21	FTP
80/8080	HTTP
53	DNS
110	POP3
1723	PPTP
25	SMTP
995	POP/SSL
143	IMAP
993	IMAP/SSL

Tabelle 2.1 Die wichtigsten »Alltagsports« sind bei der FRITZ!Box geöffnet.

TIPP!

Angriffsfläche der FRITZ!Box verringern

Je weniger Ports geöffnet sind, desto weniger Angriffsfläche bietet die FRITZ!Box. Wird der Router zu konservativ konfiguriert, ist das Heimnetz oder der PC zwar optimal abgesichert, aber unter Umständen leidet die Funktionalität. Wer mit seinem Spiele-PC hinter einer FRITZ!Box oder einer Personal Firewall online zocken möchte, muss den Router entsprechend einstellen, damit die Rückmeldungen von Spielserver und Mitspielern aus dem Internet auch zum PC zurückkommen. Erst dann kann dieser richtig mitfraggen. Welche Ports Sie für den PC im Endeffekt öffnen, hängt von Ihren persönlichen Ansprüchen und Sicherheitsbedürfnissen ab.

Insgesamt gibt es 65.535 verschiedene Ports. Damit bestimmten Anwendungen feste Portnummern zugewiesen werden können, sind die Ports im Wesentlichen in drei Gruppen unterteilt:

Bereich/Portnummer	Beschreibung
0 bis 1023	well known ports
1024 bis 49151	registered ports
49152 bis 65535	dynamic und/oder private ports

Beim Netzwerk-Gaming hängt es vor allem vom Spiel ab, welche Ports zur Verfügung stehen müssen. Damit das Spielen grundsätzlich funktioniert, sind meist folgende Ports nach ICMP (*Internet Control Message Protocol*) notwendig:

```
53
80
443
```

ICMP dient dem Austausch von Fehler- und Informationsmeldungen bei TCP/IP- und UDP-Protokollen. Es sorgt dafür, dass eine Verbindung stabil bleibt – sprich aufrechterhalten wird – und es zu keinen ungewollten Verbindungsabbrüchen kommt. Ob weitere Ports gebraucht werden, steht im Handbuch zum Spiel. Dort sollte beschrieben sein, welche Ports offen sein müssen, damit das Spiel online gespielt werden kann. Welche Ports es gibt und wofür welcher TCP- bzw. UDP-Port zuständig ist, ist auf folgender Webseite zusammengefasst:

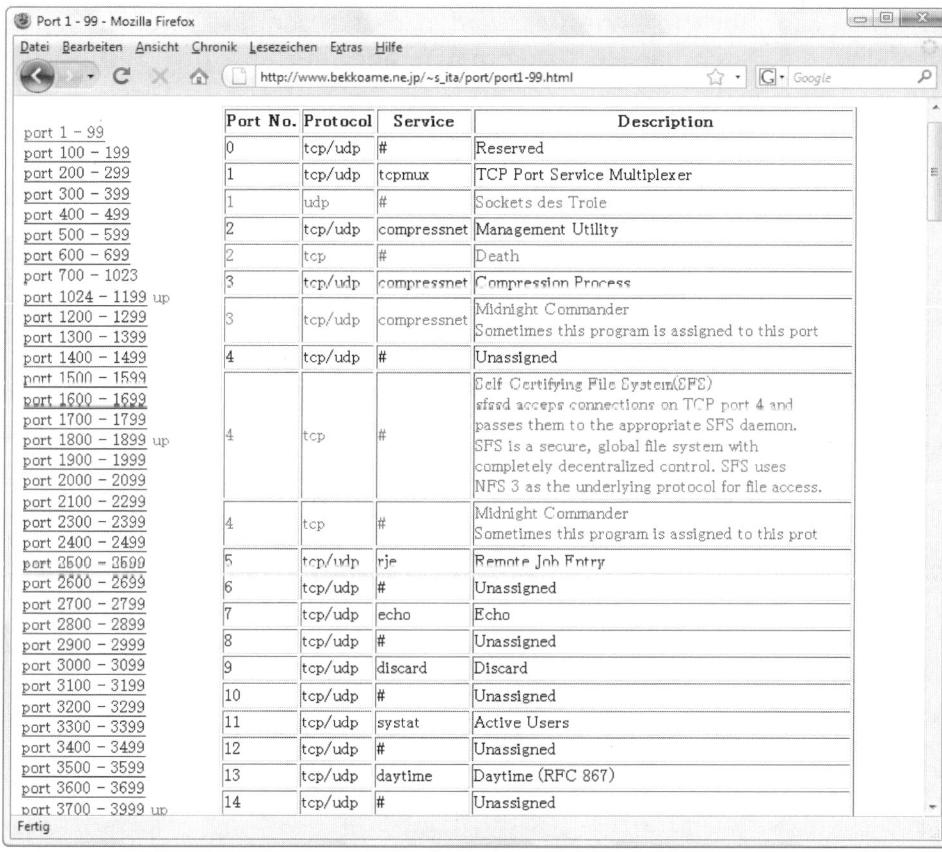

Port No.	Protocol	Service	Description
0	tcp/udp	#	Reserved
1	tcp/udp	tcpmux	TCP Port Service Multiplexer
1	udp	#	Sockets des Troie
2	tcp/udp	compressnet	Management Utility
2	tcp	#	Death
3	tcp/udp	compressnet	Compression Process
3	tcp/udp	compressnet	Midnight Commander Sometimes this program is assigned to this port
4	tcp/udp	#	Unassigned
4	tcp	#	Self Certifying File System(SFS) sfssd acceps connections on TCP port 4 and passes them to the appropriate SFS daemon. SFS is a secure, global file system with completely decentralized control. SFS uses NFS 3 as the underlying protocol for file access.
4	tcp	#	Midnight Commander Sometimes this program is assigned to this prot
5	tcp/udp	rje	Remote Job Entry
6	tcp/udp	#	Unassigned
7	tcp/udp	echo	Echo
8	tcp/udp	#	Unassigned
9	tcp/udp	discard	Discard
10	tcp/udp	#	Unassigned
11	tcp/udp	systat	Active Users
12	tcp/udp	#	Unassigned
13	tcp/udp	daytime	Daytime (RFC 867)
14	tcp/udp	#	Unassigned

Bild 2.17 Für jeden Einsatzzweck sind die Ports 1 bis 65535 hier übersichtlich beschrieben: *www.bekkoame.ne.jp/~s_ita/port/port1-99.html.*

Die TCP- und UDP-Ports (*User Datagram Protocol*) sorgen für die Kommunikation auf Netzwerk- bzw. Anwendungsebene. Grundsätzlich gilt: Weniger ist mehr. Je weniger Ports geöffnet und je weniger Dienste verfügbar sind, desto weniger Angriffsfläche bietet der DSL-Router nach außen. So können Sie die Nutzung bestimmter Internetdienste wie das Surfen im WWW (HTTP), das *File Transfer Protocol* (FTP) und viele andere für alle oder einige Benutzer in Ihrem Netzwerk blockieren. Doch Vorsicht: Wird der Router zu sicher eingestellt, leidet die Funktionalität, weil bestimmte Programme nicht mehr richtig funktionieren.

Wer beispielsweise einen Webserver (HTTP-Protokoll mit Port 80) hinter einem Router oder einer Personal Firewall betreiben möchte, muss den DSL-Router so einstellen, dass die Anfragen aus dem Internet auch bis zum Server kommen können. Erst dann kann dieser reagieren und die Anfragen beantworten. Welchen Port Sie öffnen, hängt von dem eingesetzten Serverprogramm und vor allem von Ihren persönlichen (Sicherheits-)Bedürfnissen ab.

Der Router kann auch so eingestellt werden, dass bestimmte Ports am Router offen sind, die Daten, die dort ankommen, aber nur an einen bestimmten Rechner bzw. eine bestimmte IP-Adresse weitergeleitet werden. Diese Technik läuft unter Portweiterleitung bzw. Port-Triggering.

Die Porteinstellungen der FRITZ!Box richten Sie auf der Weboberfläche über *Übersicht/Erweiterte Einstellungen/Internet/Freigaben/Portfreigaben* ein.

Bild 2.18 Per Klick auf die Schaltfläche *Neue Portfreigabe* richten Sie eine neue Verbindung von außen auf einem PC im Netzwerk ein.

TIPP!

Ports einzeln angeben

Leider ist es bei der FRITZ!Box mit älteren Firmwareversionen nicht möglich, einen ganzen Portbereich (beispielsweise 16384 bis 16389) zur Weiterleitung freizugeben. Wer in diesem Fall einen Block von TCP- oder UDP-Ports in der Firewall freigeben möchte, muss jeden Port einzeln angeben. Sie ersparen sich unter Umständen Konfigurationsarbeit, wenn Sie zunächst die aktuelle Firmware in die FRITZ!Box einspielen. Das erledigen Sie im Webbrowser per *Übersicht/Einstellungen/System/Firmware-Update.*

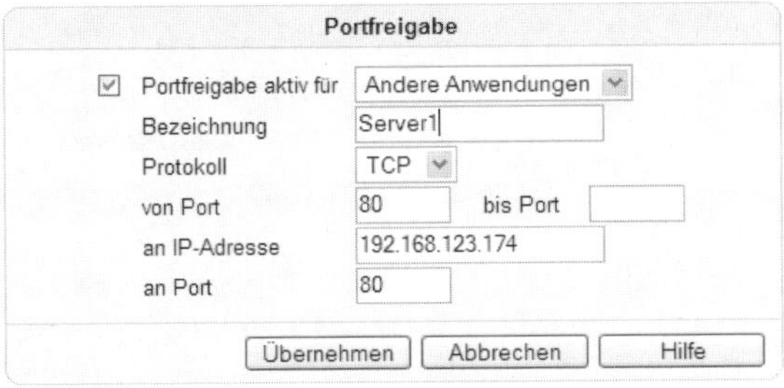

Bild 2.19 Nach einem Firmware-Update lassen sich Portbereiche bei einer Portfreigabe einrichten.

TIPP!

Portfreigabe und Zieladresse

Achten Sie darauf, dass bei der Konfiguration einer Portfreigabe die Zieladresse immer gleich bleibt. Hier ist es möglicherweise besser, für den Zielrechner im heimischen Netz wie oben beschrieben eine feste IP-Adresse einzurichten. Verwenden Sie im Zweifelsfall statt einer DHCP-Adresse für den PC eine statische IP-Adresse. Mithilfe der FRITZ!Box-Portfreigabe lassen sich so Dienste und verwendete Ports explizit bestimmten Rechnern im Heimnetz zuordnen.

Push Service: Systemmeldungen von der FRITZ!Box

Bei der FRITZ!Box ist in der Benutzeroberfläche ein sogenannter Push Service integriert, der den Anwender auf Wunsch per Mail über den Systemzustand und über Änderungen informiert. Grundvoraussetzungen dafür sind selbstverständlich ein E-Mail-Konto und die passenden Zugangsdaten, damit die FRITZ!Box entsprechend konfiguriert werden kann.

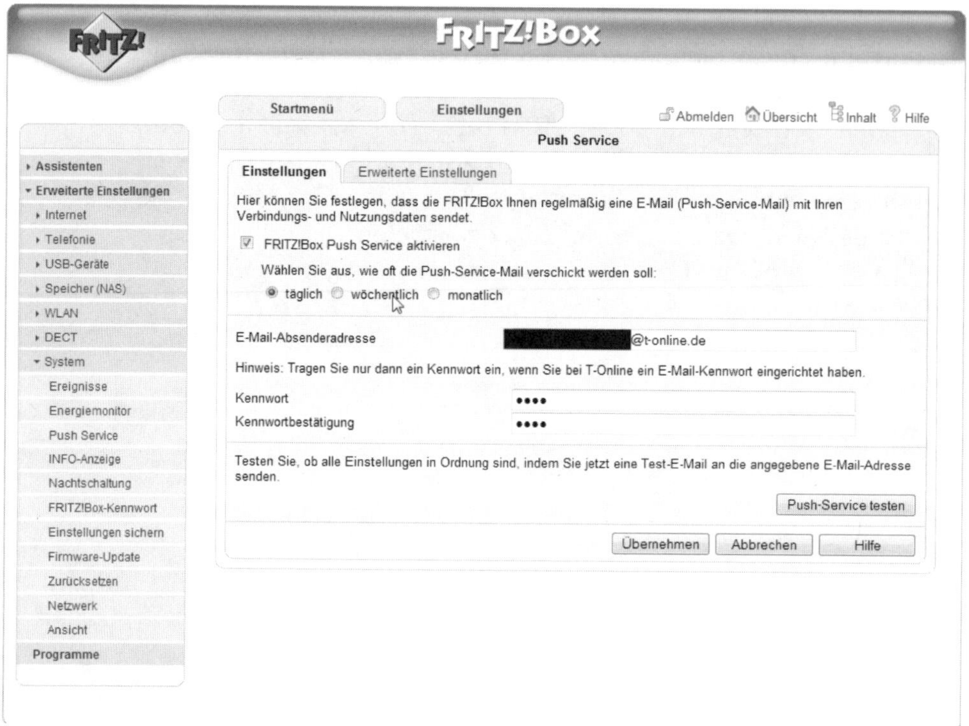

Bild 2.20 Über die Weboberfläche via *Übersicht/Erweiterte Einstellungen/System/Push Service* richten Sie das gewünschte E-Mail-Konto ein, das die Systemmeldungen der FRITZ!Box in Empfang nehmen soll.

Sind sämtliche Einstellungen eingetragen, können Sie per Klick auf die Schaltfläche *Push-Service testen* die ordnungsgemäße Funktion überprüfen. Haben Sie nach wenigen Minuten eine E-Mail im Posteingang, können Sie mit einem Klick auf die Schaltfläche *Übernehmen* die Einstellungen speichern.

2.3 Erweiterte WLAN-Sicherheitseinstellungen

Viele WLAN-Router bieten neben den Standard-Wireless-Einstellungen auch eine Option an, mit der Sie erweiterte Einstellungen für das Funknetz konfigurieren können. Durch einen geschickten Eingriff machen Sie das WLAN-Netz für andere fast unsichtbar und beschränken den Zugriff auf das Netzwerk auf Clients, die sich anhand ihrer MAC-Adresse authentifizieren. Hier kann auch WLAN grundsätzlich deaktiviert werden.

Das ist zu empfehlen, wenn keine WLAN-Geräte zum Einsatz kommen und der WLAN-Router ausschließlich für kabelgebundene Clients zuständig sein soll. Standardmäßig erhält jede WLAN-Karte, die mit einer passenden SSID und dem korrekten Schlüssel sowie dem passenden Verschlüsselungsstandard konfiguriert ist, Zugriff auf das drahtlose Netzwerk.

Bei der FRITZ!Box hängt es von der eingesetzten Firmwareversion sowie vom FRITZ!Box-Modell ab, welche Optionen im Bereich *Übersicht/Erweiterte Einstellungen/WLAN* zur Verfügung stehen. Mit der Auswahl der Option *WLAN aktivieren* können Sie auf andere Optionen zugreifen. Benutzen Sie kein WLAN, schalten Sie es über diese Option am Router aus.

Bild 2.21 Nur wer einen AVM-USB-Stick im Einsatz hat, muss das Häkchen bei *AVM Stick & Surf aktivieren* setzen.

Wireless-Router-Einstellungen	Beschreibung
Name des Funknetzes (SSID)	Hier lässt sich der Name des WLAN-Netzes konfigurieren. Ist das Häkchen bei *WLAN aktivieren* gesetzt, sendet die FRITZ!Box ihren Netzwerknamen (SSID, *Service Set Identifier*) an alle Wireless-Stationen.
Funkkanal auswählen	Dieser Schalter legt fest, welche Betriebsfrequenz der Router nutzen soll. Hier können Sie die Werkeinstellung beibehalten, es sei denn, es sind Störstrahlungen von einem anderen WLAN-Router in der Umgebung bemerkbar. Dies macht sich vor allem durch Schwierigkeiten beim Verbindungsaufbau und in der Geschwindigkeit bemerkbar. Hängen in der Nachbarschaft einige andere WLAN-Router an der Steckdose, kann das Umkonfigurieren des Kanals einen Geschwindigkeitsschub bringen.
Name des WLAN-Funknetzes sichtbar	Ist diese Option aktiviert, sendet der Wireless-Router seinen Netzwerknamen (SSID, *Service Set Identifier*) an alle Wireless-Stationen. Stationen, die keine SSID (oder den Wert null) haben, können dann die korrekte SSID für Verbindungen zu diesem Access Point annehmen.
AVM Stick & Surf aktivieren	Diese Option ist für USB-Adapter aus dem Hause AVM gedacht. Setzen Sie einen AVM-USB-Adapter ein, sollte hier das Häkchen gesetzt werden.

Zusätzlich können bei manchen FRITZ!Box-Modellen noch verschiedene Einstellungen zum Übertragungsmodus vorgenommen werden, die Einfluss auf die Sendeleistung und Übertragungsqualität haben.

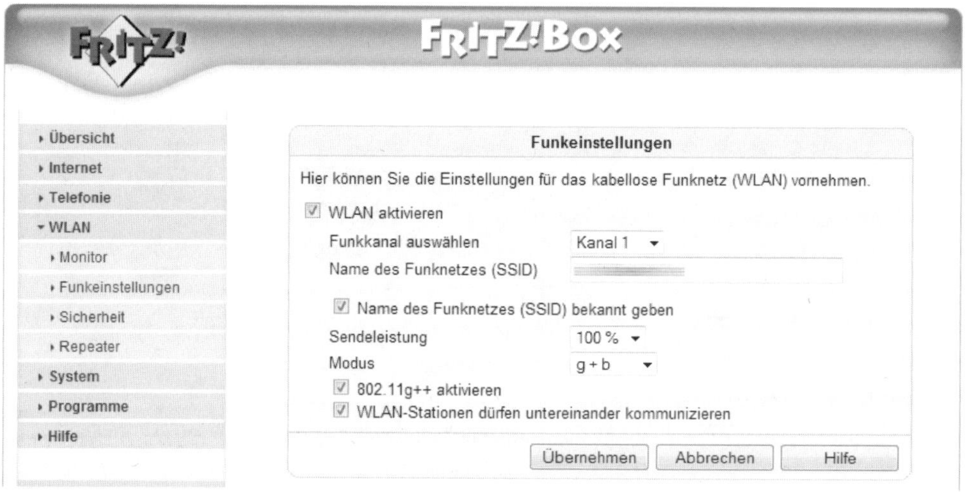

Bild 2.22 Abhängig von den verwendeten WLAN-Komponenten konfigurieren Sie den Übertragungsmodus.

Für mehr Sicherheit ist die Option *Sicherheit* bei der FRITZ!Box ideal: Hier können Sie den Zugang auf das WLAN auf Grundlage der MAC-Adresse des PCs beschränken.

Zugriffsliste für neue WLAN-Geräte einrichten

Standardmäßig wird jedem drahtlosen PC, der mit einer korrekten SSID, dem richtigen Verschlüsselungsstandard sowie dem passenden Schlüssel ausgestattet ist, Zugang zum drahtlosen Netzwerk gewährt. Jeder Router beinhaltet jedoch eine MAC-Adressfilterung, bei der PCs basierend auf ihren MAC-Adressen eine Verbindung zum Router aufbauen dürfen oder auch nicht.

Bild 2.23 Nur bei der erstmaligen Konfiguration des WLAN-Netzwerks braucht der Schalter *Alle neuen WLAN-Geräte zulassen* aktiviert zu sein. Sind die gewünschten Geräte einmal mit der FRITZ!Box verbunden worden, »merkt« sich die FRITZ!Box deren MAC-Adresse.

Bei einer FRITZ!Box sorgen Sie für mehr Sicherheit, wenn Sie per *Übersicht/WLAN/Monitor* die Option *Keine neuen WLAN-Netzwerkgeräte zulassen* aktivieren, nachdem der PC mit WLAN-Karte erstmalig Verbindung mit dem WLAN-Router aufgenommen hat. Diese Option aktivieren Sie erst dann, wenn der DSL-Router fertig konfiguriert und erstmals eine Verbindung erfolgreich zwischen PC und DSL-Router hergestellt worden ist. In diesem Fall merkt sich die FRITZ!Box die MAC-Adresse des PCs und verweigert anderen Geräten die Zusammenarbeit.

Wird beim Eintragen des Geräts der Gerätename nicht angezeigt, können Sie selbst einen beschreibenden Namen für den PC eingeben, den Sie der MAC-Adresse hinzufügen. Wie alle anderen wichtigen Ereignisse dokumentiert die FRITZ!Box auch die An- und Abmeldevorgänge der WLAN-Stationen. Über die Weboberfläche unter *Übersicht/System/Ereignisse* im Register *WLAN* können Sie das Protokoll einsehen. Hier finden Sie auch die abgelehnten Zugriffe. Das kann ein Hinweis darauf sein, dass von außen jemand versucht, auf Ihr WLAN zuzugreifen.

Bild 2.24 Sämtliche An- und Abmeldevorgänge an der FRITZ!Box sowie die zugewiesenen IP-Adressen und dazugehörige Verbindungsgeschwindigkeiten werden in einem Protokoll erfasst.

Zugang erlaubt? – Angeschlossene Geräte checken

Jeder vernünftige Router bietet einen Dialog, der eine Übersicht über angeschlossene Geräte liefert. In der Regel sind die IP-Adresse, der Gerätename, den Sie unter Windows vergeben haben, und die MAC-Adresse für jeden eingeschalteten Computer zu sehen, der mit dem Router verbunden ist.

Das ist besonders praktisch, wenn Sie vermuten, dass sich ein Fremdling in Ihrem Netz befindet. In diesem Fall sollten Sie die Sicherheitseinstellungen der FRITZ!Box nochmals überprüfen. Dazu schalten Sie am besten alle Ihre PCs, die über das Funknetz zugreifen, aus, und es sollte nur noch ein Rechner mit seiner MAC-Adresse (unbedingt notieren) zu sehen sein. Gibt es weitere, müssen Sie sich Gedanken machen.

Bild 2.25 Standardmäßig erhält jede WLAN-Karte, die mit einer passenden SSID konfiguriert ist, Zugriff auf das drahtlose Netzwerk. Für mehr Sicherheit bei der FRITZ!Box sorgt dieser Dialog: Hier können Sie den Zugang auf das WLAN auf Grundlage einer MAC-Adresse beschränken, falls Sie den Schalter bei *WLAN-Zugang auf die bekannten WLAN-Geräte beschränken* umlegen.

Mithilfe der FRITZ!Box können Sie die Verbindungen direkt unterbrechen. Sie sollten aber sofort die SSID wechseln, sie unsichtbar machen und die Verschlüsselung mit einem neuen Schlüssel aktualisieren. Danach gilt es, die Protokolle daraufhin zu überprüfen, was alles aufgerufen wurde. Rechtlich sieht es so aus, dass die Nutzung unzureichend gesicherter Funknetze eine Grauzone ist, denn für Sicherheit hat jeder selbst zu sorgen.

Bei einer FRITZ!Box sorgen Sie für mehr Sicherheit, wenn Sie die Option *Keine neuen WLAN-Netzwerkgeräte zulassen* aktivieren, nachdem der PC mit WLAN-Karte erstmalig Verbindung mit dem WLAN-Router aufgenommen hat. In diesem Fall merkt sich die FRITZ!Box die MAC-Adresse des PCs und verweigert die Zusammenarbeit mit anderen Geräten.

Standardmäßig wird jedem drahtlosen Gerät, das mit einer korrekten SSID und dem passenden Schlüssel ausgestattet ist, Zugang zu dem drahtlosen Netzwerk gewährt. Jeder Router bietet jedoch eine MAC-Adressfilterung, bei der Geräte basierend auf ihren MAC-Adressen eine Verbindung zum Router aufbauen dürfen – oder auch nicht.

Kindersicherung für den Familien-PC

Nutzen Sie im Haushalt einen Computer und melden sich Ihre Kinder mit ihren eigenen Benutzernamen darauf an, können Sie die Kindersicherung der FRITZ!Box nutzen. Bevor Sie die Kindersicherung auf der FRITZ!Box aktivieren, muss auf dem Windows-PC eine spezielle AVM-Software installiert werden.

Den Link auf die Internetseite von AVM zu dem entsprechenden Windows-Programm *FRITZ!Box Kindersicherung* finden Sie im Hauptmenü Ihrer FRITZ!Box über *Einstellungen/Programme*. Im Zusammenspiel mit diesem Programm können Sie die FRITZ!Box nun so konfigurieren, dass der Computer im Kinderzimmer nur zu bestimmten Zeiten und in begrenztem Umfang in das Internet kann.

Zunächst installieren Sie das Windows-Programm *FRITZ!Box Kindersicherung* – in der Regel klicken Sie die Installation problemlos durch. Anschließend melden Sie sich am PC im Kinderzimmer mit dem Kinder-Account an und stellen eine Internetverbindung her, etwa für das Windows-Update oder das Update des Virenscanners. In diesem Fall kennt die FRITZ!Box anschließend den Windows-Benutzer *SYSTEM*, der für Windows-Updates und Updates von Virenschutzprogrammen zuständig ist. Anschließend bekommen Sie den Benutzernamen *SYSTEM* sowie den Benutzernamen des Kindes im Kindersicherungsdialog angezeigt.

Bild 2.26 Wenn Sie die Kindersicherung nicht benötigen, achten Sie darauf, dass sie auch ausgeschaltet ist. Andernfalls sorgt die Kindersicherung auf Port 14013 für überflüssige Kommunikation im Heimnetzwerk.

Im nächsten Schritt aktivieren Sie über *Einstellungen/Erweiterte Einstellungen/Internet/Kindersicherung* das Häkchen bei *Kindersicherung aktivieren*. Anschließend wählen Sie in der Geräteliste den zu beschränkenden Computer bzw. Benutzer aus und legen in der darauf erscheinenden Übersicht die zeitliche Beschränkung der Internetnutzung fest. Hier lassen sich in den entsprechenden Feldern die Zeitintervalle festlegen, in denen das Internet genutzt werden darf. Es sind unterschiedliche Einstellungen für Montag bis Donnerstag, für den Freitag und für das Wochenende möglich.

Firewall immer einschalten

Grundsätzlich gilt: Beim Surfen im Internet sollte die Firewall zwingend eingeschaltet sein. Die SPI-Firewall (*Stateful Port Inspection*) schützt das Netzwerk vor DoS-Attacken (*Denial of Service*, Überlastung des Systems durch eine Unzahl von Anfragen) und anderen Übeltätern. Die Firewall ist in der Regel standardmäßig bei den meisten Herstellern ab Werk aktiviert.

Ping ignorieren

Das Suchen von potenziellen Opfern für DoS-Angriffe etc. wird über den *ping*-Befehl realisiert. Auf diese Weise kann ein anderer Rechner feststellen, ob die angepingte Maschine noch läuft und für Anfragen aus dem Netz erreichbar ist. Manche Modelle lassen sich so konfigurieren, dass sie nicht auf einen Ping aus dem Internet reagieren. Finden Sie eine Option ähnlich wie *Auf Ping am Internet-Port reagieren*, sollten Sie sie deaktivieren, es sei denn, Sie haben einen guten Grund, sie aktiviert zu lassen. Das hat übrigens nichts mit der Möglichkeit des »Anpingens« im heimischen Netzwerk, die Sie weiter unten kennenlernen werden, zu tun. Der netzinterne Ping wird anders interpretiert als einer über den Internetport.

MTU richtig einstellen

Das Konfigurieren der MTU-Größe (*Maximum Transmission Unit*, maximale Übertragungseinheit) hat weniger mit Sicherheit zu tun, es dient eher dem Feintuning und der Totaloptimierung des DSL-Routers.

Bei der FRITZ!Box kann kein MTU-Wert eingestellt werden. Lässt der DSL-Router hier einen Eingriff zu, lohnt es sich, die Einstellungen zu überprüfen. Der passende MTU-Wert für die meisten Ethernet-Netzwerke beträgt 1.500 Byte oder 1.492 Byte für PPPoE-Verbindungen bzw. 1.436 Byte für PPTP-Verbindungen. Bei einigen Internetanbietern ist möglicherweise das Reduzieren der maximalen Übertragungseinheit notwendig.

Wenn der MTU-Wert nicht passt, kann es passieren, dass manche Seiten nicht aufgerufen werden können. Um zu prüfen, ob der konfigurierte MTU-Wert passt oder nicht, verwenden Sie einfach den *ping*-Befehl:

```
C:\WINDOWS\system32>ping -f -l 1464 www.franzis.de

Ping www.franzis.de [217.64.171.171] mit 1464 Bytes Daten:

Antwort von 192.168.123.254: Paket müsste fragmentiert werden, DF-Flag ist jedoc
h gesetzt.
Paket müsste fragmentiert werden, DF-Flag ist jedoch gesetzt.
Paket müsste fragmentiert werden, DF-Flag ist jedoch gesetzt.
Paket müsste fragmentiert werden, DF-Flag ist jedoch gesetzt.

Ping-Statistik für 217.64.171.171:
    Pakete: Gesendet = 4, Empfangen = 1, Verloren = 3 (75% Verlust),
Ca. Zeitangaben in Millisek.:
    Minimum = 0ms, Maximum = 0ms, Mittelwert = 0ms

C:\WINDOWS\system32>
```

Bild 2.27 Mit dem *ping*-Befehl überprüfen Sie die eingestellte MTU-Größe. Kommt die Meldung *Paket müsste fragmentiert werden, DF-Flag ist jedoch gesetzt*, ist die MTU-Konfiguration in Ordnung.

Mit dem Befehl:

```
ping -f -l 1464 www.franzis.de
```

auf der Kommandozeile prüfen Sie die MTU-Einstellungen für die TCP/IP-Verbindung. Geben Sie beispielsweise einen anderen MTU-Wert mit dem Befehl

```
ping -f -l 1460 www.franzis.de
```

ein, erscheint folgende Rückmeldung:

```
Antwort von 80.237.218.241: Bytes=1460 Zeit=64ms TTL=47
Antwort von 80.237.218.241: Bytes=1460 Zeit=61ms TTL=47
Antwort von 80.237.218.241: Bytes=1460 Zeit=61ms TTL=47
Antwort von 80.237.218.241: Bytes=1460 Zeit=61ms TTL=47
```

Der Ping geht also durch den DSL-Router zum Zielserver mit der IP-Adresse *80.237.218.241*, der anschließend fehlerfreie Pakete zurücksendet. Addieren Sie nun 28 Byte für den notwendigen IP/ICMP-Header zu den 1460 Byte, beträgt der ideale Wert 1488. Abhängig von der Verbindung stellen Sie die passende MTU ein.

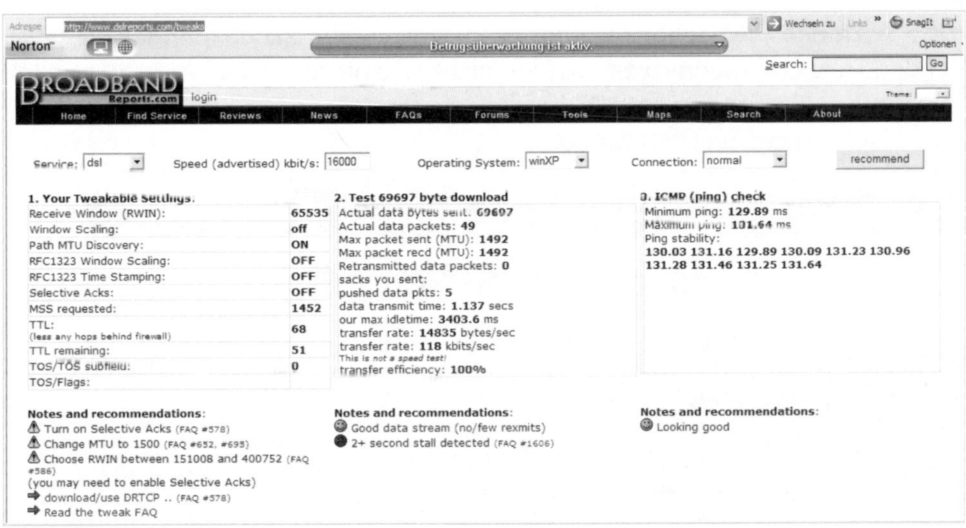

Bild 2.28 Hier finden Sie einen Geschwindigkeitstest, um die MTU-Einstellungen zu überprüfen – siehe *www.dslreports.com/tweaks*.

Bei manchen Anbietern ist dieser Wert mit 1492 angegeben. Sind einige Webseiten nicht zu erreichen oder treten Probleme beim Upload von Dateien oder E-Mails auf, prüfen Sie den MTU-Wert des Routers. Testen Sie Werte wie 1488,

1492 und 1500 – der ideale Wert hängt vom Provider ab. Im Zweifelsfall erkundigen Sie sich im Supportbereich auf der Webseite Ihres Internetproviders nach dem idealen MTU-Wert. Diese Maßnahme sorgt auch für eine bessere Qualität beim Telefonieren über das Internet. Also unbedingt testen!

2.4 Kontra Stasi 2.0: TR-069-Schnittstelle abschalten

Weitgehend unbemerkt hat AVM die FRITZ!Box mit einer Funktion beglückt, die zumindest in der Fachwelt in Verruf geraten ist: Die TR-069-Schnittstelle unterstützt eine vom Anwender losgelöste Wartung mit einer beim Provider installierten Gegenstelle. Theoretisch könnte so auf den Router zugegriffen werden, um Log-Dateien oder Konfigurationen zu lesen und zu ändern. Selbst das Einschleusen eines Lauschprogramms oder Trojaners wäre theoretisch möglich.

Dieses geheimnisvolle Kommunikationsprotokoll TR-069 ist sowohl in der FRITZ!Box als auch beim T-Home Speedport standardmäßig aktiviert – ärgerlich für den Anwender, dass die Fernwartungsschnittstelle ungefragt eingeschaltet ist. Während sich die Option bei früheren Firmwareversionen der FRITZ!Box über *Einstellungen/Netzwerk/Anbieter-Dienste* per Option *Automatische Einrichtung durch den Dienstanbieter zulassen* derzeit (noch) abschalten lässt, ist das bei den Telekom-Speedport-Modellen nicht so einfach der Fall.

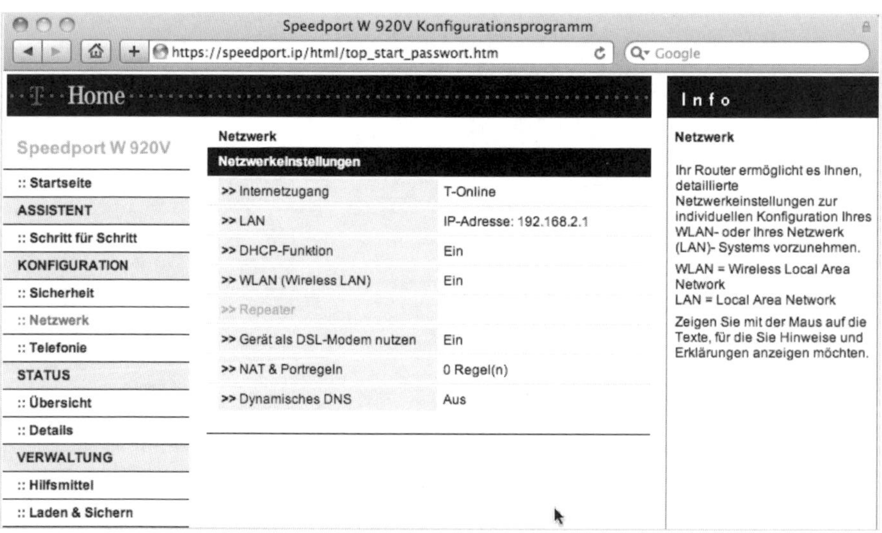

Bild 2.29 Beim T-Home Speedport ist weit und breit keine Funktion zum Abschalten des TR-069-Protokolls zu sehen. Hier hilft nur der Umweg über eine selbst gebaute FRITZ!Box-Firmware.

Auf den ersten Blick ist das Ändern der Option nicht leicht: Die Funktion *Automatische Updates zulassen* ist standardmäßig aktiviert, grau unterlegt und lässt sich zunächst nicht ändern.

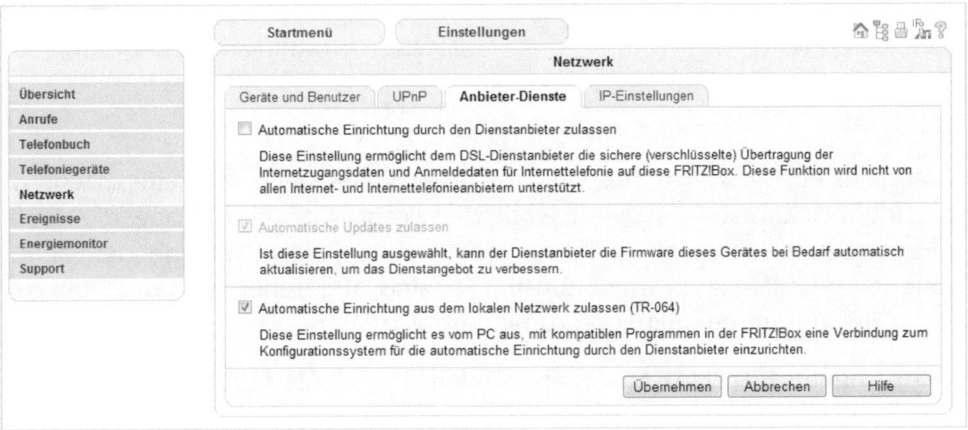

Bild 2.30 Unglücklich gelöst: Da die Option *Automatische Updates zulassen* ausgegraut und somit für den Anwender nicht zugänglich ist, lässt sie sich aus Anwendersicht nicht abschalten.

Um sämtliche Häkchen in diesem Dialog zu entfernen, muss zunächst das Häkchen bei *Automatische Einrichtung durch den Dienstanbieter zulassen* aktiviert sein, damit der ausgegraute Eintrag bei *Automatische Updates zulassen* abgeschaltet werden kann. Anschließend nehmen Sie das Häkchen bei *Automatische Einrichtung durch den Dienstanbieter zulassen* wieder heraus.

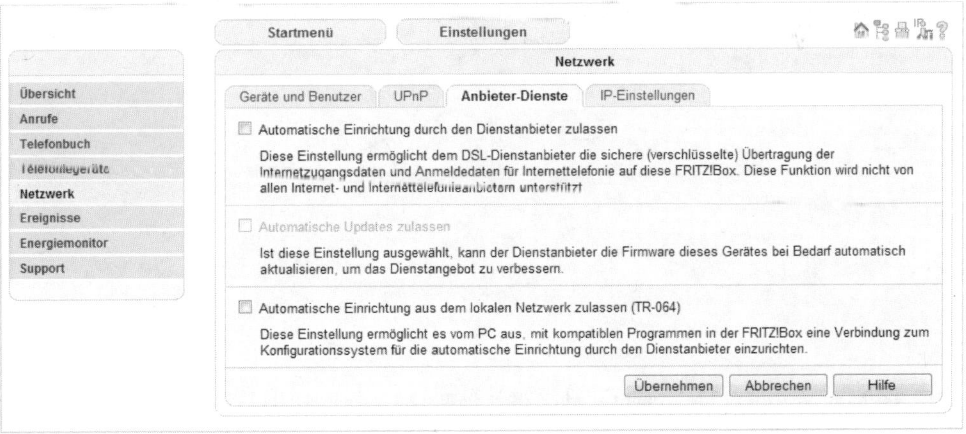

Bild 2.31 Datenschutzfetischisten entfernen in diesem Dialog sämtliche Häkchen. Obwohl die TR-064-Schnittstelle offiziell nur für das Heimnetz gedacht ist, ist das Deaktivieren sicher kein Fehler.

Sind die unerwünschten Häkchen entfernt, muss die FRITZ!Box neu gestartet werden, um die tückischen Systemdienste abzuschalten.

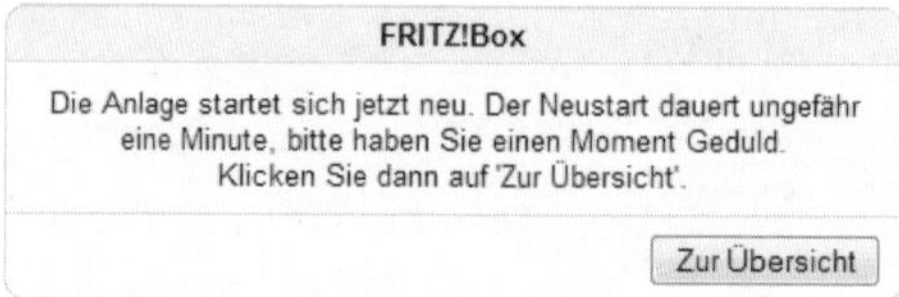

Bild 2.32 Der Neustart der Anlage dauert weniger als zwei Minuten. Anschließend ist zumindest ein Scheunentor zu.

Solange es noch möglich ist, sollten Sie diese Schnittstelle abschalten. Denn ist die TR-069-Schnittstelle aktiviert, ist der Serviceprovider in der Lage, die Konfiguration zu sperren, damit der Kunde nicht mehr auf die entsprechenden Menüoptionen zugreifen kann. Im dümmsten Fall sind, abgesehen von den Mitlesern, auch Leistungseinschränkungen zumindest nicht unmöglich.

Bei den neuen FRITZ!Box-Modellen wie dem Fon WLAN 7390 mit Firmwareversion 84.04.82 finden Sie diese Einstellungen über *Erweiterte Einstellungen/System/Netzwerk/Anbieter-Dienste.*

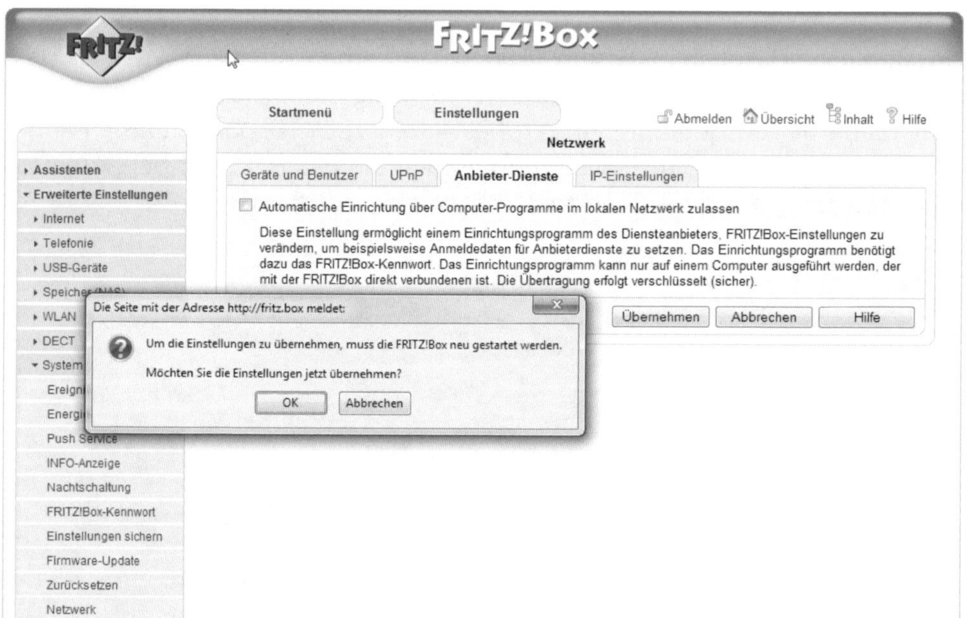

Bild 2.33 Nachdem das Häkchen entfernt wurde, fordert die FRITZ!Box einen Neustart der Anlage an, was weniger als zwei Minuten dauert.

Nach dem Neustart sind die Änderungen aktiv – bei der aktuellen Firmware hat AVM hier die früheren Optionen *Automatische Updates zulassen* sowie *Automatische Einrichtung aus dem lokalen Netzwerk zulassen (TR-064)* entfernt.

2.5 Für alle Fälle: FRITZ!Box-Einstellungen sichern

Ist die FRITZ!Box ordnungsgemäß und sicher konfiguriert, sollten Sie die gemachten Einstellungen sichern. Bessere Geräte bieten dafür eine Möglichkeit, die Einstellungen in einer Konfigurationsdatei zu speichern. Bietet Ihr Modell diese Option nicht an, sollten Sie die gemachten Einstellungen per Screenshot speichern und ausdrucken. Dafür drücken Sie einfach die `Druck`-Taste, um diesen Bildschirm in die Zwischenablage zu kopieren. Anschließend öffnen Sie beispielsweise Word und fügen mit der Tastenkombination `Strg`+`V` den Inhalt der Zwischenablage ein. Schließlich speichern Sie das Dokument oder drucken es wie gewohnt aus.

Router-Einstellungen als Datei herunterladen

Gehen Sie folgendermaßen vor: In der Benutzeroberfläche wählen Sie *Erweiterte Einstellungen/System/Einstellungen sichern*. Geben Sie Ihr Kennwort ein und bestätigen Sie mit *Einstellungen sichern*.

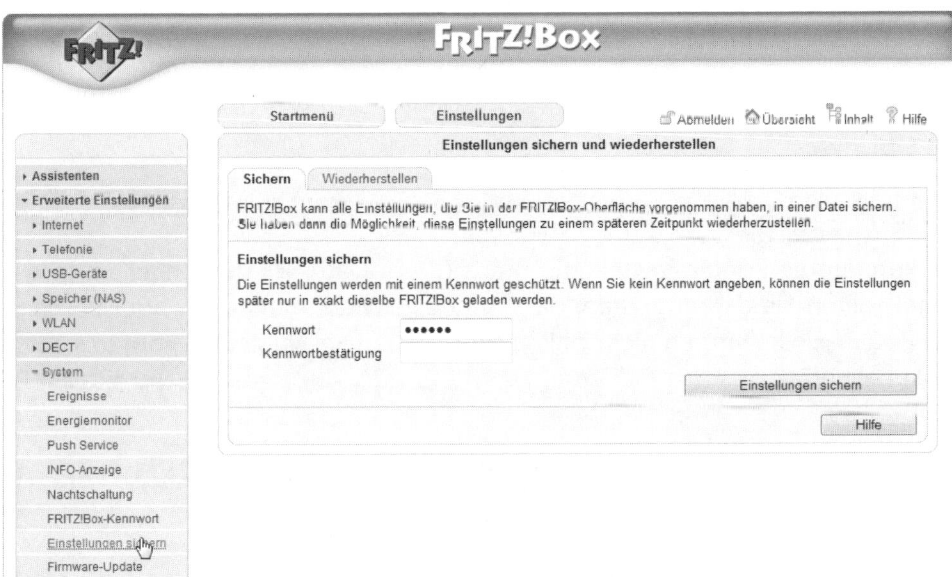

Bild 2.34 Übersichtlich gelöst: Das Sichern und Wiederherstellen der FRITZ!Box-Konfiguration geschieht in ein und demselben Dialog.

Arbeiten mehrere Anwender mit dem heimischen Rechner, ist es unter Umständen sinnvoll, die FRITZ!Box-Konfiguration passwortgeschützt auf der Festplatte abzulegen, damit kein Unbefugter die Konfigurationsparameter einsehen oder gar ändern kann. In diesem Fall geben Sie im Bereich *Kennwort* sowie *Kennwort bestätigen* ein Passwort ein. Um die Einstellungen auf die Festplatte herunterzuladen, genügt der Klick auf die Schaltfläche *Einstellungen sichern*.

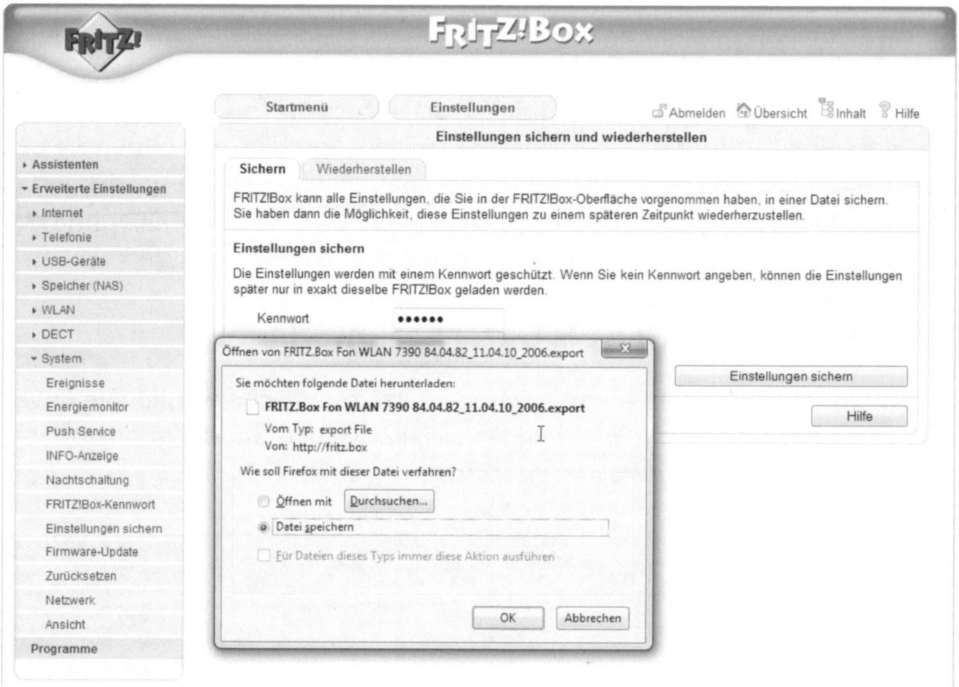

Bild 2.35 Die FRITZ!Box exportiert die Konfiguration in eine Datei mit der Bezeichnung *FRITZ!Box.export*.

Sie können die Router-Einstellungen aus dieser Datei wiederherstellen. In der Regel sollten Sie darauf achten, dass Sie beim Wiederherstellen oder Löschen der Router-Einstellungen nicht online sind. Ziehen Sie vorsichtshalber das Internetkabel heraus.

2.6 FRITZ!Box per Firmware-Update frisch halten

Kein Hersteller ist perfekt: Täglich gibt es neue Veröffentlichungen über Sicherheitslücken und Angriffsmöglichkeiten verschiedenster Router-Modelle. Meist wird mit unterschiedlichen Hackertools versucht, den Router zu kompromittieren oder ihn per Buffer Overflow-Mechanismen in einen nicht betriebsfähigen Zustand zu versetzen.

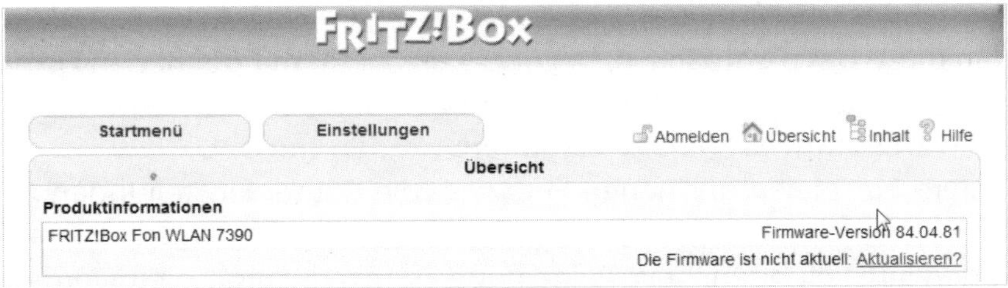

Bild 2.36 Schlau gelöst: Moderne FRITZ!Boxen prüfen regelmäßig selbstständig, ob für das Gerät eine neue Firmware zur Verfügung steht oder nicht.

Deshalb sollten Sie regelmäßig auf den Supportseiten des Herstellers nach neuer Firmware Ausschau halten. Oft gehen Verbesserungen der Sicherheit auch mit Erweiterungen der Funktionalität oder sogar der Implementierung neuer Standards (z. B. WPA2-Verschlüsselung) einher.

Bild 2.37 Freie Auswahl: Bei der FRITZ!Box können Sie die Firmware entweder über den AVM-Server (hier Schaltfläche *Neue Firmware suchen*) oder über eine Firmwaredatei (Register *Firmware-Datei*), die sich auf der Festplatte befindet, aktualisieren.

Ist eine Internetverbindung eingerichtet, bieten manche Geräte auch eine Aktualisierung der Firmware ohne Umwege an. Dafür steht eine Option auf den Router-Konfigurationsseiten zur Verfügung. Hier sucht der Router selbstständig die aktuellste Version auf den Supportseiten.

Je nach Herangehensweise müssen Sie bei einem Direkt-Download nach dem Herunterladen diese Datei entpacken, bevor Sie das Gerät mit der neuen Firmware aufrüsten können. In einigen Fällen kann es sein, dass der Router nach dem Einspielen der Firmware neu konfiguriert werden muss. Deshalb ist es sinnvoll, vor dem Einspielen der neuen Firmware die Router-Einstellungen zu sichern. Bei den neueren Modellen verlangt die FRITZ!Box das Anfertigen eines Backups mit den Einstellungen, bevor eine neue Firmware aufgespielt werden kann. Hierzu klicken Sie zunächst bei *Übersicht/Einstellungen/Erweiterte Einstellungen/System/Firmware-Update* auf die Schaltfläche *Einstellungen sichern*.

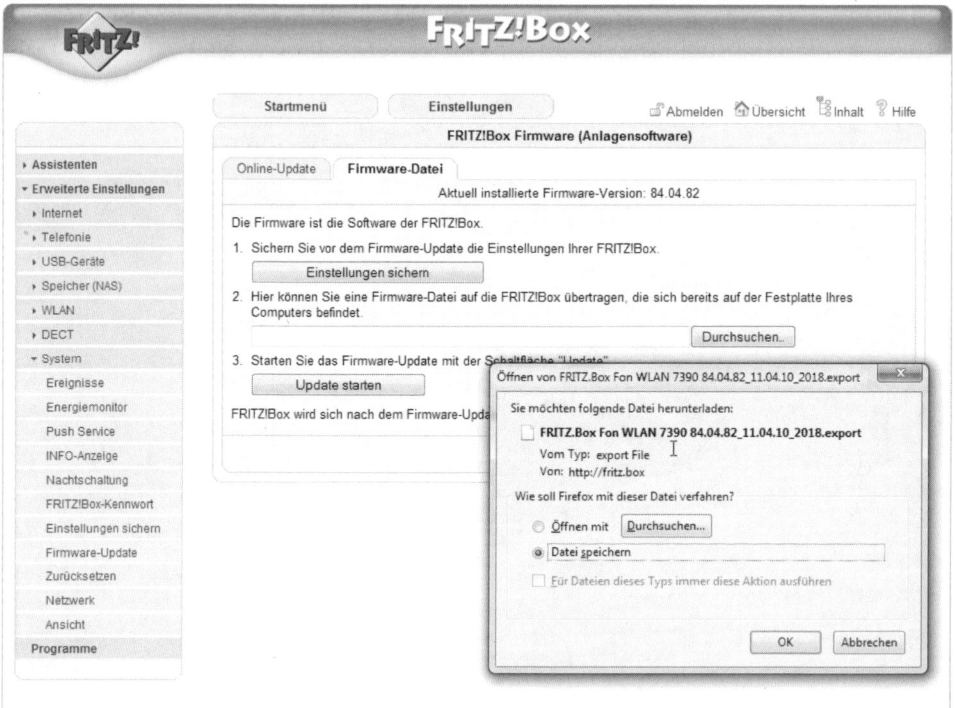

Bild 2.38 Zunächst sichern Sie die aktuellen Einstellungen der FRITZ!Box auf die Festplatte.

Sind die Einstellungen gespeichert, kann die neue Firmware in die Box geladen werden. Dafür wählen Sie zunächst über die *Durchsuchen*-Schaltfläche den Pfad zur Firmwaredatei aus.

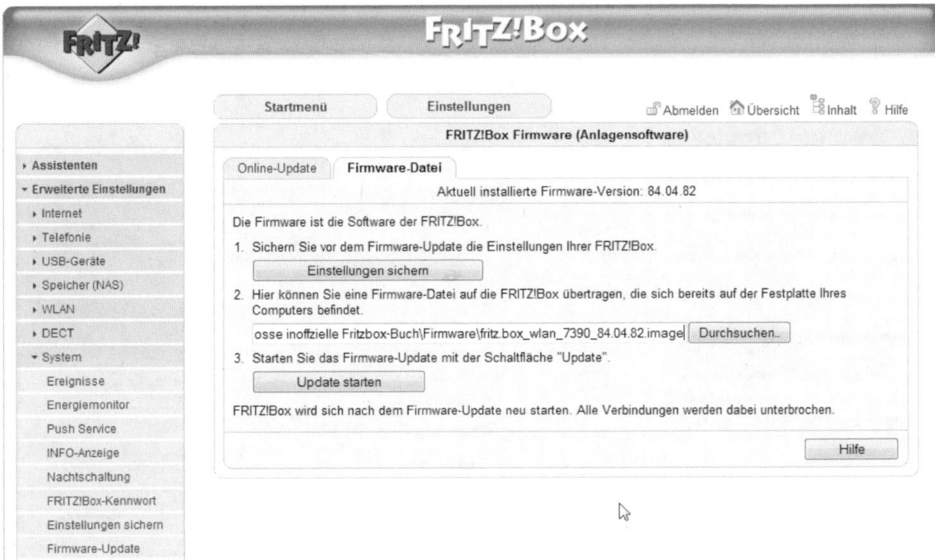

Bild 2.39 Entweder via Internet oder über eine Firmwaredatei: Eine frische Firmware sorgt für Sicherheit.

Mit einem Klick auf eine der Schaltflächen *Update*, *Hochladen* oder *Firmware aktualisieren* spielt der Router die neue Firmware selbstständig ein.

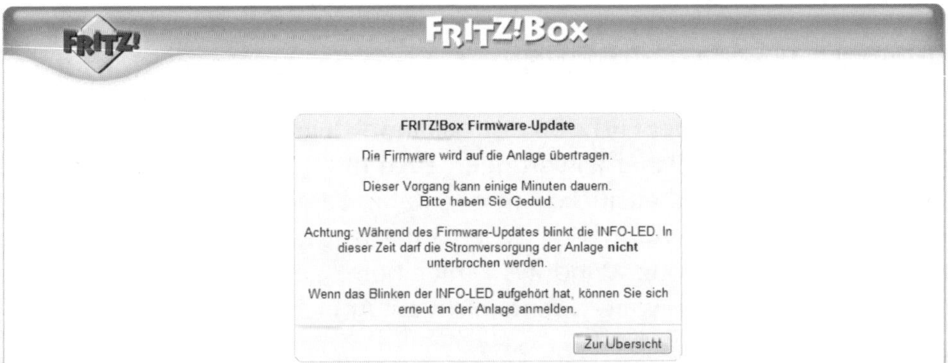

Bild 2.40 Bitte warten: Während der Übertragung der Firmware auf den Router darf die Stromversorgung nicht unterbrochen werden.

Während dieses Vorgangs darf der Router weder ausgeschaltet werden noch online (also im Internet) sein. Ist der Vorgang abgeschlossen, rufen Sie den *Routerstatus* auf und prüfen die Firmwareversion, um sicherzustellen, dass auf dem Router nach dem Update die neueste Software installiert ist.

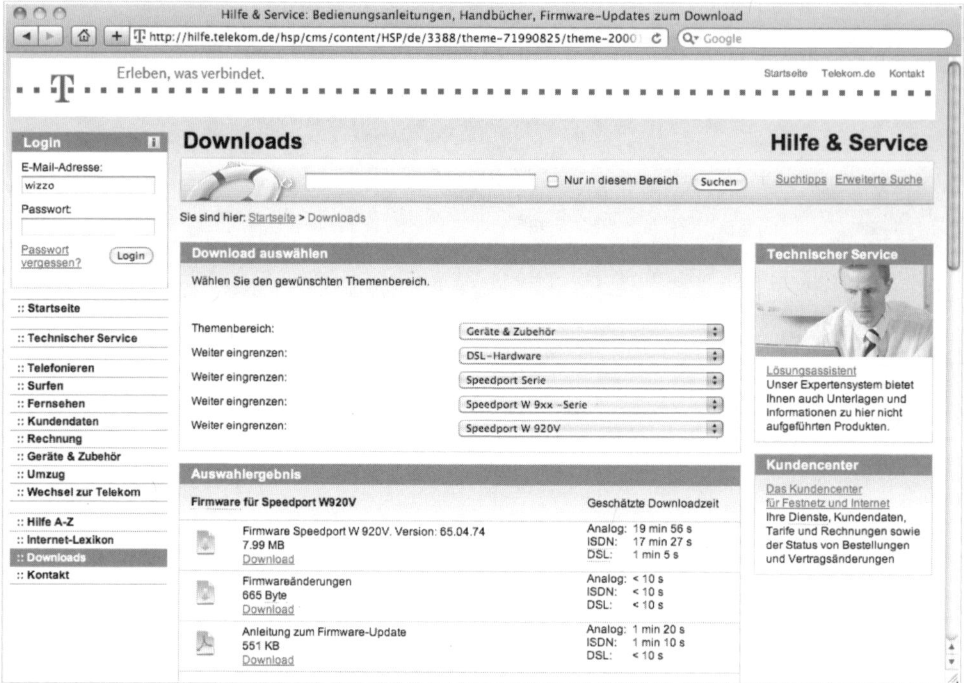

Bild 2.41 Arbeiten Sie mit dem T-Home Speedport, vergleichen Sie die Firmwareversion im Menü des Routers mit der auf der Telekom-Website angegebenen Firmwareversion.

Windows lässt das FRITZ!Box-Firmware-Update nicht zu

Ein Firmware-Update der FRITZ!Box ist bekanntlich von Zeit zu Zeit nicht nur sinnvoll, sondern aus Sicherheitsgründen auch ratsam. Neue Funktionen und das Stopfen von Sicherheitslücken sorgen dafür, dass der Computer bzw. das Heimnetz vor etwaigen Angriffen aus dem Internet geschützt bleibt. Setzen Sie jedoch Windows Vista oder Windows 7 mit einem älteren Internet Explorer als Version 8 ein, ist ein Firmware-Update nicht auf Anhieb möglich.

Der Grund: Die Sicherheitseinstellungen des standardmäßig installierten Internet Explorer oder auch der Firewall lassen das Ausführen des Firmware-Updates nicht zu. Haben Sie sich aus dem Internet eine aktuelle Firmwaredatei besorgt, erscheint beim eigentlichen Firmware-Update die Meldung *Bitte den vollständigen Pfadnamen angeben*, und die Installation ist nicht möglich.

Bild 2.42 Wie gewohnt: Unter *Übersicht/Erweiterte Einstellungen/System/Firmware-Update* spielen Sie eine frische Firmware ein.

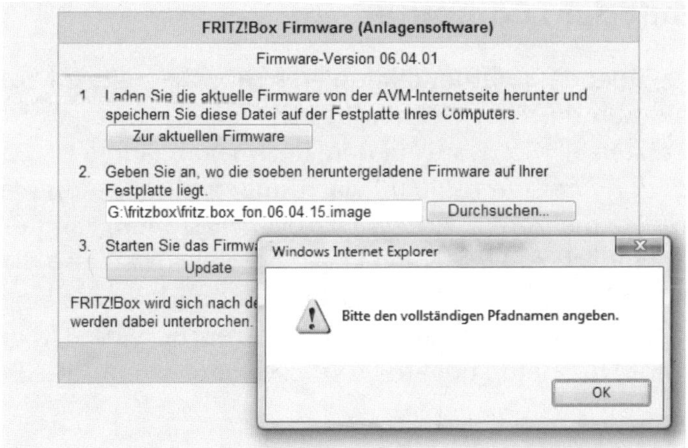

Bild 2.43 Erhalten Sie bei einem Firmware-Update die Fehlermeldung *Bitte den vollständigen Pfadnamen angeben*, ist das Firmware-Update mit diesem Browser nicht möglich.

Abhilfe schafft das Ändern der Sicherheitseinstellungen im Internet Explorer oder das temporäre Deaktivieren der aktiven Schutzprogramme, z. B. der Windows-Firewall. Nach dem Update können Sie die Schutzprogramme wieder einschalten.

Empfehlenswerter ist auf jeden Fall das Aktualisieren des Internet Explorer auf die aktuellste Version via Windows Update oder gar der komplette Umstieg auf den Mozilla Firefox-Browser. Firefox kennt die beschriebenen Update-Probleme nicht.

2.7 FRITZ!Box für Internettelefonie konfigurieren

Für das Telefonieren über das Internet gibt es verschiedene Standards. Neben SIP (*Session Initiation Protocol*) ist auch RTP (*Realtime Transport Protocol*) eine tragende Säule. Während SIP dafür sorgt, dass der Anruf auch beim Gegenüber ankommt, ist RTP im Fall eines aktiven Gesprächs für die Audiodatenübertragung zuständig. Skype nutzt im Gegensatz zu den klassischen VoIP-Programmen eine andere Übertragungstechnik und ist bei der Auswahl der Ports deutlich flexibler. Skype gehört jedoch nicht zu den klassischen VoIP-Telefonieprogrammen – hier spielen SIP und RTP keine Rolle.

Internettelefonie mit dem Computer

Wer mit seinem Computer über das Internet telefonieren möchte, sollte darauf achten, dass die Konfiguration der Firewall bzw. des DSL-WLAN-Routers vornehmlich von der eingesetzten SIP-Software auf dem Rechner abhängig ist. Da eine NAT-Firewall (*Network Address Translation*) nach außen eine IP-Adresse und nach innen im Heimnetz mehrere IP-Adressen zu versorgen hat, kann es beim Telefonieren hier anfänglich zu Problemen kommen, sollte NAT, also die Portweiterleitung, falsch konfiguriert sein. NAT macht nichts anderes, als eine IP-Adresse in einem Datenpaket durch eine andere zu ersetzen. Bei einem Router bzw. einer Firewall sorgt NAT dafür, private IP-Adressen auf öffentliche IP-Adressen abzubilden.

Bei NAT kennt der Telefonieclient die aktuelle Internet-IP-Adresse nicht, er besitzt ja eine lokale nach dem Muster 192.168.X.X. Deshalb nutzen die SIP-Gateways die Absender-IP-Adresse, also die Internetadresse des DSL-WLAN-Routers. Dafür ist der STUN-Server (*Simple Traversal of UDP through NAT*) des VoIP-Anbieters zuständig. Dieser versorgt den Telefonieclient mit den nötigen Informationen, damit es mit dem Telefonieren auch funktioniert.

Eine Firewall bzw. ein DSL-WLAN-Router kann nur Daten von außen zu einem bestimmten Client transportieren, wenn bekannt ist, wohin diese weitergeleitet werden müssen. Dafür sorgt der interne Initialisierungsvorgang der SIP-Software bzw. des IP-Telefons. Damit das Telefonieren mit einer NAT-Firewall auch erfolgreich verläuft, müssen in der Regel folgende Ports konfiguriert sein:

Benötigte Ports*	Programm/Protokoll
80 (TCP)	Freigabe, Registrierung
3478–3479 (UDP)	NAT/STUN (STUN nur notwendig, wenn NAT benutzt wird)
5004 (UDP)	RTP
5060 (UDP)	SIP Signal Telefon
5062 (UDP)	SIP Signal Anrufbeantworter
5069 (UDP)	iPhone Freenet
5070, 5072 (UDP)	1&1 SoftPhone, Nero SIPPS
8000–8006 (UDP)	X-Lite
8000–8012 (UDP)	X-Pro
10000–10012 (UDP)	Datenverkehr Nikotel-Telefon
16384–16390 (UDP)	Datenverkehr Freenet iPhone
30000–30012 (UDP)	Datenverkehr Nikotel-Anrufbeantworter

** Alle ein- und ausgehenden UDP- und TCP Ports.*

Für SIP wird in der Regel immer der UDP-Port 5060 benötigt. Meist überwacht eine Firewall nur den eingehenden Datenverkehr, teure und restriktive Produkte sorgen jedoch auch beim ausgehenden Datenverkehr für Sicherheit.

Für VoIP sind in der Firewall bzw. Portfreigabe meist zusätzlich die Ports 5062, 5070, 5072, 3478 und 30000 bis 30005 freizugeben, damit das Telefonieren auch möglich ist. Hier aktivieren Sie *port forwarding* für die oben angegebenen Ports und leiten diese auf den Rechner um, von dem aus ins Internet telefoniert wird.

Aufgrund der Umleitung der Daten, die auf Port 5060 auf dem Router bzw. der Firewall eintreffen, sorgt dieser Mechanismus dafür, dass sie an den vorgesehenen Rechner im Netzwerk weitergeleitet werden. Der ist nach außen von der Firewall geschützt und außerhalb des Routers bzw. der Firewall nicht direkt erreichbar. Abhängig davon, welches SIP-Programm verwendet wird, können noch zusätzliche oder andere Ports maßgeblich sein. Kommt es hier zu Problemen, hilft die Suche in den Foren bzw. auf der Website des jeweiligen Herstellers weiter.

Bild 2.44 Bei der FRITZ!Box ist für die Internettelefonie via PC unter *Portfreigabe* jeder notwendige Port einzutragen.

FRITZ!Box Fon WLAN: alles in einem

Internettelefonie ist nicht gleich Internettelefonie. Der wesentliche Unterschied liegt in der Auswahl der Endgeräte. Neuere Internettelefone sehen aus wie konventionelle Telefone. Eingesteckt werden sie am Festnetzanschluss. Auch ein bereits vorhandenes analoges Telefon kann für Voice over IP genutzt werden. Dafür ist manchmal ein SIP-Adapter nötig, der direkt am Router angesteckt wird. Anschließend wird das analoge Telefon mit diesem SIP-Adapter verbunden, und dann kann wie gewohnt telefoniert werden.

Besonders praktisch sind Geräte wie das FRITZ!Box Fon WLAN, das Router-Funktionalität, Analogadapter für Telefone und Fax, WLAN-Access-Point sowie verschiedene Komfortkomponenten zum Telefonieren bietet. Diese Box ist bei verschiedenen DSL-Providern bei Neuanschluss oder Wechsel zu Vorzugskonditionen erhältlich, aber auch Alternativgeräte von Siemens oder anderen Anbietern ermöglichen die weitere Nutzung analoger Telefone.

Noch ein Vorteil: Im Gegensatz zur PC-basierten Internettelefonie ist das Telefonieren via SIP- oder Analog-/ISDN-Telefon bei einem DSL-WLAN-Router einfacher einzurichten. Der Grund: Fast alle Geräte sind bereits vorkonfiguriert und an den entsprechenden Anbieter angepasst. Hier handelt es sich in der Regel um DSL-Router aus dem Hause AVM, deren FRITZ!Box unter verschiedenen Labels wie GMX, 1&1, web.de und anderen vertrieben wird.

Gang und gäbe sind schnurlose Telefone. Auch sie lassen sich an einem SIP-Adapter betreiben. Ebenfalls zu haben sind WiFi-Internettelefone. Diese sind ebenso wie schnurlose Telefone leicht zu handhaben. Dafür ist jedoch ein WLAN-Access-Point im Heimnetz notwendig. Wer also einen DSL-WLAN-Router sein Eigen nennt, kann auch diese Möglichkeit zum Telefonieren nutzen.

Die Kombination aus WLAN-Router und SIP-Adapter steckt in allen FRITZ!Box-Modellen mit der Modellbezeichnung FRITZ!Box Fon WLAN x. Wer viel unterwegs ist, kann mit einem WiFi-Telefon mit ein und derselben Nummer bzw. einem Benutzernamen erreichbar sein. Egal ob zu Hause, im Büro oder an öffentlichen Hotspots im Internetcafé, im Hotel oder Flughafen, überall lässt es sich einsetzen. So eine Lösung steckt beispielsweise im Arcor Twintel, das als Mobiltelefon und als WLAN-VoIP-Telefon eingesetzt werden kann.

2.8 Lokales Netzwerk: IP-Konfiguration im Detail

Werden mehrere Computer in einem räumlich begrenzten Netzwerk zusammengeschlossen, ist von einem »lokalen Netzwerk« (LAN = *Local Area Network*) die Rede. Grundvoraussetzung für den Betrieb eines LAN-Netzwerks ist eine perfekte IP-Konfiguration der einzelnen Rechner. Egal ob Sie eine WLAN-, DLAN- (*Direct Local Area Network*, Netzwerkverbindung über die Stromsteckdose) oder eine gewöhnliche Ethernet-Netzwerkkarte für das Netzwerk verwenden, der DSL-Router übernimmt nicht nur die Verbindung in das Internet, sondern steuert auch den Zugriff der Rechner im Heimnetz untereinander.

Damit übernimmt der Router die Aufgaben eines sogenannten Switchs, der je nach Bauweise 4, 5, 6, 8, 16, 24 oder gar mehr RJ45-Anschlüsse (auch Ports genannt) bietet. An diese Anschlüsse werden die Patchkabel für die einzelnen Computer direkt angeschlossen – bei einem WLAN-Modell sorgt die eingebaute Antenne für eine Verbindung zu den drahtlos vernetzten Computern. Das können deutlich mehr als vier sein, allerdings geht mit jedem weiteren Teilnehmer am Funknetz die Bandbreite ein wenig herunter, denn die Rechner teilen sich die Gesamtleistung des Netzes.

Eine FRITZ!Box besitzt neben den LAN-Ports zusätzlich einen sogenannten WAN-Port, mit dem das ADSL-Modem per Patchkabel angeschlossen ist. Moderne DSL-Router wie die FRITZ!Box beinhalten heutzutage ein integriertes ADSL-Modem, das ein zusätzliches überflüssig macht. Der Vorteil ist neben dem geringeren Stromverbrauch auch der weniger ausgeprägte Kabelsalat der All-in-one-Lösung. Solche Geräte haben zusätzlich einen DHCP Server (*Dynamic Host Configuration Protocol*) integriert, der für die automatische Vergabe der internen IP-Adressen zuständig ist. Damit braucht zunächst an den angeschlossenen Computern nichts weiter konfiguriert zu werden, da die FRITZ!Box alles automatisch erledigt.

Bild 2.45 Umständlich: Ist die FRITZ!Box nicht als Router, sondern »nur« als DSL-Modem konfiguriert, muss jeder Computer die Internetverbindung selbstständig herstellen.

DHCP: Die FRITZ!Box verwaltet IP-Adressen

Ist die FRITZ!Box frisch ausgepackt und konfiguriert, ist sie standardmäßig als DHCP-Server konfiguriert. DHCP (*Dynamic Host Configuration Protocol*) spielt seine Vorteile vor allem in großen Netzwerken aus. Damit bekommen alle an den Router angeschlossenen Computer – egal ob WLAN oder nicht – automatisch die TCP/IP-Konfiguration zugewiesen. Hersteller empfehlen meist, diese Einstellungen nicht zu ändern und den Router auch als DHCP-Server zu verwenden.

DHCP, die dynamische Vergabe von IP-Adressen im Netz, ist Segen und Fluch zugleich. Zunächst ist es für jeden Netzwerkeinsteiger praktisch, dass er sich um die Vergabe solcher IP-Adressen nicht kümmern muss. Das klappt genau so wie die Einwahl ins Internet. Wenn Sie sich jedoch nicht penibel an die Ratschläge zur Absicherung des Netzwerks halten und beispielsweise SSID-Broadcasting und Verschlüsselung nicht so ernst nehmen, ist die automatische Vergabe kritisch. Ein fremder »Besucher« bekommt automatisch eine IP-Adresse und kann sich im Netz bewegen, surfen und, und, und. Bei festen IP-Adressen ist zwar die Einrichtung aufwendiger, aber schon aufgrund der Zuordnung zu Ihren Computern eine Grundabsicherung in Sachen Netzwerkzugriff.

Besitzen Sie nur wenige Computer, die Sie mit Ihrer FRITZ!Box versorgen, ist es oft sinnvoller und sicherer, den DHCP-Server zu deaktivieren und die angeschlossenen Clients händisch zu konfigurieren. Dadurch haben Sie nicht nur einen genauen Überblick darüber, welcher PC sich im Netzwerk mit welcher IP-Adresse befindet, sondern machen es möglichen Eindringlingen auch schwerer, sich eine IP-Adresse in Ihrem Heimnetz zu »besorgen«.

Ist DHCP aktiviert, tragen Sie bei der Option *IP-Anfangsadresse* die erste Adresse bzw. im Feld *IP-Endadresse* die letzte Adresse im zusammenhängenden IP-Adressbereich ein. Trotz DHCP können Sie auch eine IP-Adresse für einen PC im LAN reservieren. Damit erhält dieser PC immer dieselbe IP-Adresse, wenn er auf den DHCP-Server zugreift. Das ist besonders bei Servern der Fall, die oft permanente IP-Einstellungen benötigen, weil die Portweiterleitung aktiv ist.

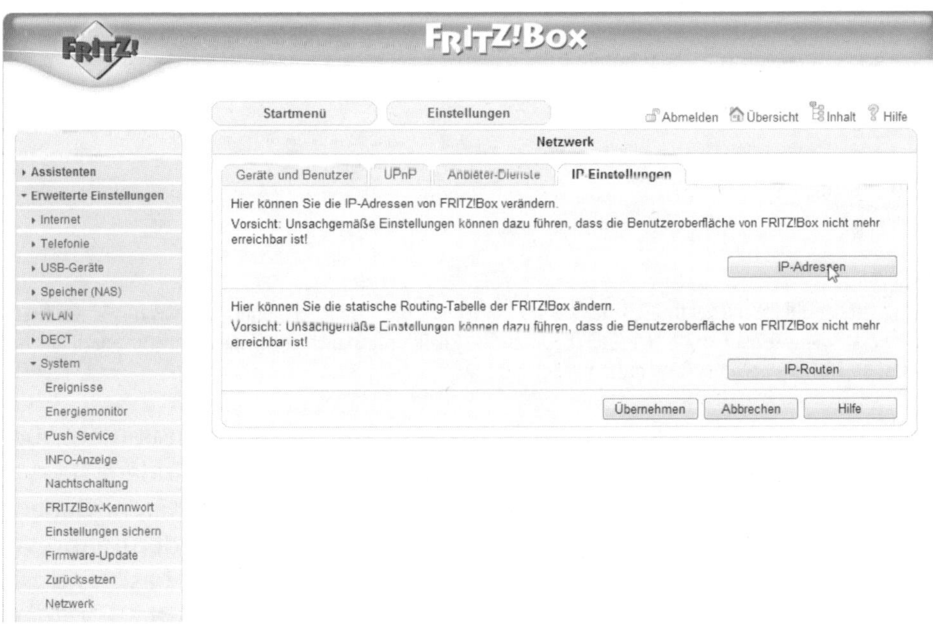

Bild 2.46 Bei der FRITZ!Box ist der DHCP-Server ab Werk bereits eingeschaltet. Wer Detaileinstellungen vornehmen möchte, öffnet über das Menü *Erweiterte Einstellungen/System/Netzwerk* im Register *IP-Einstellungen* per Klick auf die Schaltfläche *IP-Adressen* die entsprechende Konfigurationsseite.

Ist die abgebildete Konfigurationsseite nicht erreichbar bzw. nicht sichtbar, müssen Sie möglicherweise zunächst die Expertenansicht aktivieren, die Sie über *Erweiterte Einstellungen/System/Ansicht* erreichen. Hier können Sie anschließend die IP-Adressparameter der FRITZ!Box verändern.

Wird die FRITZ!Box in ein bestehendes Heimnetz integriert, legen Sie im Bereich *IP-Adresse* diese entsprechend für Ihr Heimnetz fest. Nutzt Ihr Heimnetz beispielsweise den Bereich *192.168.123.X*, weisen Sie der FRITZ!Box eine feste IP-Adresse (hier: *199*) zu. Bei einem aktivierten DHCP-Server lassen sich zudem noch die Anzahl der möglichen Clients bzw. die zu vergebenden IP-Adressen einstellen.

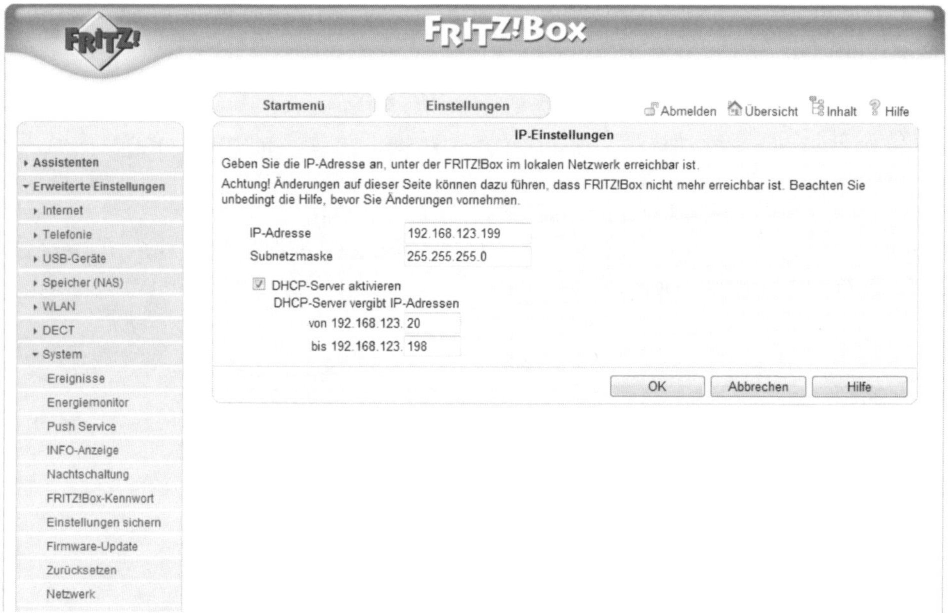

Bild 2.47 Ist der DHCP-Server aktiviert, legen Sie hier auf Wunsch die Anzahl der möglichen nutzbaren IP-Adressen fest. Wird die IP-Adresse der FRITZ!Box geändert, sollten Sie sich diese auch merken, da diese Änderung dazu führen kann, dass die FRITZ!Box anschließend nicht mehr erreichbar ist.

Haben Sie beispielsweise nur fünf Geräte in Ihrem Netzwerk im Betrieb, können Sie die Adressvergabe auf diese fünf Geräte beschränken, indem Sie den Bereich entsprechend (beispielsweise von 20 bis 25) konfigurieren. Danach wird die IP-Subnetzmaske eingestellt, die den Netzwerkanteil der IP-Adresse angibt. Der Router berechnet automatisch die Subnetzmaske basierend auf der zugewiesenen IP-Adresse. Sofern keine Subnetze zum Einsatz kommen, verwenden Sie *255.255.255.0* als Subnetzmaske.

Mehrere Router im Netzwerk – statische Routen

Statische Routen geben dem Router Informationen, die er nicht automatisch auf eine andere Art erhalten kann. Das kann vorkommen, wenn mehrere Router im Netzwerk aktiv sind und die Option *RIP im LAN* (RIP = *Routing Information Protocol*) deaktiviert ist. In der Übersicht sehen Sie alle definierten statischen Routen. Für ein normales Netzwerk zu Hause spielt das keine Rolle – bietet der Router hier irgendwelche Optionen an, können Sie die Einstellungen unverändert lassen.

Wenn mehrere Router im Spiel sind – RIP

Für fortgeschrittene Anwender ist die RIP-Option (*Routing Information Protocol*) gedacht. Diese Option ist nur interessant und zu ändern, wenn das lokale Netzwerk aus mehreren Subnetzen besteht und sich noch andere Router im selben Netz befinden. Sollen diese Subnetze bzw. die Rechner in diesen Netzen untereinander Daten austauschen, ist an dieser Stelle ein Eingriff notwendig. Mit RIP kann ein Router Routing-Informationen mit anderen Routern austauschen.

Bild 2.48 Nach einem Klick auf *Neue Route* haben Sie mit der FRITZ!Box die Möglichkeit, die Netzwerkparameter des anderen Routers einzutragen. Anschließend ist der Zugriff in beide Richtungen möglich.

ACHTUNG!

Nutzt ein Router in Ihrem Netzwerk Multicasting, müssen alle anderen Router in Ihrem Netzwerk ebenfalls Multicasting verwenden.

2.9 Dynamic DNS: online immer erreichbar

Der wesentliche Unterschied zwischen Ihrem Internetzugang und dem eines Unternehmens besteht in der Zuweisung der Adresse. Sie bekommen immer nur eine dynamische Adresse aus dem Pool Ihres Providers zugewiesen, die nach spätestens 24 Stunden durch eine kurzzeitige Trennung ausgetauscht wird. Ein Unternehmensserver ist dagegen mit einer festen IP-Adresse und über die Umsetzung des Namens auch durch die Eingabe eines Domain-Namens im Netz erreichbar – sonst könnte man ihn nicht so einfach ansprechen.

Wenn Sie jetzt aber Ihrerseits Serverdienste wie einen Webserver oder einen FTP-Server zum Datenaustausch anbieten möchten, kennt zunächst niemand Ihre aktuelle IP-Adresse – geschweige denn einen Domain-Namen, der damit verbunden ist. Man kann Ihren Server also nicht so leicht erreichen. Sie können die aktuelle Adresse zwar ermitteln, müssten das aber nach der Zwangstrennung erneut tun – also täglich. Es geht jedoch auch anders.

Für Flatrate-Kunden bietet die Router-DSL-Kombi ein besonderes Schmankerl: die quasi-statische IP-Adresse, also die Einsatzmöglichkeit eines Rechners als Server. Möchte jemand auf Ihren Rechner zugreifen – etwa weil Sie einem Bekannten Dokumente oder Musik zur Verfügung stellen möchten –, benötigt dieser die IP-Adresse Ihres Rechners. Diese IP-Adresse ändert sich wie gesagt bei jedem Einloggen ins Internet, wenn Sie keine Standleitung und keine feste IP-Adresse besitzen. Ihre Bekannten müssen bei Ihnen die jeweils aktuelle IP-Adresse erfragen, wenn sie von Ihrer Adresse Musik oder andere Daten herunterladen wollen. Die Inhalte solcher Server sind auch nicht mit Suchmaschinen auffindbar.

Damit Sie nun nicht täglich durch diese Anfragen belästigt werden, können Sie mit dem dynamischen DNS Ihrem Rechner einen individuellen, festen Domain-Namen zuweisen, auch wenn er keine feste IP-Adresse im Internet besitzt. Ein dynamischer DNS-Dienst (DDNS) ist eine Datenbank, in der bestimmte Informationen (z. B. E-Mail-Adressen, Hostnamen und IP-Adressen) abgelegt sind.

Der Vorteil von DNS ist, dass Sie den Computer auch über seinen Namen ansprechen können. Es ist einfacher, statt einer IP-Adresse wie *http://192.168.122.1* die Adresse *http://meinheimserver.homedns.org* einzugeben. Die meisten Menschen können sich nämlich Namen leichter merken als Zahlen bzw. IP-Adressen. Für das dynamische DNS gibt es verschiedene Anbieter, die ihre Dienste zum Teil kostenlos anbieten. AVM hat bereits *dyndns.org* (und andere) als Anbieter im Konfigurationsdialog integriert.

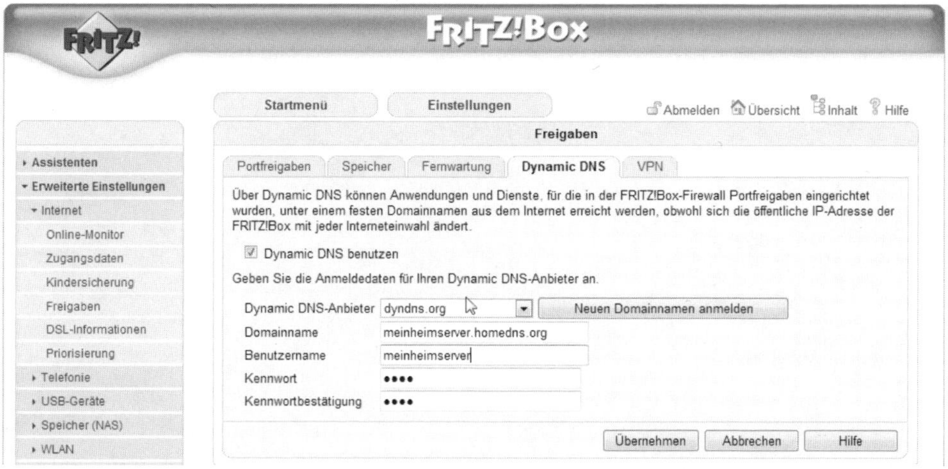

Bild 2.49 Wenn Sie einen DDNS-Dienst verwenden möchten, müssen Sie sich bei ihm anmelden. Sie erhalten dann vom DDNS-Serviceprovider ein Kennwort bzw. einen Schlüssel.

Allerdings sind auch dann die Inhalte nicht über Suchmaschinen abfragbar, denn der DynDNS-Server wird nicht von Suchmaschinen indiziert, und auch die angeschlossenen Heimserver werden nicht durchsucht.

2.10 Finger weg von UpnP

UPnP (*Universal Plug and Play*) unterstützt Geräte beim Zugriff auf das Netzwerk und beim Herstellen von Verbindungen zu anderen Geräten. UPnP-Geräte können automatisch die Dienste von anderen registrierten UPnP-Geräten im Netzwerk erkennen. Standardmäßig ist UPnP deaktiviert. In diesem Fall erlaubt der Router keinem Gerät die automatische Steuerung der Router-Ressourcen, z. B. Portweiterleitung (Zuordnung).

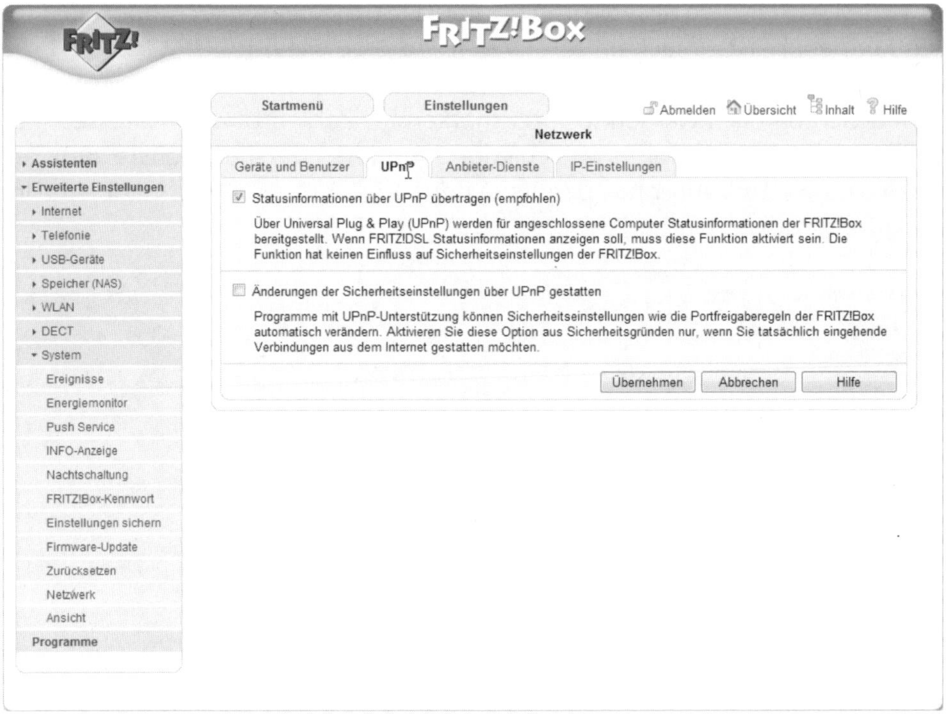

Bild 2.50 Weniger ist mehr: UPnP wird in einem Heimnetz nicht gebraucht. Während die erste Option, *Statusinformationen über UPnP übertragen (empfohlen)*, keine Änderungen der Router-Konfiguration von außen zulässt, sollte bei der FRITZ!Box die Option *Änderungen der Sicherheitseinstellungen über UPnP gestatten* unbedingt deaktiviert sein.

UPnP ist bereits im Jahr 2002 schon kurz nach dem Erscheinen von Windows XP als Sicherheitsproblem ins Gerede gekommen. Seither heißt es konsequent: Abschalten! So schlüssig die Idee, dass Geräte einander beeinflussen können, auch klingt – lassen Sie besser die Finger davon.

2.11 FRITZ!Box-Crash: geheime Wege zur Benutzeroberfläche

Bis die FRITZ!Box mit den optimalen Einstellungen konfiguriert ist, ist es ein weiter Weg. Treten Konfigurationsfehler auf, hängt es zunächst davon ab, ob und auf welche Art und Weise die FRITZ!Box modifiziert wurde. Wer die Original-Firmware unangetastet gelassen und nicht mit einer gemoddeten Firmware bespielt hat, kann es zunächst mit dem AVM-Support probieren und so den Fehler korrigieren. Gerade wenn versehentlich wichtige Netzwerkparameter wie IP-Adressen verändert werden, kann es sein, dass die FRITZ!Box nicht mehr so funktioniert, wie sie eigentlich soll, der Internetzugriff nicht mehr möglich ist oder gar der Zugriff auf die Benutzeroberfläche der FRITZ!Box scheitert.

Wer sich jedoch schon in die Tiefen des FRITZ!Box-Hacking begeben hat, für den sind die AVM-Türen verständlicherweise geschlossen. Hier sind andere Wege nötig, um die FRITZ!Box wieder zur Zusammenarbeit zu bewegen. Manchmal reicht ein simpler Neustart, um nach dem Reboot über die Weboberfläche den Fehler auszubügeln. Es gibt aber auch weitere Kniffe, um die FRITZ!Box wieder zum Leben zu erwecken.

Kennwort vergessen? – Auf Werkeinstellungen zurücksetzen

Für Vergessliche: Wer das Kennwort der FRITZ!Box-Konfigurationsoberfläche vergessen hat, braucht nicht zu verzweifeln. Denn die FRITZ!Box lässt sich innerhalb der ersten zehn Minuten nach dem Neustart per Webbrowser auf die AVM-Werkeinstellungen zurücksetzen. In dieser Zeit ist das Konfigurationsmenü trotz aktivierten Passwortschutzes ohne Passwort zugänglich.

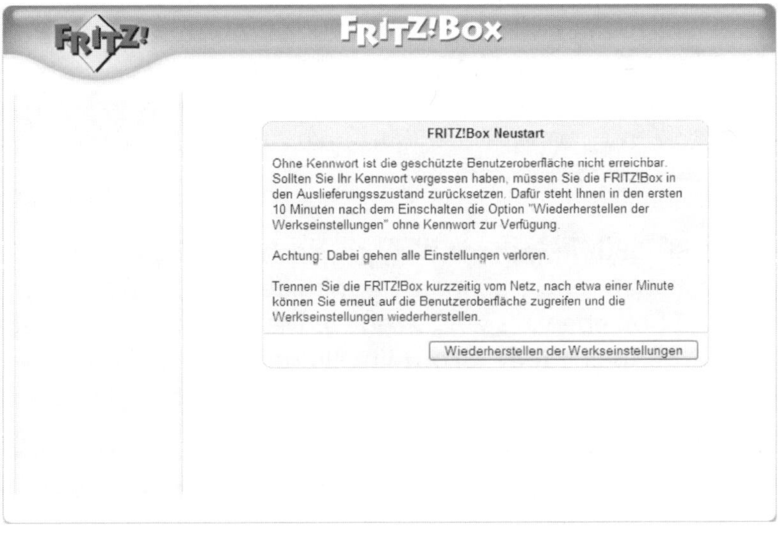

Bild 2.51 AVM liefert bei seinen FRITZ!Boxen eine undokumentierte Passwortrücksetzseite mit – *http://fritz.box/html/vergessen.html*.

Doch nicht nur bei einem Passwortproblem, sondern auch bei einer »verkonfigurierten« FRITZ!Box können Sie mit den Werkeinstellungen der FRITZ!Box wieder von vorn beginnen.

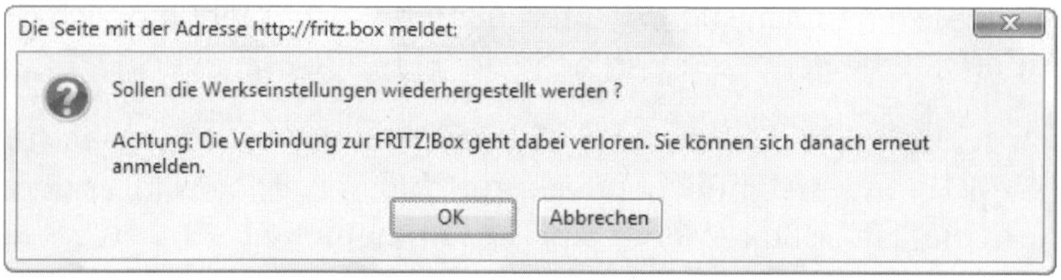

Bild 2.52 Bevor Sie auf *OK* klicken, sollten Sie unbedingt alle Zugangsdaten gesichert haben.

TIPP!

Vor dem Wiederherstellen der Werkeinstellungen

Stellen Sie Werkeinstellungen der FRITZ!Box wieder her, werden auch sämtliche anderen Konfigurationsparameter wie Providerzugangsdaten, Port-/Firewall-Einstellungen, Netzwerkparameter etc. auf die Standardeinstellungen gesetzt. Notieren Sie unbedingt alle wichtigen Zugangsdaten und hinterlegen Sie diese zu Hause an einem sicheren Ort. Den Router auf die Werkeinstellungen zurückzusetzen und wieder neu aufzusetzen, kostet »nur« Zeit. Wenn Sie aber darüber hinaus Ihre Internetzugangsdaten nicht mehr wissen, haben Sie ein Problem. In dem Fall müssen Sie sich an die Hotline des Internetproviders wenden und die Zugangsdaten neu anfordern. Das kostet Zeit, Geld und Nerven.

Ist der Zugriff auf die FRITZ!Box jedoch per Webbrowser nicht möglich, weil die Netzwerkparameter nicht stimmen, können Sie mithilfe eines angeschlossenen Telefons die FRITZ!Box ebenfalls zurücksetzen. Dieser Trick funktioniert natürlich nur für die FRITZ!Box mit der »Fon«-Erweiterung und einer neueren Firmware.

Ist das Telefon eingesteckt, können Sie die FRITZ!Box mit der Tastenfolge *#991*15901590** auf die Werkeinstellungen bringen. Anschließend warten Sie zwei bis drei Minuten, die FRITZ!Box sollte selbstständig einen Neustart durchführen. Danach ist die sie mit den jungfräulichen Einstellungen konfiguriert.

Sie erreichen die FRITZ!Box nun über ihre Standard-IP-Adresse *http://192.168.178.1* oder über *http://fritz.box*. Der standardmäßig aktivierte DHCP-Server ist in diesem Fall eingeschaltet, unter Umständen müssen die Netzwerkeinstellungen des Computers in der Systemsteuerung auf *IP-Adresse und DNS-Adresse automatisch beziehen* umgestellt werden.

Die versteckte IP-Adresse 192.168.178.254

Standardmäßig arbeitet die FRITZ!Box als DHCP-Server und versorgt die angeschlossenen Computer mit einer IP-Adresse und weiteren Netzwerkparametern. Grundsätzlich lässt sich die FRITZ!Box über den Webbrowser entweder mit der IP-Adresse oder mit ihrem Namen (*http://fritz.box*, *http://fritz.box.fon*, *http://fritz.box.wlan*, abhängig vom FRITZ!Box-Modell) ansprechen, um auf die Konfigurationsseiten der Box zu gelangen.

1. Dafür öffnen Sie den Webbrowser und probieren diese Möglichkeiten durch. Standardmäßig ist die FRITZ!Box auf das Subnetz *192.168.178.X* konfiguriert und lässt sich via LAN-Schnittstelle über die IP-Adresse *192.168.178.1* ansprechen.

2. Haben Sie jedoch die Adressparameter falsch eingetragen oder gar vergessen, ist der Zugriff auf die FRITZ!Box zunächst nicht möglich. Nach einem Neustart der Box kann der Computer auf die FRITZ!Box zugreifen, wenn der eingebaute DHCP-Server noch aktiviert ist. In diesem Fall stellen Sie die Netzwerkkonfiguration des Computers auf *IP-Adresse und DNS-Adresse automatisch beziehen* um.

   Anschließend bekommt der Computer eine zum Subnetz der FRITZ!Box passende Konfiguration übergeben. Nun ist auch der Zugriff auf die Konfigurationsseiten der Box wieder möglich.

3. Noch schwieriger wird es, wenn der DHCP-Server der FRITZ!Box deaktiviert wurde. Die angeschlossenen Computer können die FRITZ!Box nicht finden, solange sich die Geräte nicht in einem gemeinsamen Subnetz befinden. Um diesen Konfigurationsfehler zu beheben, hilft die fest eingestellte IP-Adresse *192.168.178.254* der FRITZ!Box. Hier stellen Sie die IP-Adresse der Netzwerkkarte des Computers, die mit der FRITZ!Box Verbindung aufnehmen soll, neu ein.

TIPP!

Der Zugang über die IP-Adresse klappt nicht

Manche FRITZ!Box-Modelle mit mehreren LAN-Anschlussbuchsen lassen den Zugriff über die IP-Adresse *192.168.178.254* nur über einen bestimmten Anschluss (in der Regel den nächstliegenden zur Stromversorgung) zu. Klappt der Zugang über die IP-Adresse nicht, stecken Sie das Netzwerkkabel einfach in eine andere Buchse um und probieren es erneut.

4. Dafür wechseln Sie in der Systemsteuerung und den Eigenschaften der LAN-Verbindung zu den IP-Adressparametern und stellen hier eine feste IP-Adresse wie beispielsweise *192.168.178.10* sowie für die Subnetzmaske die Adresse *255.255.255.0* ein. Für den DNS-Server sowie für die Gateway-Adresse tragen Sie die IP-Adresse der FRITZ!Box ein, also *192.168.178.254*. Anschließend können Sie über die IP-Adresse *http://192.168.178.254* auf die Weboberfläche der FRITZ!Box zugreifen und mögliche fehlerhafte Einstellungen berichtigen.

Nichts geht mehr: FRITZ!Box-Rettung mit dem AVM-Tool

Ist die Konfiguration der FRITZ!Box richtig verpfuscht oder hat es beim Einspielen einer neuen Firmware einen Stromausfall gegeben, startet die FRITZ!Box nicht mehr wie gewohnt. So deutet beispielsweise das Blinken aller LEDs darauf hin, dass ein Firmware-Update nicht erfolgreich durchgeführt wurde. Jetzt muss das Firmware-Update auf einem anderen Weg eingespielt werden.

In diesem Fall und anderen Hardcore-Fällen hilft ein Recovery-Tool des FRITZ!Box-Herstellers AVM. Für die meisten FRITZ!Box-Modelle bietet AVM auf seinem FTP-Server ein passendes Recovery-Werkzeug an. Ist es auf dem FTP-Server nicht zu finden, ist es auch über den E-Mail-Support erhältlich. Wer die mit der FRITZ!Box mitgelieferte CD noch zur Hand hat, wird auch dort unter Umständen fündig: Bei neueren Modellen ist dieses Recovery-Werkzeug mit auf der Scheibe.

TIPP!

Recovery-Werkzeug: modellabhängig

Abhängig davon, welches FRITZ!Box-Modell zum Leben erweckt werden soll, ist das Recovery-Werkzeug unterschiedlich. Das Wiederherstellungsprogramm darf ausschließlich zur Wiederherstellung der im Dateinamen angegebenen FRITZ!Box verwendet werden.

1. Zur Auswahl des Recovery-Werkzeugs gehen Sie folgendermaßen vor: Zunächst stellen Sie eine Verbindung zum AVM-FTP-Server her. Dafür geben Sie in der Adresszeile des Webbrowsers die URL *ftp://ftp.avm.de* ein. Danach wechseln Sie in das passende Unterverzeichnis. Jedes FRITZ!Box-Modell hat auf dem FTP-Server von AVM seinen eigenen Ordner.

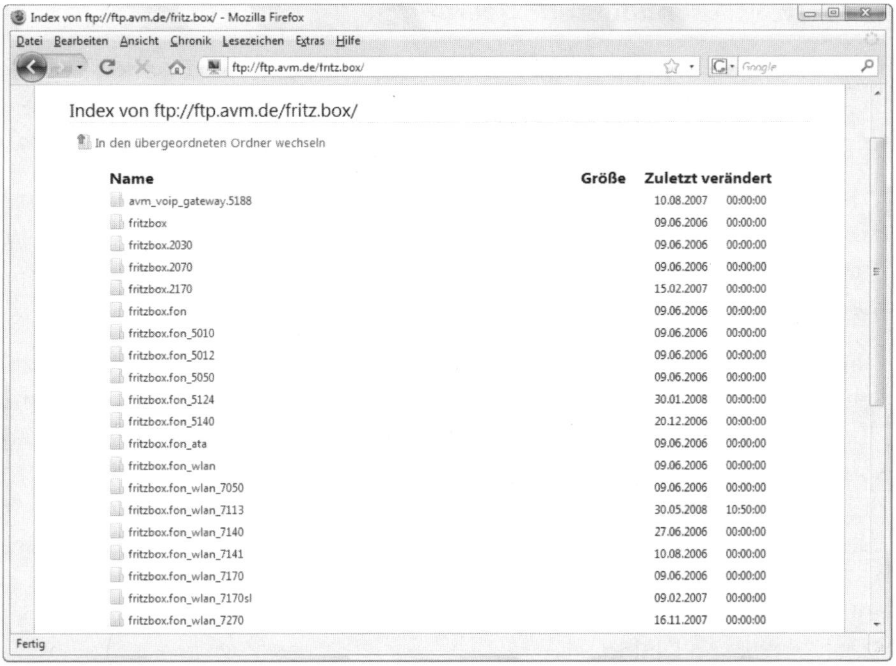

Bild 2.53 Hier ist für nahezu jede FRITZ!Box das wichtige Wiederherstellungsprogramm erhältlich – *ftp://ftp.avm.de*.

2. Dort finden Sie (in der Regel im Unterverzeichnis *x_misc\deutsch*) eine Datei, die mit der Bezeichnung *recover-image.exe* endet. Um auf Nummer sicher zu gehen, codiert AVM in den Namen dieser Datei das entsprechende FRITZ!Box-Modell sowie die in dem Recovery-Programm enthaltene Firmwaredatei.

Bild 2.54 So ist beispielsweise die Datei *FRITZ.Box_Fon_WLAN_7170.04.57.recover-image.exe* für die FRITZ!Box 7170 vorgesehen und bringt die Firmwareversion 04.57 für dieses Gerät mit.

3. Laden Sie die Datei, die dem Typ Ihrer FRITZ!Box entspricht, auf Ihren PC. In diesem Beispiel haben wir die FRITZ!Box 7170 verwendet – die Herangehensweise ist bei anderen Modellen nahezu identisch.

TCP/IP-Netzwerkkonfiguration überprüfen

Zunächst stellen Sie sicher, dass die FRITZ!Box mit dem Netzwerkkabel an der Netzwerkkarte des Computers angeschlossen ist. Anschließend überprüfen Sie im folgenden Abschnitt die TCP/IP-Netzwerkkonfiguration des Computers.

1. Über *Start/Einstellungen/Systemsteuerung/Netzwerk- und Internetverbindungen/ Netzwerkverbindungen* wählen Sie per Rechtsklick auf die LAN-Verbindung der Netzwerkkarte, die mit der FRITZ!Box verbunden ist, den Kontextmenüpunkt *Eigenschaften* aus.
2. Markieren Sie hier *Internetprotokoll TCP/IP* und klicken Sie auf *Eigenschaften*. Schalten Sie DHCP aus und aktivieren Sie *Folgende IP-Adresse verwenden*. Nun können Sie bei *IP-Adresse* die IP-Adresse *192.168.178.10* eintragen, sofern kein anderer Computer im lokalen Netzwerk bereits diese Adresse besitzt. Für *Subnetzmaske* tragen Sie die Adresse *255.255.255.0* ein, für *Standardgateway* und *Bevorzugter DNS-Server* verwenden Sie die IP-Adresse *192.168.178.1*, die für die FRITZ!Box vorgesehen ist. Bestätigen Sie per Klick auf die *OK*-Schaltfläche die Änderungen und beenden Sie mit Klick auf *Schließen* diesen Dialog.
3. Damit das Wiederherstellen der Firmware auch klappt, muss zudem das sogenannte IP-Filtering ausgeschaltet sein. Dazu gehen Sie folgendermaßen vor: Über *Start/Einstellungen/Systemsteuerung/Netzwerkverbindungen* wählen Sie im Menü *Ansicht* die Option *Details* aus.
4. In der Liste der Netzwerk- und DFÜ-Verbindungen wählen Sie mit einem Rechtsklick die LAN-Verbindung aus, bei der die Netzwerkkarte in der Spalte *Gerätename* eingetragen ist. Dort klicken Sie auf *Eigenschaften* und wählen im Feld *Diese Verbindung verwendet folgende Elemente* den Eintrag *Internetprotokoll (TCP/IP)* aus.
5. Anschließend markieren Sie bei *Eigenschaften/Erweitert* nach Auswahl der Registerkarte *Optionen* im Feld *Optionale Einstellungen* den Eintrag *TCP/IP-Filter* und klicken auf *Eigenschaften*. Ist das Häkchen bei der Option *TCP/IP-Filter aktivieren* gesetzt, nehmen Sie es heraus und bestätigen per Klick auf *OK* die Änderung.

Wiederherstellungsprogramm der FRITZ!Box starten

1. Sobald die Verbindung PC-seitig konfiguriert ist, starten Sie das Wiederherstellungsprogramm der FRITZ!Box. Dazu braucht die FRITZ!Box nicht mit Strom versorgt zu werden, lediglich das Netzwerkkabel zwischen der FRITZ!Box und dem Computer muss eingesteckt sein.

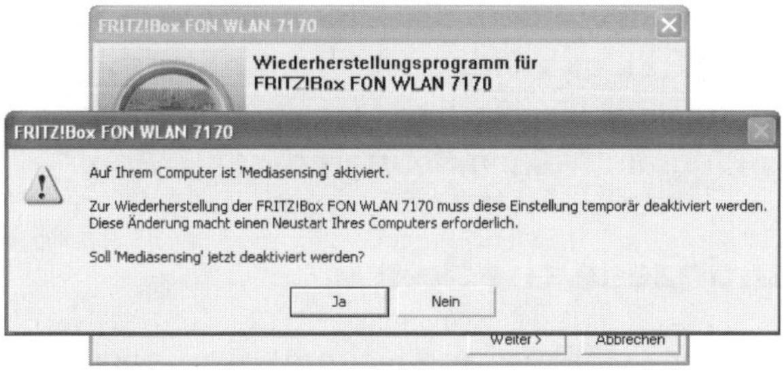

Bild 2.55 Damit sich das »Mediasensing« am PC deaktivieren lässt, müssen Sie am Computer mit Administratorrechten angemeldet sein.

2. Sind Sie als Administrator bzw. als Benutzer mit Administratorrechten am Computer angemeldet, können Sie das zur FRITZ!Box passende Recovery-Programm starten. Halten Sie sich nur an die Anweisungen des Wiederherstellungsprogramms. Zunächst schaltet das Recovery-Programm »Mediasensing« temporär aus, was zunächst einen Rechnerneustart erforderlich macht.

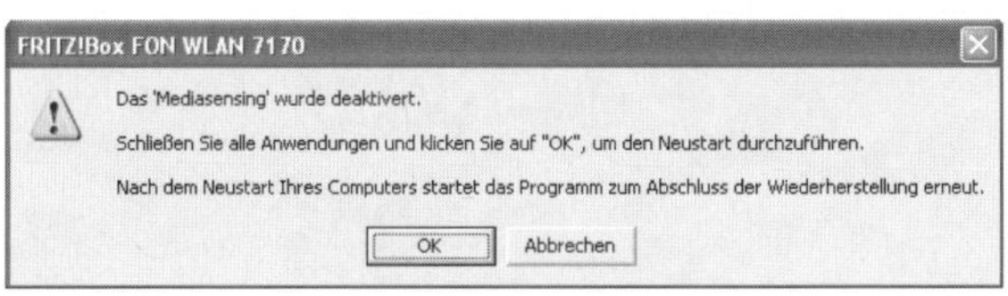

Bild 2.56 Nach dem Deaktivieren des Mediasensing muss der Computer neu gestartet werden.

3. Nach dem Neustart des Computers müssen Sie sich erneut mit Administratorrechten anmelden. Ist auf dem Computer eine PC-Firewall (z. B. Windows XP-Firewall (ab SP2), Vista-Firewall oder Norton Internet Security) aktiv, schalten Sie sie für die Zeit der FRITZ!Box-Reparatur aus. Unter Windows Vista und XP deaktivieren Sie die Windows-eigene Firewall über *Systemsteuerung/Sicherheitscenter/Sicherheitseinstellungen verwalten für/Windows-Firewall.* Nun können Sie das FRITZ!Box-Recovery-Programm neu starten.

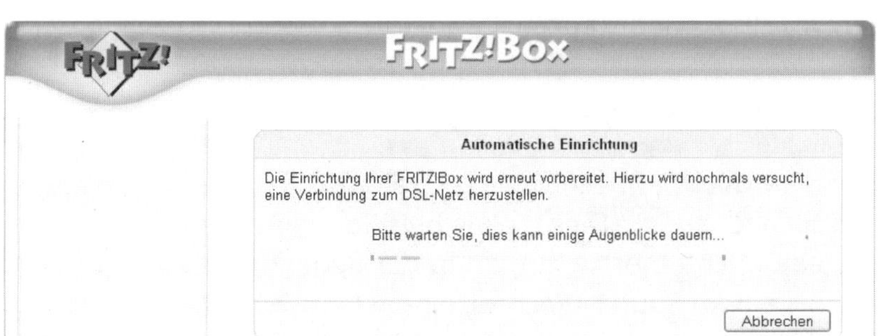

Bild 2.57 Nach dem Neustart ist die FRITZ!Box auf die Werkeinstellungen zurückgesetzt und sollte nun wie gewohnt einsetzbar sein.

Befolgen Sie einfach die Anweisungen auf dem Bildschirm. Erst wenn das Programm Sie dazu auffordert, die FRITZ!Box wieder mit Strom zu versorgen, stecken Sie das Stromkabel in die FRITZ!Box ein. Nach der erfolgreichen Wiederherstellung verlangt das Recovery-Programm einen Neustart der FRITZ!Box.

FRITZ!Box via Kommandozeile checken

Der Zugriff auf die FRITZ!Box über Telnet ist aus Sicherheitsgründen nur im sicheren privaten Heimnetz zu empfehlen. Damit über das Internet kein Schindluder getrieben werden kann, hat AVM den Konsolenzugriff auf die FRITZ!Box standardmäßig deaktiviert. Für Profis hat AVM jedoch ein Hintertürchen offen gelassen – der Telnet-Dienst *telnetd* lässt sich mit einem an der FRITZ!Box angeschlossenen Telefon einfach ein- und wieder ausschalten. Damit braucht nicht unbedingt die alternative selbst gebaute Freetz-Firmware genutzt zu werden, dieser Kniff funktioniert auch mit der Original-FRITZ!Box-Firmware.

Um den Telnet-Dienst mit einem an der FRITZ!Box angeschlossenen Telefon einzuschalten, wählen Sie am Telefon einfach:

```
#96*7* ANRUFTASTE
```

und zum Ausschalten:

```
#96*8* ANRUFTASTE
```

Jede Änderung wird mit einem kurzen Bestätigungston quittiert und ist umgehend aktiv. Zudem bleibt die Änderung auch nach einem Neustart der FRITZ!Box aktiv – im Zweifelsfall sollten Sie aus Sicherheitsgründen Telnet auch nur dann aktivieren, wenn es benötigt wird.

Das Passwort für den Zugriff via Telnet ist dasselbe, das für den Zugriff via Weboberfläche gesetzt ist. Da Telnet auch nach einem Neustart der FRITZ!Box aktiv bleibt, sollten Sie Telnet aus Sicherheitsgründen nach den Wartungsarbeiten an der FRITZ!Box wieder abschalten.

Über die Kommandozeile: Vergessene Passwörter retten

Die FRITZ!Box dient nicht nur als Schaltzentrale für den Internetzugang, sondern lässt sich auch für andere Dienste wie beispielsweise die Telefonie nutzen. Einmal richtig eingerichtet, braucht man in der Regel die Passwörter für VoIP höchst selten. Bei einem Router-Wechsel, einem Firmware-Update oder einem Hardware-Reset kann es jedoch vorkommen, dass die Passwörter wieder wichtig werden – wer sie vergessen hat, kann sie per Kommandozeile auslesen.

Dazu verbinden Sie sich via Telnet oder SSH – falls Freetz installiert ist – mit der FRITZ!Box.

Bild 2.58 Zum Einloggen via SSH verwenden Sie den Root-User – das Passwort ist im Idealfall gleich der Weboberfläche.

Sind Sie per SSH oder Telnet mit der FRITZ!Box verbunden, liegen die Geheimnisse in Reichweite: Um beispielsweise das Voice over IP-(VoIP-)Passwort auf der FRITZ!Box auszulesen, sind nur zwei Befehle notwendig:

```
allcfgconv -C voip -c -o /var/tmp/voip.cfg
cat /var/tmp/voip.cfg
```

Das Vorgehen ist nicht nur auf die Internettelefonie beschränkt, sondern lässt sich auch auf sämtliche FRITZ!Box-Kennwörter ausweiten:

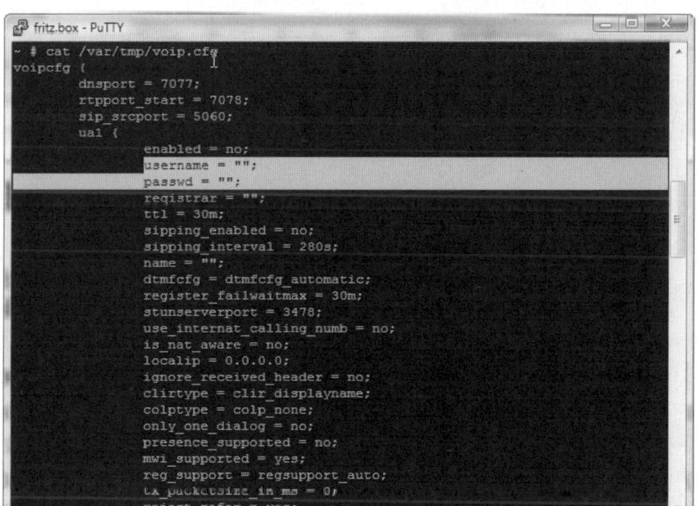

Bild 2.59 Nach Eingabe der Kommandos werden die Rufnummern sowie die Passwörter im Klartext angezeigt.

Um weitere in der FRITZ!Box gespeicherte Kennwörter auszulesen, nutzen Sie diese Kommandos:

```
allcfgconv -C ar7 -c -o /var/tmp/ar7.cfg
grep passwd /var/tmp/ar7.cfg
```

Mit dem *grep*-Befehl werden sämtliche Zeilen ausgeworfen, in denen beispielsweise *passwd* steht.

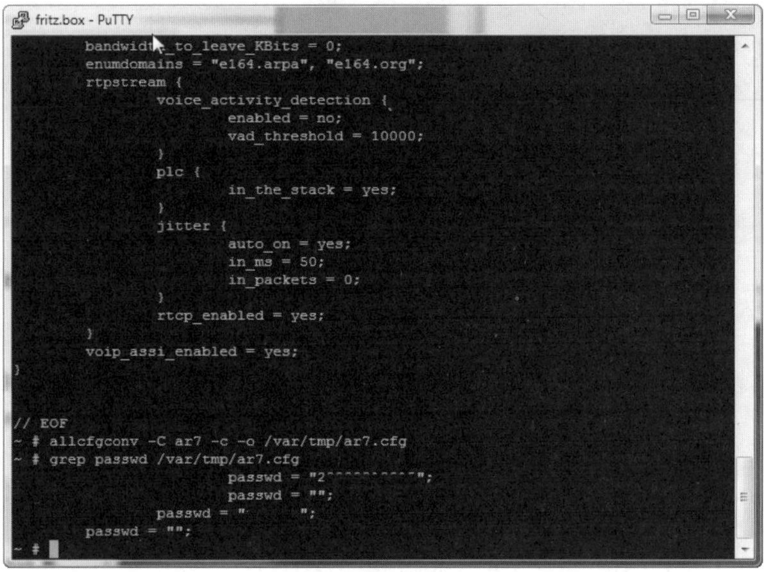

Bild 2.60 Die Konfigurationsdatei *ar7.cfg* ist die Schaltzentrale der FRITZ!Box-Konfiguration.

Diese Beispiele zeigen umso mehr, dass Sie dringend darauf achten sollten, dass der *telnetd*-Dienst abgeschaltet und die FRITZ!Box mit einem sicheren Kennwort abgesichert ist. Erst dann können Sie sich einigermaßen sicher sein, dass hier keine unbefugten Zugriffe erfolgen.

2.12 Für Tester: Schnellzugang zur FRITZ!Box

Wer seine FRITZ!Box häufig (um)konfiguriert und verschiedene Einstellungen sowie Parameter testet, für den ist das Eintippen der IP-Adresse oder der URL oftmals nervig. Wem schon ein Klick zu viel ist, der wünscht sich einen bequemeren Schnellzugang über den Browser. Hier hat AVM (derzeit noch im Labor-Bereich erhältlich) ein Add-On entwickelt, das über die simple Lesezeichenfunktion des Browsers hinausgeht.

⊡ LESEZEICHEN

http://bit.ly/9jtGoM

FRITZ!Box AddOn: Hier finden Sie das sogenannte FRITZ!Box AddOn für den Internet Explorer und Mozilla Firefox.

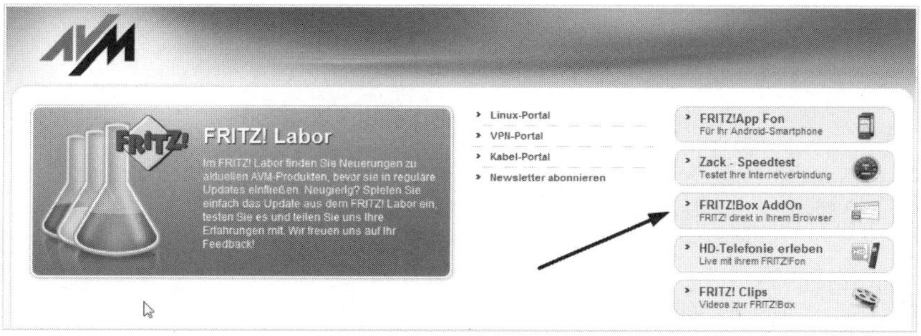

Bild 2.61 Ein Kick auf die Schaltfläche *FRITZ!Box AddOn* startet den Download.

Das FRITZ!Box AddOn lässt sich im Firefox-Browser direkt nach dem Klick auf das Programmsymbol installieren, während beim Internet Explorer zunächst der Download der Add-On-Datei sowie die manuelle Installation notwendig sind.

Bild 2.62 Nach dem Neustart von Firefox ist die Installation des Add-Ons abgeschlossen.

Nach Installation bzw. Neustart des Browsers steht in der oberen Browserleiste ein FRITZ!Box-Button zur Verfügung, über den bekannte, aber auch neue Funktionen wie der direkte Zugriff auf den FRITZ!Box-Speicher (FRITZ!Box-intern als auch USB-Speicher) oder den Firmware-Onlinecheck gestartet werden können.

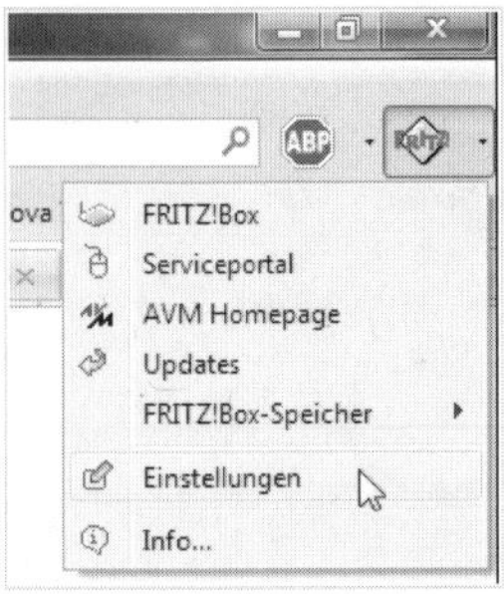

Bild 2.63 Rechts oben neben der Adresszeile des Browsers nistet sich das Add-On ein ...

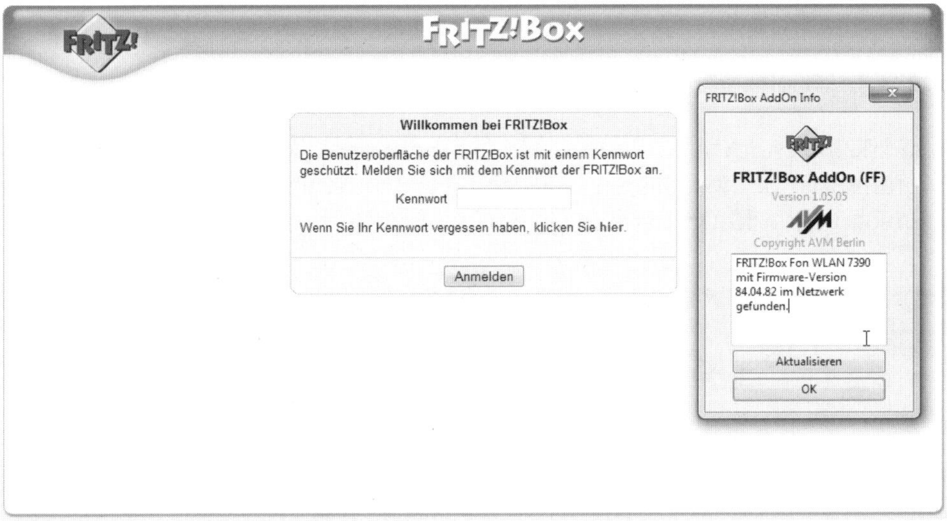

Bild 2.64 Selbstverständlich: Neben dem Firmware-Check ermöglicht die Browsererweiterung den direkten Zugang zur FRITZ!Box.

Dieses Add-On prüft selbstständig, ob für die verwendete FRITZ!Box im Heimnetz eine Aktualisierung bei AVM bereitsteht – Telefoniefreunde werden sich über die integrierte Wählfunktion per Mausklick, mit der sich Telefonrufnummern aus Webseiten wählen lassen, freuen.

2.13 Netzwerkprobleme mit Wireshark analysieren

Oft hat man das subjektive Gefühl, dass das Netzwerk langsamer ist als sonst, der Download lässt auf sich warten, oder der Browser hat ein Problem mit der Namensauflösung. Manchmal ist es aber auch die pure Neugierde, herauszufinden, mit welchen Gegenstellen ein gestartetes Programm kommuniziert und welche Daten dabei übertragen werden. Hier nutzen Sie grundsätzlich einen sogenannten Sniffer – allgemein ist das eine Software, die sämtlichen Datenverkehr aufzeichnet und die Pakete bzw. die darin befindlichen Daten entsprechend lesbar aufbereitet. Hier hat AVM der FRITZ!Box einen eingebauten Sniffer spendiert, den Sie für eigene Zwecke wie Fehlersuche und Diagnose nutzen können.

Bild 2.65 *http://fritz.box/html/capture.html*: Nach dem FRITZ!Box-Log-in erscheint eine spartanische Passworteingabe; per Mausklick können Sie an jeder FRITZ!Box-Netzwerkschnittstelle lauschen.

Die FRITZ!Box kann zu Diagnosezwecken sämtliche Daten, die über DSL oder im Modus *Internetzugang über LAN/Router* verschickt werden, mitprotokollieren. Das geschieht im Wireshark-Format, in dem Sie anschließend die mitgeschnittenen Daten öffnen und analysieren können. Aus Datenschutzgründen der Hinweis: Hier dürfen Sie nur Ihren eigenen PC bzw. das eigene Heimnetz abhören, denn in so einem Mitschnitt sind neben den Daten eventuell auch Zugangsdaten und Kennwörter enthalten.

Grundsätzlich starten Sie das Logging auf der Seite *http://fritz.box/html/capture.html* über die entsprechende *Start*-Schaltfläche und speichern die Datei auf der Festplatte ab.

⊡ LESEZEICHEN

http://www.wireshark.org/

Wireshark: Hier laden Sie sich die aktuellste Version von der Freeware Wireshark herunter und installieren sie auf Ihrem Windows-PC oder auf dem Mac.

Hier wird der Mitschnitt fortlaufend in die Download-Datei geschrieben. Zum Beenden des Mitlesens drücken Sie immer die *Stop*-Schaltfläche – Sie dürfen den laufenden Download nicht abbrechen.

Möchten Sie diesen Paketmitschnitt nun lesen bzw. analysieren, brauchen Sie Wireshark. Um das Ganze jetzt in der Praxis zu betrachten, setzen Sie mit Ihrem Computer einen Ping auf einen beliebigen Host ab und analysieren den Datenverkehr. In diesem Beispiel wird *www.franzis.de* als Zielhost verwendet.

Ping im heterogenen Netzwerk

Seitdem es TCP/IP gibt, gibt es auch das Ping-Programm. Damit lässt sich überprüfen, ob eine Hostadresse in einem Netzwerk überhaupt erreichbar ist. Dafür erzeugt der *ping*-Befehl spezielle Pakete, die an die angegebene Adresse (IP-Adresse oder DNS-Adresse) geschickt und von dieser automatisch beantwortet werden.

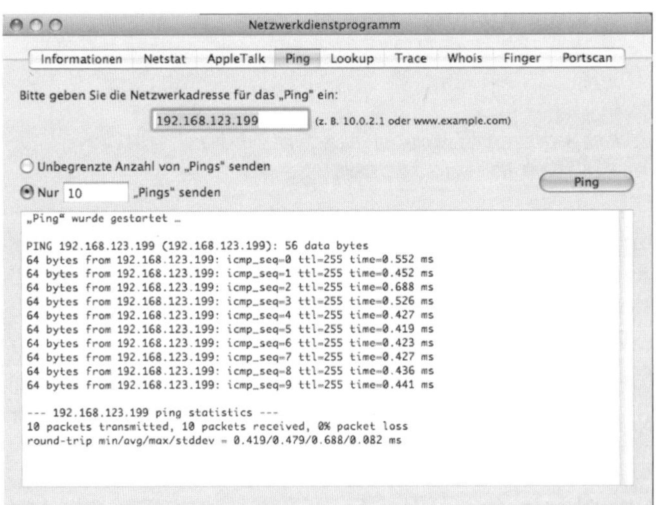

Bild 2.66 Entweder der DNS-Name oder eine IP-Adresse kann für den *ping*-Befehl genutzt werden.

Je nachdem, wie lang die Reaktionszeit und der Weg der Anfrage sind, stellt das Ping-Programm die Geschwindigkeit der Datenpakete entsprechend dar. Hier gilt: je kleiner die Ping-Werte, desto schneller die Verbindung. Heute gilt der *ping*-Befehl jedoch als nicht mehr verlässlich genug, da die meisten DSL-WLAN-Router, aber auch moderne Betriebssysteme wie Windows 7 und Mac OS X Ping-Anfragen aus Sicherheitsgründen ignorieren.

In einem heterogen Netzwerk mit Mac OS X und Windows-PCs ist eine Analyse der Verbindungen nicht immer auf Anhieb möglich. Grundsätzlich gilt: Ist eine Netzwerkverbindung richtig eingestellt, sollten Sie den Rechner erfolgreich »anpingen« können – egal ob von Mac OS X in Richtung Windows oder umgekehrt.

Unter Windows muss gegebenenfalls noch ein kleiner Eingriff erfolgen, damit sich der *ping*-Befehl einsetzen lässt: Das erledigen Sie in der DOS-Eingabeaufforderung bzw. im *Ausführen*-Dialog mit dem Befehl *ping [IP-ADRESSE]*. In diesem Beispiel geben Sie den Befehl *ping 192.168.0.1* ein. Ist beispielsweise bei Windows Vista der *Ausführen*-Befehl im Startmenü ausgeblendet, können Sie ihn per Mausklick aktivieren.

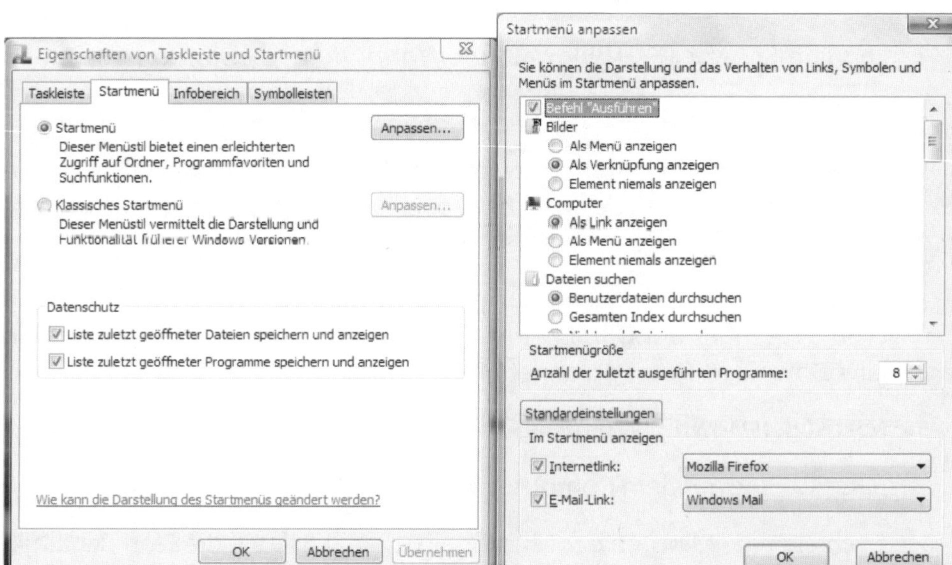

Bild 2.67 Über *Eigenschaften von Taskleiste und Startmenü* und Klick auf die Schaltfläche *Anpassen* aktivieren Sie den *Ausführen*-Befehl bei Windows Vista.

Klappt das Anpingen trotz richtiger IP-Konfiguration nicht, liegt das in der Regel an der Windows-Firewall. Diese ignoriert in der Standardeinstellung sämtliche eingehenden Ping-Anfragen. Um der Vista-Firewall die Annahme des *ping*-Befehls im Heimnetz zu erlauben, öffnen Sie über das Startmenü die Windows-Firewall *Windows-Firewall mit erweiterter Sicherheit*.

Dort wählen Sie *Eingehende Regeln* und aktivieren die Regel *Datei- und Druckerfreigabe (Echoanforderung – ICMPv4 eingehend)*. Falls diese Regel mehrmals zu sehen ist, schalten Sie Ping für das gewünschte Netzwerkprofil (im Heimnetz *Domäne, Privat*) frei. Ist das Anpingen nun möglich, können Sie erstmalig mit Wireshark arbeiten.

Wireshark zum ersten Mal einsetzen

1. Nach Installation sowie Start von Wireshark öffnen Sie über das Menü *File/Open* den von der FRITZ!Box erzeugten Mitschnitt der DSL-Dose, die im Download-Verzeichnis mit der Bezeichnung *fritzbox-vcc0_DD. MM.YY_HHSS. eth* zu finden ist. Der Platzhalter *DD.MM.YY_HHSS* steht für Datum und Uhrzeit des Capture-Vorgangs. Haben Sie noch keine Netzwerkdaten zum Analysieren, führen Sie erst mal folgende Schritte durch:
   - Logging-Seite der FRITZ!Box aufrufen (*http://fritz.box/html/capture.html*).
   - FRITZ!Box-Kennwort eingeben, um die Seite zu öffnen.
   - Auf dem Computer *Konsole/Ausführen/DOS-Fenster öffnen* wählen und dort *ping www.franzis.de* (Mac) bzw. *ping -t www.franzis.de* (Windows) eingeben.
   - Die erste *Start*-Schaltfläche auf der Logging-Seite der FRITZ!Box anklicken (Mitschnitt auf DSL-Ebene). Hier wird der Mitschnitt fortlaufend in eine Download-Datei geschrieben.
   - Mit *OK* den Download der Datei bestätigen.
   - *ping*-Abfrage auf dem Computer stoppen, `Strg`+`C` drücken.
   - Nach ein paar Minuten das Mitschneiden per Klick auf die *Stop*-Schaltfläche beenden.
2. Anschließend öffnen Sie mit Wireshark über das Menü *File/Open* den von der FRITZ!Box erzeugten Mitschnitt. Da hier kein Filter aktiv ist, wurde sämtlicher Netzwerkverkehr, der über die DSL-Schnittstelle in das Internet ging,

mitgeschnitten. Das Programmfenster ist im Wesentlichen in drei Bereiche aufgeteilt. Im oberen Bereich finden Sie die Paketliste (packet list-pane), in der Mitte die Paketdetails (packet details-pane) sowie unten die hexadezimale Paketanzeige (packet bytes-pane). Die in der Paketliste angezeigten Spalten lassen sich über das Menü *Edit/Preferences anpassen* – das ist aber zunächst nicht notwendig.

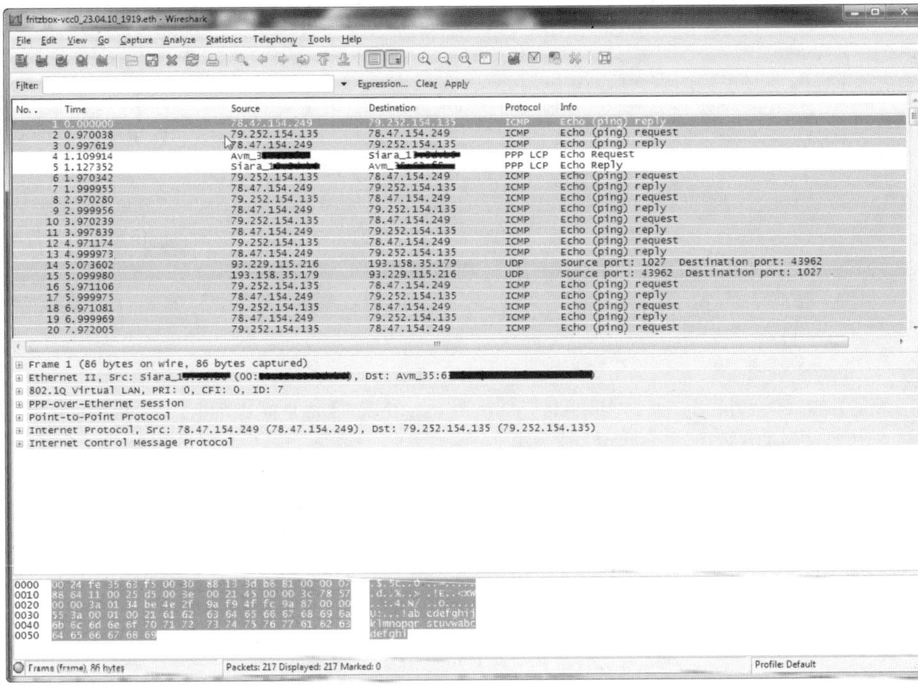

Bild 2.68 So oder so ähnlich sieht die geöffnete Mitschnittdatei der FRITZ!Box im Wireshark-Fenster aus.

3. Auf den ersten Blick wirkt Wireshark somit sehr unübersichtlich: Vor allem viele unterschiedliche IP-Adressen und verschiedene Protokolle ragen erst mal heraus – bei einem längeren Mitschnitt ist die Suche nach Brauchbarem sehr anstrengend und kontraproduktiv. Aus diesem Grund setzen Sie hier einen Filter, um die Ansicht auf die eigentlichen Nutzdaten einzugrenzen.

   Um beispielsweise den Datentransfer von und zu der (externen) IP-Adresse der FRITZ!Box zu sehen, setzen Sie einen Filter auf die IP-Adresse. Da die IP-Adresse bei DSL-Anschlüssen in der Regel täglich wechselt, holen Sie die aktuelle IP-Adresse einfach aus der FRITZ!Box-Startseite. Öffnen Sie den Browser, anschließend die FRITZ!Box-Konfigurationsseite mithilfe des FRITZ!Box-Zugangskennworts und notieren Sie sich die IP-Adresse.

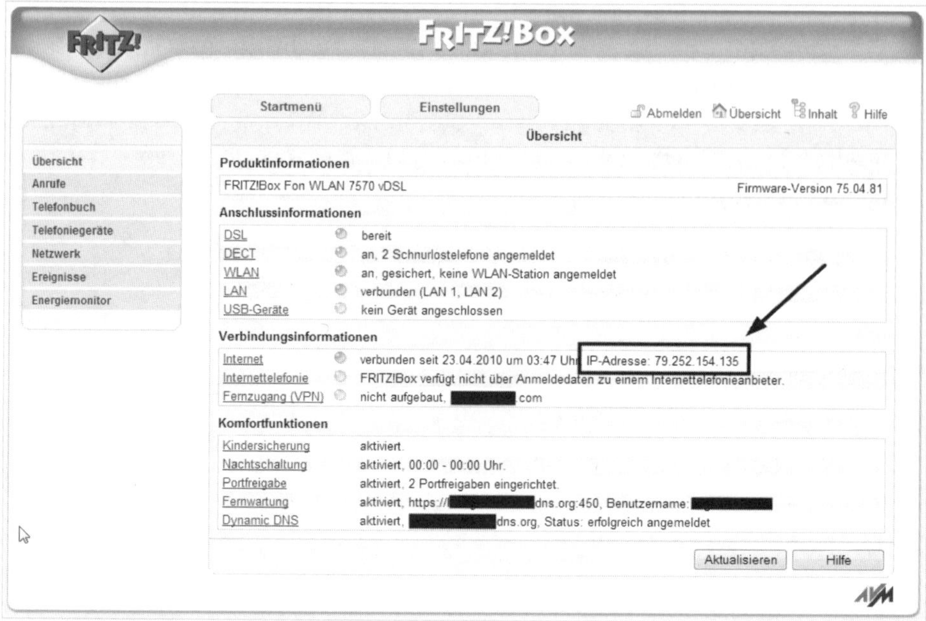

Bild 2.69 Übersichtlich: Auf der FRITZ!Box-Startseite ist nach dem Log-in im Bereich *Verbindungsinformationen/ Internet* auch die externe IP-Adresse zu finden.

4. Anschließend nutzen Sie diese IP-Adresse zum Filtern der Ausgabe. In diesem Beispiel ist die externe IP-Adresse der FRITZ!Box die Adresse *79.252.154.135*. Tragen Sie diese unter der Menüleiste in das Eingabefeld *Filter* mit einem führenden *ip.addr* == ein, also:

```
ip.addr == 79.252.154.135
```

und klicken Sie auf die nebenstehende Übernehmen-Schaltfläche *Apply*. Nachstehende Vergleichsoperatoren sind bei Wireshark erlaubt – hier dürfen Sie sowohl die englische als auch die C-ähnliche Abkürzung nutzen. So können Sie alternativ den Filter

```
ip.addr eq 79.252.154.135
```

verwenden.

Englische Abkürzung	Bedeutung	C-ähnlich	Beispiel
eq	Equal	==	*ip.src eq 79.252.154.135*
ne	Not equal	!=	*ip.src != 79.252.154.135*
gt	Greater than	>	*frame.len > 16*
lt	Less than	<	*frame.len lt 0x100*

Englische Abkürzung	Bedeutung	C-ähnlich	Beispiel
ge	Greater than or equal to	>=	*frame.len ge 255*
le	Less than or equal to	<=	*frame.len le 0x10*

5. Nun zeigt Wireshark nur noch diejenigen Frames an, die die eingetragene Filterbedingung erfüllen, also jene, in denen die gewünschte IP-Adresse vorkommt. Um diesen Filter wieder zu entfernen, klicken Sie auf die Schaltfläche *Clear*.

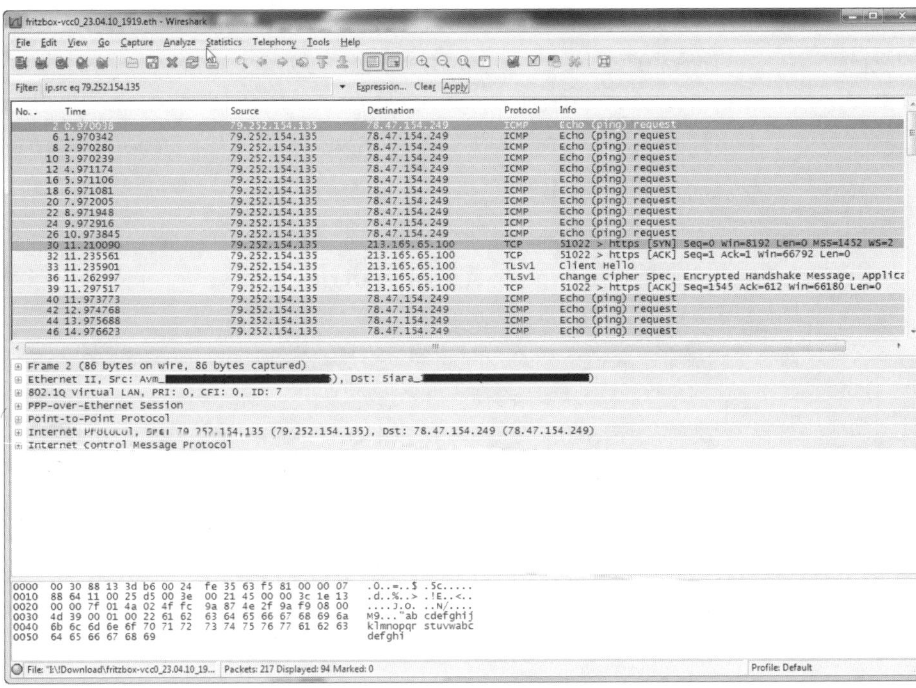

Bild 2.70 Eingedampft: Nun ist die Datenausgabe auf die externe Adresse *79.252.154.135* beschränkt.

6. Möglicherweise ist die gefilterte Datenausgabe noch immer zu groß – dann hilft ein zusätzlicher Filter weiter: Mithilfe von Boole'schen Operatoren lassen sich Filter kombinieren und erweitern.

   In diesem Beispiel wird nun das Ergebnis des abgesetzten *ping*-Befehls gesucht und die Antwort – das Echo auf die Anfrage – analysiert; bekanntlich nutzt *ping* das ICMP-Protokoll (*Internet Control Message Protocol*), in dem IP-Pakete über ICMP gesendet werden. Wird kein Echo empfangen, stuft ICMP den Zielrechner als nicht erreichbar ein.

Kommt eine Rückmeldung, liefert ICMP die gemessene Zeit bis zur Ankunft des Echos am Sendehost. Mit dem Filter

```
ip.addr eq 79.252.154.135 && icmp
```

schränken Sie die Ansicht auf das ICMP-Protokoll ein. Neben dem UND-Operator stehen noch weitere Operatoren zur Verfügung, die wichtigsten sind:

Englische Abkürzung	**Bedeutung**	**C-ähnlich**	**Beispiel**
and	Logical AND	&&	*ip.addr eq 79.252.154.135 && icmp*
or	Logical OR	||	*ip.scr==79.252.154.135 or ip.src==192.178.1.1*
xor	Logical XOR	^^	*tr.dst[0:3] == 0.8.19 xor tr.src[0:3] == 0.8.19*
not	Logical NOT	!	*not tcp*

Mit dem *&&*-Operator ist nun die Ansicht auf das ICMP begrenzt:

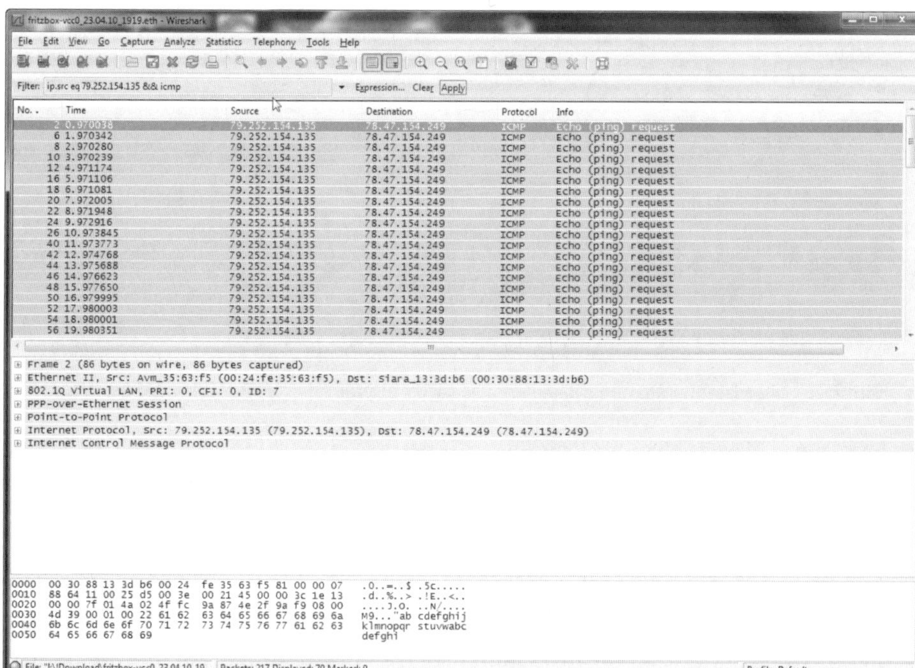

Bild 2.71 Nun sind nur noch ICMP-Pakete mit der externen FRITZ!Box-IP-Adresse sichtbar.

7. Im nächsten Schritt schauen Sie sich ein Paket im Detail an. Dafür markieren Sie im oberen Bereich in der Paketliste irgendeinen Frame – links in der Spalte *No.* wird die Nummer des Frames angezeigt. Dadurch, dass ein oder mehrere Filter aktiv sind, sind die Nummern natürlich nicht fortlaufend sichtbar. Die Spalte *Source* zeigt den Absender, die Spalte *Destination* den Empfänger des Frames. Welches Protokoll hierfür genutzt wird, steht in der Spalte *Protocol*, während die Spalte *Info* zusätzliche Bemerkungen zum aktuellen Frame liefert.

8. In diesem Beispiel ist zu sehen, dass sämtliche *ICMP Echo (ping)-Anfragen* von der FRITZ!Box-eigenen IP-Adresse zu der IP-Adresse von *www.franzis.de* führen. Wählen Sie jetzt einen beliebigen Frame aus, und die sogenannten Schichten (engl. Layer) werden im mittleren Teil des Programmfensters gelistet. Per Anklicken des Plussymbols klappen Sie die Ansicht des entsprechenden Layers auf:

```
Frame 2 (86 bytes on wire, 86 bytes captured)
Arrival Time: Apr 23, 2010 19:19:14.017319000
Time delta from previous captured frame: 0.970038000 seconds
Time delta from previous displayed frame: 0.970038000 seconds
Time since reference or first frame: 0.970038000 seconds
Frame Number: 2
Packet Length: 86 bytes
Capture Length: 86 bytes
Frame is marked: False
Protocols in frame: eth:vlan:pppoes:ppp:ip:icmp:data
Coloring Rule Name: ICMP
Coloring Rule String: icmp || icmpv6
```

9. Hier sind Informationen wie Größe des Frames (*Packet Length*), aufgezeichnete Größe (*Capture Length*) sowie Zeit und Zeitdifferenz zum vorgehenden Frame (*Time delta*) herauszulesen. In der nächsten Zeile finden Sie Informationen zum OSI-Layer 2 (Ethernet II). Dort sind die MAC-Adressen von Absender und Empfänger des Pakets zu finden. Interessanter ist das IP (*Internet Protocol*). Im OSI-Layer 3 finden Sie Informationen zu IP-Flags, die TTL (*Time to live*), das Protokoll sowie die genutzten Absender- und Empfänger-IP-Adressen.

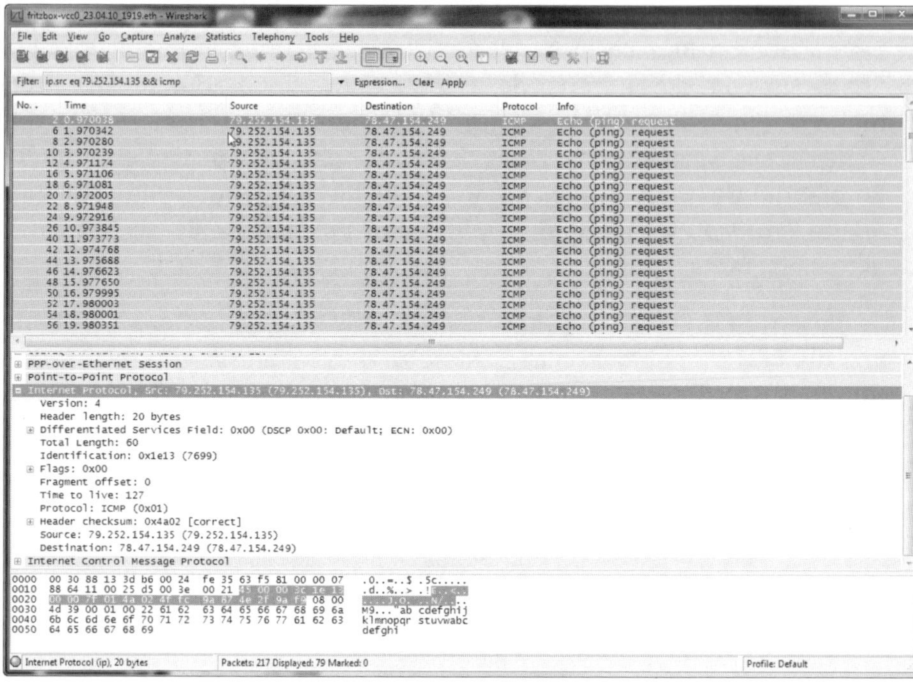

Bild 2.72 IP-Paket im Detail: Schritt für Schritt kommen weitere Informationen zum Vorschein.

10. Zu guter Letzt finden Sie in der letzten Zeile die decodierte Ausgabe des ICMP-Protokolls, das eine Codierung bestehend aus *Type* und *Code* verwendet. Hier sollte nun

    ```
    Type: 8 (Echo (ping) request)

    Code: 0 ()

    Checksum: 0x4d39 [correct]

    Identifier: 0x0001

    Sequence number: 34 (0x0022)

    Data (32 bytes)
    ```

    auftauchen. Im unteren Ergebnisfenster ist der Hexdump des ausgewählten Frames zu sehen. Im Beispiel nutzt der *ping*-Befehl das Alphabet (ab *cdefghij klmnopqr stuvwabc defghi*) als Payload (Nutzlast).

    ```
    0000  00 30 88 13 3d b6 00 24  fe 35 63 f5 81 00 00 07
    .0..=..$ .5c.....

    0010  88 64 11 00 25 d5 00 3e  00 21 45 00 00 3c 1e 13
    .d..%..> .!E..<..
    ```

```
0020  00 00 7f 01 4a 02 4f fc  9a 87 4e 2f 9a f9 08 00
....J.O. ..N/....
0030  4d 39 00 01 00 22 61 62  63 64 65 66 67 68 69 6a
M9..." ab cdefghij
0040  6b 6c 6d 6e 6f 70 71 72  73 74 75 76 77 61 62 63
klmnopqr stuvwabc
0050  64 65 66 67 68 69                           defghi
```

Es ist also alles in bester Ordnung, der *ping*-Befehl wurde sauber abgearbeitet. Finden Sie hingegen eine oder mehrere ICMP-Anfragen, die nicht beantwortet wurden – weil *Echo_Request* fehlt –, war der Zielhost nicht erreichbar.

Das einfache Beispiel zeigt, wie Sie mit der FRITZ!Box relativ komplexe Sachverhalte aufklären können. Angehenden Netzwerkanalysespezialisten wird damit schnell klar, warum manche Protokolle wie beispielsweise Telnet via Internet tabu sein sollten – werden hier doch die Benutzerinformationen wie Kennung und Passwort im Klartext übertragen. Mit etwas Wireshark-Erfahrung und den passenden Filtern ist das entsprechende Paket schnell gefunden.

2.14 Checkliste: FRITZ!Box-Sicherheitseinstellungen

Für alle, die eine Checkliste bevorzugen: Hier finden Sie sämtliche sicherheitsrelevanten Einstellungen für die WLAN-FRITZ!Box im Schnellüberblick.

Sicherheitsmerkmal	Beschreibung
MAC-Adresse einrichten	Standardmäßig wird jedem drahtlosen PC, der mit einer korrekten SSID, der passenden Verschlüsselung und dem richtigen Netzwerkschlüssel kommt, Zugang zu Ihrem drahtlosen Netzwerk gewährt. Jeder Router bietet jedoch eine MAC-Adressfilterung, durch die PCs basierend auf ihren MAC-Adressen eine Verbindung zum Router aufbauen dürfen oder nicht. Sämtliche drahtlosen Clients müssen zudem über die korrekten SSID- und WEP- bzw. WPA-Einstellungen verfügen, die in den Wireless-Einstellungen konfiguriert werden, um auch das WLAN nutzen zu können.
DHCP ausschalten und feste IP-Adressen zuweisen	Der Router ist standardmäßig als DHCP-Server (*Dynamic Host Configuration Protocol*) konfiguriert, wodurch die TCP/IP-Konfiguration aller an den Router angeschlossenen Computer festgelegt ist. Schalten Sie DHCP aus und vergeben Sie feste IP-Adressen, muss ein Angreifer mit Mühe und Not per Zufall eine verwendete IP-Adresse selbst herausfinden. Der Nachteil: ein etwas höherer Konfigurationsaufwand beim WLAN-PC.

Sicherheitsmerkmal	Beschreibung
WEP-/WPA-PSK-/WPA2-Verschlüsselung nutzen	Das A und O: Nutzen Sie die sicherste Verschlüsselung (derzeit WPA2) über das Funknetz, auch wenn es etwas Zusatzaufwand bei der Installation bedeutet. Allerdings müssen alle Geräte diesen Standard unterstützen.
Router bei Nichtgebrauch ausschalten	Nicht nur gut für die Umwelt und den Geldbeutel, sondern auch für die Sicherheit des Heimnetzes. Gehen Sie ins Bett oder außer Haus, schalten Sie den WLAN-Router aus. Wenn Sie den Router auch als Telefonanlage (FRITZ!Box) nutzen, sollten Sie auf die Abschaltung verzichten.
Passwörter und Key regelmäßig ändern	Jede Verschlüsselung ist früher oder später knackbar. Deshalb sollten Sie regelmäßig die Passwörter sowie WEP-Schlüssel sowohl im Router als auch am WLAN-PC ändern. Bei WPA2 können Sie nach dem derzeitigen Stand wohl darauf verzichten.
Router-Standardpasswort ändern	Besonders wichtig: Kennt ein Angreifer das Passwort des WLAN-Routers, kann er machen, was er will. Deswegen sollten Sie umgehend nach der Konfiguration das Router-Passwort ändern.
Router-Firmware regelmäßig checken	Kein Produkt ist perfekt, und Sicherheitslücken kommen bei jedem Hersteller vor. Bessere Hersteller bieten hier eine neue Firmware, um Sicherheitslöcher zu stopfen und dem Router neue Funktionalitäten einzuhauchen.
Protokollierung aktivieren und Protokolle auswerten	Zum Nachschauen; zwar lästig und zeitraubend, aber unheimlich hilfreich bei der Suche nach Fehlern und Problemlösungen. Hier spüren Sie Rechner im Netzwerk auf, die mit fremder MAC-Adresse unterwegs sind.
Nicht benötigte Dienste und Webseiten deaktivieren	Weniger ist mehr: Je mehr Dienste und Ports nach außen – also im Internet – zur Verfügung stehen, desto größer ist die Angriffsfläche. Aktivieren Sie also nur Dienste wie HTTP, FTP, Mail etc., die wirklich notwendig sind.
Firewall und Portsecurity aktivieren	Ohne aktivierte Firewall sollte niemand mehr in das Internet gehen. Zu groß ist die Gefahr, Opfer eines Angriffs zu werden. Jeder vernünftige DSL-WLAN-Router bringt eine mit – aktivieren Sie sie auch!
Wireless-Zugriffsliste einrichten	Standardmäßig wird jedem drahtlosen PC, der mit einer korrekten SSID (*Service Set Identifier*), dem passenden Verschlüsselungsstandard sowie dem richtigen Schlüssel konfiguriert ist, Zugang zu Ihrem drahtlosen Netzwerk gewährt. Erhöhte Sicherheit können Sie erzielen, indem Sie den Zugang zum drahtlosen Netzwerk auf bestimmte PCs beschränken, und zwar auf Grundlage ihrer MAC-Adressen. Klicken Sie im Menü *Wireless-Konfiguration* auf *Zugriffsliste konfigurieren*, um das Menü *Wireless-Zugriffsliste* aufzurufen.
SSID-Rundumsendung ausschalten (SSID-Broadcast deaktivieren)	Wenn diese Option aktiviert ist, sendet der Wireless-Router seinen Netzwerknamen (SSID, *Service Set Identifier*) an alle Wireless-Stationen.

Sicherheitsmerkmal	Beschreibung
Ping am Internet-Port ausschalten	Wenn Sie wollen, dass der Router auf einen Ping aus dem Internet reagiert, deaktivieren Sie, falls vorhanden, diese Option. Dies kann als Diagnosewerkzeug verwendet werden. Sie sollten die Option deshalb nur aktivieren, wenn Sie einen triftigen Grund dazu haben.
Sichere LAN-IP-Adresse verwenden	Für die IP-Adresse des WLAN-Routers nutzen Sie eine IP-Adresse aus dem privaten Netzwerkbereich *192.168.X.X*. Beim Einsatz einer öffentlichen IP-Adresse kommt es sonst zu Problemen bei der Netzwerkverbindung.
Remote-Zugriff ausschalten	Die Router-Fernsteuerung ist nur in Unternehmen und Ähnlichem sinnvoll. Der Router kommt zu Hause zum Einsatz und sollte auch dort konfiguriert werden. Deshalb, falls vorhanden, ausschalten!
SSID ändern	Ein sicherer SSID-Name besteht aus einer zufälligen Reihenfolge von Zahlen und Buchstaben, gemischt mit Groß- und Kleinbuchstaben.
Passenden Wireless-Modus wählen	Zufallsprinzip sorgt für Sicherheit: Abhängig von der genutzten WLAN-Karte können Sie den Router so konfigurieren, dass er nur ein ganz bestimmtes Übertragungsprotokoll nutzt, das natürlich zu Ihren WLAN-Netzwerkkarten passt. So können Sie abhängig vom Router-Modell beispielsweise den WLAN-Zugriff auf 802.11g-konforme WLAN-Geräte beschränken. Aufgrund der Kartenvielfalt muss der potenzielle Angreifer schon zufällig eine ähnliche Karte einsetzen.

Ist der WLAN-Router konfiguriert, können Sie die WLAN-Karte für das Notebook oder den PC installieren.

3 WLAN-Tuning für starke Funkverbindungen

Ein WLAN-Funknetz erfüllt viele Wünsche. Es erspart vor allem das lästige Strippenziehen. Derzeit gibt es für WLAN im Wesentlichen zwei unterschiedliche Standards – je nachdem, welche WLAN-Steckkarte Sie nutzen, sendet diese im 2,4-GHz- oder im 5-GHz-Funkbereich oder, wie die neue topaktuelle FRITZ!Box 7390 dank zweier Antennen, in beiden. Die Funkleistung von 2,4 GHz ist mittlerweile veraltet, da es nur 11 MBit/s übertragen kann. Das 5-GHz-Funknetz schafft per Standard 54 MBit/s. Firmenspezifische Lösungen und der neue WLAN-Standard 802.11n bieten bei gleicher Funkleistung schon das Doppelte, diese Technik ist jedoch nicht vollständig standardisiert und macht somit speziell aufeinander abgestimmte Komponenten notwendig.

Ein WLAN-Router wie die FRITZ!Box bietet standardmäßig eine Sendeleistung von ca. 100 mW, was der im WLAN-Standard spezifizierten Maximalleistung entspricht. Damit kommen Sie problemlos durch dicke Wände in der Wohnung oder im Haus, und im Freien kann die Reichweite um die 100 Meter für eine Funkübertragung betragen. Mit etwas Aufwand, also mit speziellen Antennen, lässt sich die Reichweite bei freier Sicht auf einige Hundert Meter und mit speziellen Richtantennen sogar auf bis zu zwei Kilometer erhöhen. Was das in der Praxis bedeutet, hängt stark von der Umgebung ab, in der das Gerät eingesetzt wird.

Der Einfluss der Eigenschaften einer Wohnung/eines Hauses auf die WLAN-Leistung ist enorm. Faktoren wie Wanddicke, Stein- oder Betonbauweise haben ebenso Einfluss auf die Sendeleistung wie andere elektrische und elektronische Geräte, beispielsweise DECT-Schnurlostelefone. Gerade Geräte, die den gleichen Frequenzbereich im ISM-Band (2,4 GHz) wie der WLAN-Standard nutzen – wie Garagentoröffner, Funkfernbedienungen und andere –, können Einfluss auf die Verbindungsqualität haben.

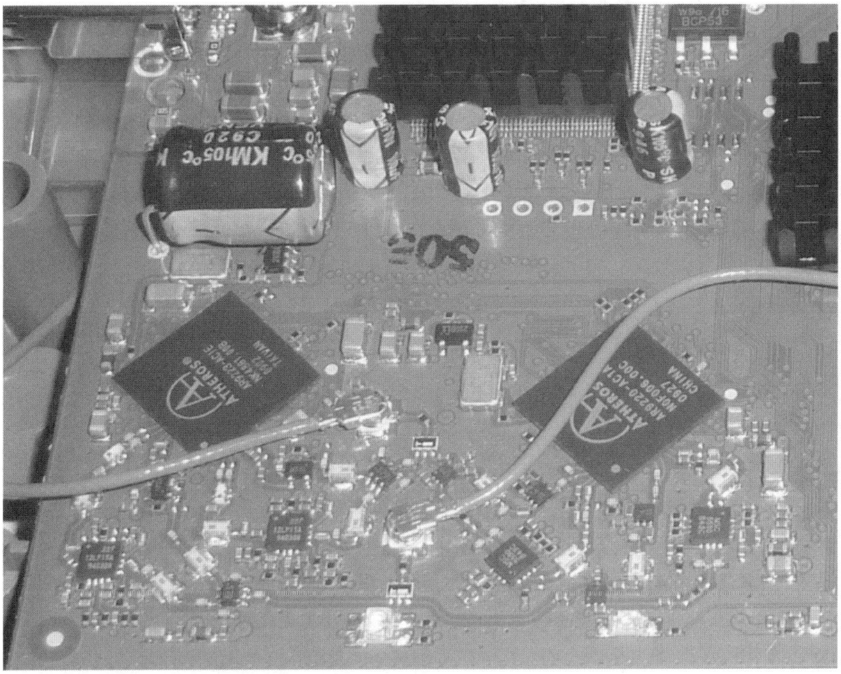

Bild 3.1 Auch auf der Platine der topaktuellen FRITZ!Box 7390 sind Pigtail-Anschlüsse für eine externe stärkere Antenne vorhanden.

3.1 Reichweite der WLAN-Funkverbindung verbessern

Die WLAN-Reichweite und somit auch die Übertragungsbandbreite hängen stark von der Umgebung ab, in der das Gerät eingesetzt wird. Für den Einsatz in der Wohnung reicht die Standardantenne in der Regel aus. Anders schaut es bei der WLAN-Versorgung in einem Haus aus, das typischerweise mit Keller-, Erd- und Obergeschoss ausgestattet ist. Hier ist die Wahl des Standorts der Antenne das A und O: Im Idealfall befindet sich der WLAN-Router möglichst zentral in dem zu versorgenden Bereich. Wichtig ist ein freier, unverdeckter Standort, der eine möglichst ideale Sicht zu der Antenne sicherstellt. Hat das Haus Stahlbetondecken, sorgt die Positionierung beispielsweise im Treppenhaus für eine bessere Übertragungsqualität, als stünde der WLAN-Router im Arbeitszimmer zwischen dem Bücherstapel im Regal.

Doch manchmal lässt sich der WLAN-Router nicht an der gewünschten Position aufstellen, da andere Mitbewohner ein Veto einlegen, oder die Wohnung bzw. das Haus stark verwinkelt ist. In diesem Fall kann eine größere Antenne am

WLAN-Router den nötigen Erfolg bringen, um die Sende-/Empfangsleistung zu verstärken. Die nachstehende Anleitung zum Antennentausch ist exemplarisch an einer FRITZ!Box von AVM erklärt; da die (internen) WLAN-Anschlüsse genormt sind und sich die meisten Hersteller daran halten, lässt sich diese Anleitung auf nahezu jeden WLAN-Router anwenden. Das Beste daran: Bei den Steckverbindungen der Anschlüsse ist ein Rückbau problemlos möglich – ideal, wenn Sie das Gerät später wieder verkaufen möchten.

TIPP!

Aufstellung des WLAN-Routers

Achten Sie grundsätzlich darauf, dass schon kleine Positionsveränderungen des WLAN-Routers erheblichen Einfluss auf die Übertragungsstärke haben können. Daher lautet hier der Grundsatz: so zentral wie möglich mit keiner oder wenig Sichteinschränkung. Ist eine Sichtverbindung nicht möglich, suchen Sie den Ort mit den geringsten Hindernissen zwischen Sender und Empfänger. Achten Sie auch hier auf Materialien wie Stahlbeton, Metallflächen, Wasser etc., die für eine große Abschirmung sorgen.

3.2 FRITZ!Box-Tuning: Höhere Sendeleistung mit neuer Antenne

Wer die Sendeleistung der FRITZ!Box und damit die WLAN-Übertragungsqualität verbessern möchte, kommt gerade bei dicken Wänden nicht um den Einbau einer neuen Antenne herum. Egal, welche FRITZ!Box mit WLAN-Anschluss zum Einsatz kommt, es ist für nahezu jedes Modell ein passendes Umbauset erhältlich.

ACHTUNG!

Achtung: Verlust der Herstellergarantie!

Bevor Sie eine neue Antenne für die FRITZ!Box bestellen, sollten Sie sich darüber im Klaren sein, dass für den Einbau das FRITZ!Box-Gehäuse geöffnet werden muss. In diesem Fall erlischt die Herstellergarantie!

Umbausets: Die passende Antenne besorgen

Abhängig vom Modell und der Bauweise der FRITZ!Box sind die Umbausätze für die FRITZ!Box etwas unterschiedlich. In der Regel unterscheiden sich die Sets lediglich in der Ausführung der Anschlussbuchse auf der FRITZ!Box-Platine. Der grundsätzliche Einbau ist jedoch immer der gleiche:

- FRITZ!Box öffnen.
- Alte Antenne ausbauen.
- Rückblende modifizieren.
- Neue Antenne einstecken.
- FRITZ!Box zusammenbauen.

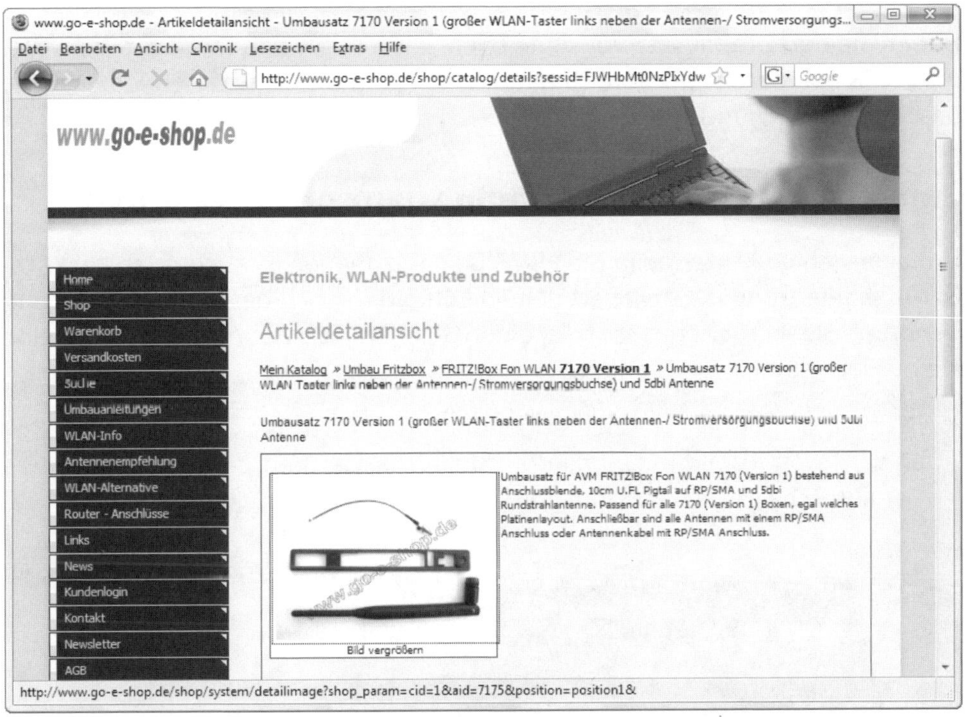

Bild 3.2 Hier finden Sie für nahezu jede FRITZ!Box einen passenden Umbausatz – *www.go-e-shop.de.*

Eine passende Antenne für die FRITZ!Box finden Sie im gut sortierten Elektronikhandel oder gleich in einem Komplettumbauset, wie es einige Elektronikhändler im Internet verkaufen. Die Preise unterscheiden sich bei den verschiedenen Händlern, ein Preisvergleich lohnt sich! Mit dem Komplettset ist ein passgenauer Einbau des Pigtails bei allen FRITZ!Box-Modellen möglich. Das Pigtail (engl. für »Schweineschwanz«) ist nichts anderes als ein Kabel, das den internen WLAN-Anschluss an die Gehäusebuchse der FRITZ!Box heranführt und als Adapter zwischen einer kleinen und einer großen Antennenbuchse dient.

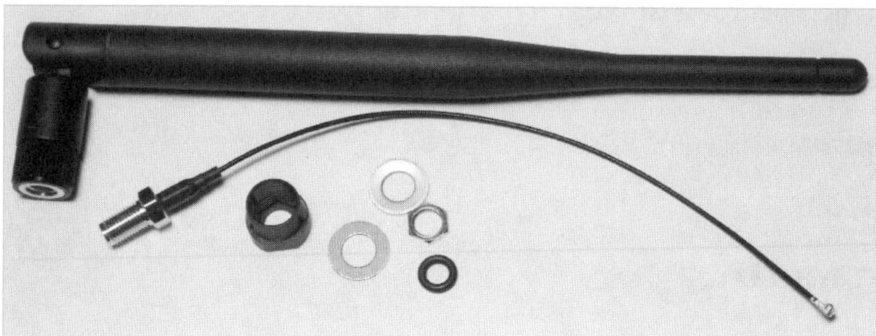

Bild 3.3 Übersichtlich: Der Lieferumfang ist genau auf die FRITZ!Box zugeschnitten.

Haben Sie den Umbausatz vor sich liegen, kann es an den Einbau gehen. Wer die FRITZ!Box bereits im Betrieb hat, entfernt sämtliche Netzwerkkabel sowie das Stromversorgungskabel.

Einbau einer stärkeren Antenne ganz ohne Lötkolben

Um eine stärkere Antenne in die FRITZ!Box einzubauen, braucht man kein großer Techniker zu sein. Es wird weder ein Lötkolben noch besonderes Werkzeug benötigt. Sie brauchen allenfalls einen flachen Schraubendreher und eine kleine Flachzange.

1. Drücken Sie mithilfe des Schraubendrehers auf der Rückseite der FRITZ!Box an den in der Abbildung markierten Stellen die Laschen, damit sich die untere Gehäuseschale von der Platine lösen lässt.

Bild 3.4 An diesen vier Stellen drücken Sie mit einem flachen Schraubendreher sanft die Plastiklaschen ein, damit sich das Gehäuse der FRITZ!Box öffnen lässt.

2. Der Bodendeckel ist jetzt aus seinen Arretierungen gelöst und kann leicht, aber vorsichtig, vom Oberteil der FRITZ!Box abgenommen werden.

Bild 3.5 Nun lässt sich der Boden des Gehäuses abnehmen – die Platinenunterseite der FRITZ!Box ist zu sehen.

3. Im folgenden Schritt entfernen Sie den Deckel, damit Sie die nackte Platine vor sich liegen haben. Um die alte Antenne zu entfernen, drehen Sie die Platine einfach um. Demontieren Sie die alte Antenne von der FRITZ!Box-Platine. Meist ist das Kabel mit einem Streifen Klebeband auf der Platine fixiert. Ist das der Fall, entfernen Sie vorsichtig das Klebeband und ziehen den Pigtail-Stecker sanft von der Buchse ab.

Bild 3.6 Im linken unteren Bereich ist das Kabel der WLAN-Antenne zu sehen. Um die Antenne der FRITZ!Box zu ersetzen, muss dieses Kabel entfernt werden.

ACHTUNG!

Unter Umständen ist hier etwas Kraft notwendig. Ziehen Sie den Ministecker vorsichtig unter leichtem Drehen senkrecht nach oben herunter und versuchen Sie nicht, den Stecker durch seitliches Hin- und Herhebeln zu lösen. Im nächsten Schritt entfernen Sie die Plastikabdeckung der Rückseite. Die alte Antenne ist dort noch fest montiert.

Bild 3.7 Haben Sie das Kabel der alten Antenne von der Platine abgezogen, demontieren Sie die Antenne von der Plastikabdeckung.

4. Um die alte Antenne von der Plastikabdeckung zu entfernen, drücken Sie einfach die Plastikbuchse auf der Antennenrückseite leicht zusammen und schieben anschließend die Antenne heraus. Jetzt können Sie das Pigtail der neuen Antenne auf der FRITZ!Box-Platine aufsetzen. Ein leichter Druck genügt, damit der Stecker in der Buchse einrastet.

5. Tauschen Sie nun die Plastikbuchse an der Plastikabdeckung aus, damit die neue Antenne auch daran befestigt werden kann. Hier braucht nur die Plastikbuchse in das vorgesehene Loch eingeführt zu werden, bis sie einrastet.

6. Zum Abschluss der Operation führen Sie das Ende des Pigtail-Kabels in diese Buchse ein, setzen die Beilagscheibe ein und verschrauben den Anschluss mit der mitgelieferten Schraubenmutter. Zum Festziehen der Schraubenmutter können Sie die Flachzange verwenden.

Bild 3.8 Umbau erfolgreich: Ist das Gehäuse verschlossen, kann die neue Antenne angeschraubt werden.

Vor dem Zusammenbau sollte das Pigtail-Kabel (ohne es zu knicken) mit einem Klebestreifen an der Platine befestigt werden. Anschließend setzen Sie die Platine wieder im Oberteil des Gehäuses ein, bringen die Plastikabdeckung an der Rückseite an und lassen zu guter Letzt den Bodendeckel in die Laschen einrasten, um das Gehäuse wieder zu verschließen. Schrauben Sie nun die neue Antenne mit der Hand an der FRITZ!Box fest.

Bild 3.9 Ist die neue Antenne auf der Buchse angeschraubt, können Sie die FRITZ!Box wieder in Betrieb nehmen.

7. Wurde das WLAN bereits konfiguriert, können Sie die Qualität der Umbaumaßnahme umgehend in Augenschein nehmen. Schließen Sie die FRITZ!Box wieder am Heimnetz an und prüfen Sie mit dem Notebook oder einem anderen WLAN-tauglichen Gerät die Verbindungsqualität.

4 VDSL: Highspeed-Internet vom Marktführer

Das »neue« DSL, wie VDSL (*Very High Speed Digital Subscriber Line*) auch manchmal umgangssprachlich genannt wird, ermöglicht deutlich höhere Datenübertragungsraten als die älteren und weiter verbreiteten ADSL- und ADSL2+-Standards. Derzeit sind zwei VDSL-Standards verabschiedet, von denen der aktuellere VDSL-2-Standard in Deutschland zum Einsatz kommt. Dank der Abwärtskompatibilität zum älteren ADSL2+-Standard halten sich die Kosten für die Endgeräte sowie die Leitungen in Grenzen – sofern der Abstand zwischen dem Anschluss des Endgeräts und der Vermittlungsstelle nicht zu groß ist.

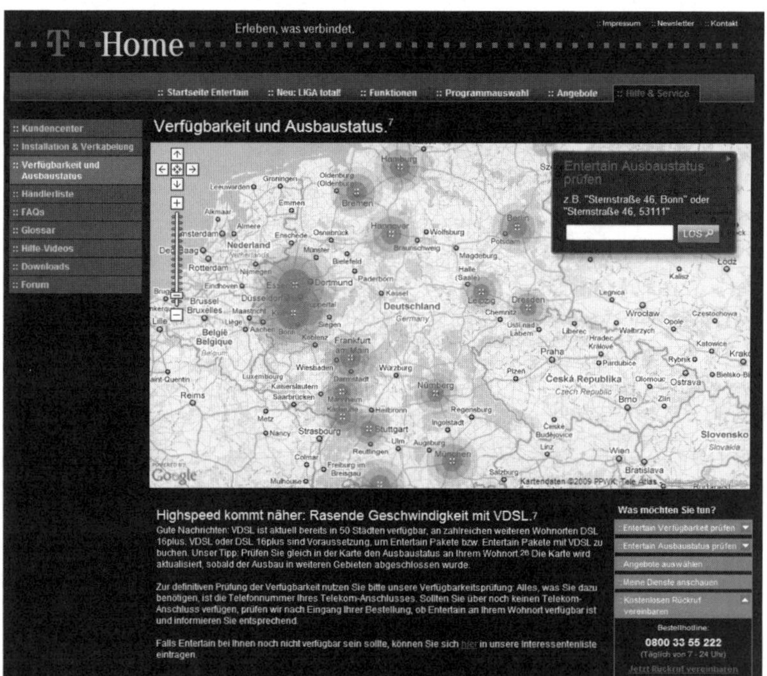

Bild 4.1 Verfügbarkeit prüfen – *http://entertain.eki.t-home.de/service/dslcheck/*: Vor allem in Ballungszentren stehen die Chancen gut, in den Genuss des schnellen VDSL zu kommen.

VDSL ist bei der Telekom ein sogenanntes Hybridnetz, da es aus einer Kombination aus Glasfaser- und Kupferleitungen aufgebaut ist. Hier sind die Glasfaserkabel von der Vermittlungsstelle bis zu den großen, nahezu überdimensionalen Schaltkästen auf dem Gehsteig verlegt. Die Gesamtkapazität eines VDSL-Kastens auf dem Gehweg umfasst nach Aussage eines Telekom-Technikers derzeit in der Regel 100 bis 200 Haushalte. Von dort aus geht es dann mit der gewöhnlichen Kupferleitung zum VDSL-Kunden.

Durch die kürzere Strecke der Kupferleitung kann diese nun eine höhere Geschwindigkeit aufnehmen, da die Leitungsverluste geringer sind. Mit der VDSL-Technik ist nicht nur ein schnelleres Internet, sondern auch das in manch anderen europäischen Ländern bereits eingeführte Triple-Play aus Telefon, Internet und IPTV möglich. Mit der schnelleren VDSL-50-Variante kommt sogar hochauflösendes IPTV in HD-Qualität mit dem Telekom-Produkt T-Entertain in das heimische Wohnzimmer.

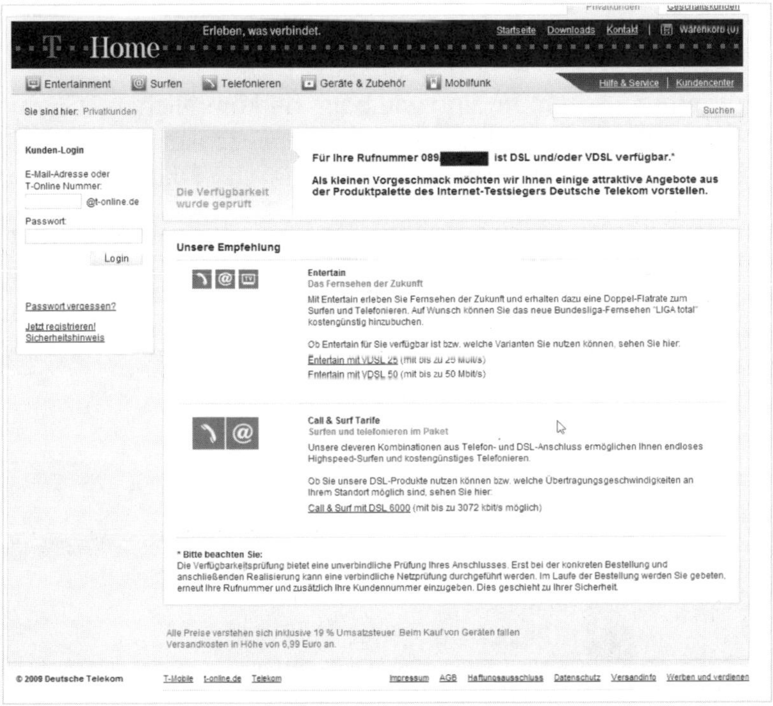

Bild 4.2 War der erste Test über die T-Home-Website erfolgreich, ist das jedoch noch keine Garantie dafür, dass VDSL auch wirklich zur Verfügung gestellt werden kann.

Doch allein mit der Bestellung über das Internet oder dem Besuch in einem T-Punkt-Laden ist es nicht getan: Ob VDSL und Entertain im Endeffekt auch wirklich geschaltet werden können, hängt davon ab, ob in dem großen grauen

VDSL-Kasten in Ihrer näheren Umgebung auch ein entsprechender Port frei ist oder nicht. Wenn nicht, nimmt die Telekom in der Regel trotzdem die Bestellung entgegen und schaltet den Anschluss einfach auf ADSL2+ mit dem Produkt DSL16+. In der Praxis ist DSL16+ für HD-Fernsehen jedoch deutlich zu langsam, Sie haben dann aber die Möglichkeit, vom Vertrag zurückzutreten, falls die zugesagte Leistung (hier: VDSL) nicht erbracht werden kann.

LESEZEICHEN

http://entertain.eki.t-home.de/service/dslcheck

DSL-Verfügbarkeit prüfen: Vor allem in Ballungszentren stehen die Chancen gut, in den Genuss des schnellen VDSL zu kommen.

4.1 VDSL-Komponenten: auspacken und loslegen

Um mit VDSL ins Internet zu kommen, sind wie beim herkömmlichen DSL nur wenige Komponenten notwendig. Haben Sie ein Komplettpaket vom derzeit einzigen VDSL-Anbieter, der Telekom, erworben, ist alles schon dabei:

Splitter: Wenn Sie bereits DSL nutzen, verfügen Sie schon über einen Splitter, steigen Sie erst jetzt auf DSL um, gehört der Splitter zum Lieferumfang des DSL-Providers. Der Splitter wird an die TAE-Telefonbuchse angeschlossen und trennt das Telefon- vom DSL-Signal.

Bild 4.3 Egal ob ADSL oder VDSL: Mit dem Splitter werden die Datenströme von den Telefonsignalen getrennt.

Es ist sinnvoll, zunächst den Splitter und den Router anzuschließen, um die Reichweite der Kabel rund um Ihren Telefonanschluss festzustellen. Der Standort des VDSL-Routers spielt eine entscheidende Rolle für die WLAN-Übertragungsleistung. Je freier die Antenne oder das Gerät selbst (manche Router haben die Antenne im Gehäuse verbaut) senden und empfangen kann, desto besser.

(V)DSL-WLAN-Router: Der Router hat die Funktion, das Netzwerk zu realisieren, indem er die nötigen Anschlüsse per Funk und eventuell für Netzwerkkabel bereitstellt. Außerdem stellen neue Modelle die Verbindung sowohl zur ADSL- als auch zur VDSL-Leitung her, fungieren also auch als DSL-Modem. Im Sinne des Funknetzes ist er der sogenannte Access Point, der Zugriffspunkt, der die teilnehmenden Computer verbindet.

Kabel Splitter – Router: Dieses Kabel wird normalerweise mit dem Router mitgeliefert und verbindet den Splitter mit dem Router. Ob WLAN oder nicht, auf dieses Kabel können Sie nicht verzichten. Alles andere kann kabellos funktionieren, aber an dieser Stelle wird noch auf absehbare Zeit eine Kabelverbindung benötigt.

Netzwerkkabel: Weitere PCs können bei vielen VDSL-Routern auch kabelgebunden angeschlossen werden. Die meisten Router von der Telekom bieten vier Netzwerkanschlüsse, sodass zusätzlich zum WLAN auch ein kleines Kabelnetzwerk aufgebaut werden kann. Je nach Einsatzzweck ist das sehr praktisch, denn Sie können zum Beispiel zwei stationäre PCs im Arbeitszimmer per Kabel vernetzen, während Sie sich mit dem Notebook per WLAN ins Internet begeben. Sollen mehrere PCs per Kabel angeschlossen werden, benötigen Sie die entsprechende Anzahl an Kabeln.

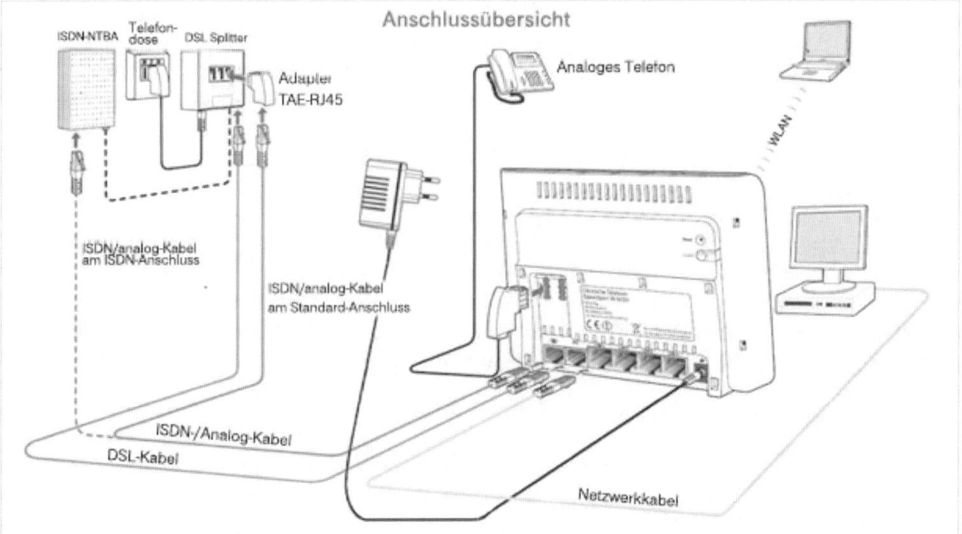

Bild 4.4 Übersichtlich: In der Bedienungsanleitung des Speedport wird das Anschließen des Routers sehr gut grafisch dargestellt. (Grafik: Deutsche Telekom)

Im Karton des Speedport sind sämtliche Kabel, aber auch die Anschlüsse des Routers, entsprechend farbig ausgeführt, sodass ein fehlerhaftes Anschließen der Kabel nahezu unmöglich ist. Wichtig für den Internetzugriff ist das angeschlossene DSL-Kabel sowie das Netzwerkkabel zum PC/Mac.

4.2 Sein und Schein der Speedport-VDSL-Router

Abhängig von Geldbeutel, Vertrag und persönlichen Wünschen, wird im Herbst 2009 vonseiten der Telekom entweder der Speedport W 721V oder der Speedport W 920V mit dem Etikett »VDSL-tauglich« verkauft. Während der größere W 920V auf den ersten Blick zunächst als überdimensioniert und zu teuer erscheint und auch die Telekom selbst das »kleinere« Modell W 721V als völlig ausreichend klassifiziert, sorgt bereits ein Blick in das Datenblatt der Geräte für Aufklärung:

Während der Speedport W 721V nur Fast-Ethernet oder WLAN gemäß 802.11g mitbringt, ist erst beim W 920V das Turbo-WLAN (802.11n) standardmäßig mit dabei. Nachstehend sehen Sie die wichtigsten Unterschiede zwischen den beiden derzeit beliebtesten VDSL-Routern:

Speedport	W 721V	W 920V
WLAN (bis zu ...)	802.11g	802.11n
USB-Anschluss	nein	ja
DHCP-Server frei konfigurierbar	nein	ja
Interner ISDN-Bus	nein	ja
DECT-Basis für bis zu fünf Mobilteile	nein	ja

Gerade wer in Verbindung mit VDSL 50 auch das IPTV-Angebot nutzt, sollte das Bandbreitennadelöhr ebenfalls beachten, das auch in den Telekom-Foren schon häufig zur Sprache kam:

Der Speedport W 721V hat mit älteren Firmwareversionen noch eine Bremse eingebaut – statt der versprochenen 50 MBit/s lässt das Gerät nur 30 bis 35 MBit/s durch das Kabel. Mit der aktuellen Firmware liefert der Speedport W 721V bis zu 50 MBit/s auch nur dann, wenn IPTV und das »normale« Internet genutzt werden.

Diese Bandbreitenprobleme treten mit dem großen Bruder Speedport W 920V nicht auf. Wer die hohen Kosten für den W 920V im Telekom-Shop scheut, sollte komplett auf den Telekom-VDSL-Router verzichten und sich anderweitig umschauen. Auf Auktionsplattformen im Internet sind oftmals neue, originalverpackte Speedport W 920V-Geräte zu einem Preis um die 100 Euro zu finden.

Speedport W 721V: Einfach-Router für den VDSL-Einstieg

Wenn Sie beim Wechsel auf VDSL/Entertain mit dem Standardpaket (Splitter, Router, Media-Receiver) von T-Home beschenkt werden, finden Sie mit dem Speedport W 721V die kleine Lösung im Karton.

1. Sind die Geräte angeschlossen und ist das Netzwerkkabel am PC/Mac gesteckt, geht es zunächst an die Konfiguration des VDSL-Routers; die Konfigurationsadresse dafür ist *http://speedport.ip*.

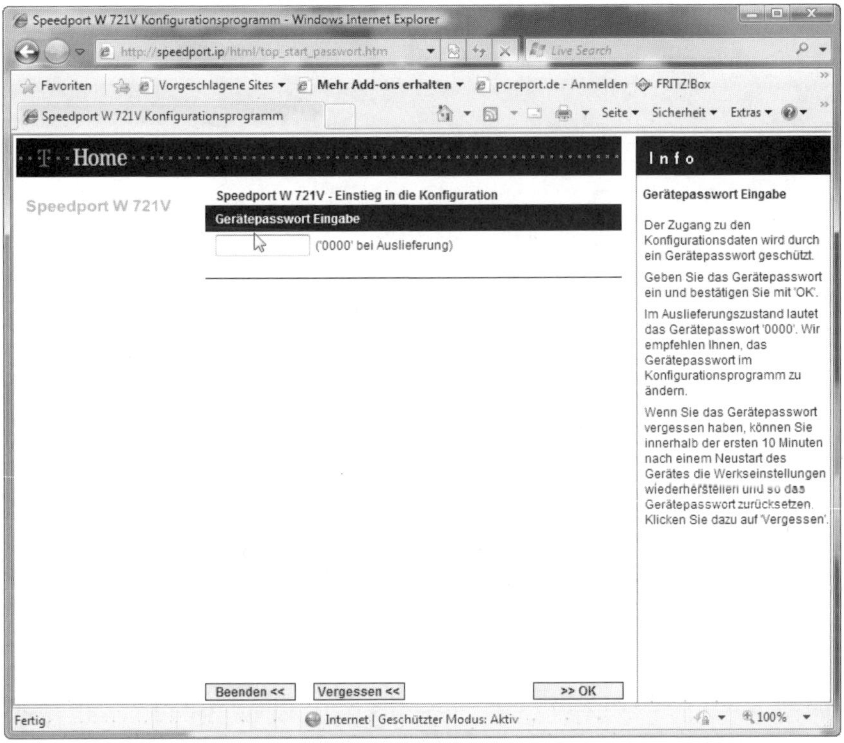

Bild 4.5 Einfacher Schutz: Bei Auslieferung ist das Gerätekennwort beim Speedport W 721V per Default auf *0000* gesetzt – beim großen Bruder W 900V ist das individuelle Gerätekennwort hingegen auf dem Aufkleber auf der Geräterückseite zu finden.

2. Ist das Gerätekennwort eingegeben, wird eine bebilderte Übersichtsseite angezeigt. Zunächst prüft der Speedport-Router, ob er ordnungsgemäß an einen DSL-Splitter angeschlossen ist. Ist das der Fall, leitet ein Assistent durch die Erstinstallation. Alternativ brechen Sie den Assistenten ab und nehmen das Einrichten manuell über den Menüpunkt *Konfiguration* vor.

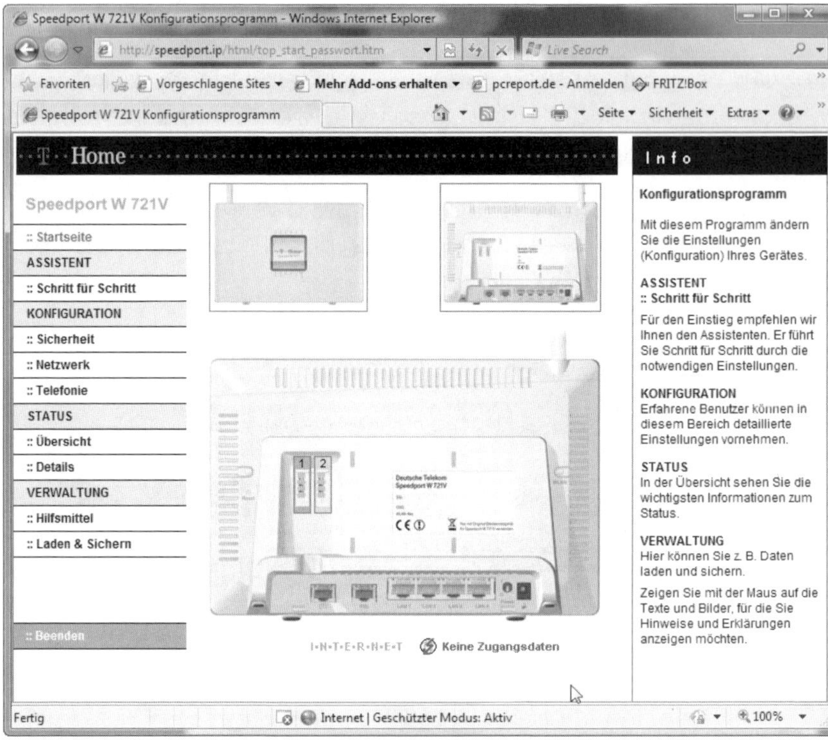

Bild 4.6 Übersichtlich: Mit dem Konfigurationsprogramm ändern Sie die Einstellungen des Speedport-Routers.

An dieser Stelle ist nicht viel Hirn nötig, da sich die Einstellungsmöglichkeiten auf die einfachsten Dinge beschränken. Wichtigere, aber für den Einsteiger »gefährlichere« Einstellungen werden erst gar nicht angeboten – auch eine sogenannte Expertenansicht lässt sich nicht aktivieren.

Wer also seinen Speedport in sein heimisches Netzwerk mit eigenem IP-Nummernkreis integrieren möchte oder aber die Kontrolle darüber haben möchte, welches Netzwerkgerät welche IP-Adresse haben soll, steht hier zunächst auf verlorenem Posten – spätestens zu diesem Zeitpunkt wünscht man sich ein Originalgerät.

3. Doch bevor der Speedport-Router zu einem AVM-Gerät »umgefritzt« wird, prüfen Sie zunächst, ob er grundsätzlich funktioniert. Dafür nutzen Sie das automatisierte Einrichten via *http://speedport.ip*, da die aktuellen Speedport-Modelle mit einer sogenannten TR-069-Schnittstelle ausgerüstet sind. Damit ist eine vom Anwender losgelöste Fernwartung bis hin zur Konfiguration des Geräts möglich.

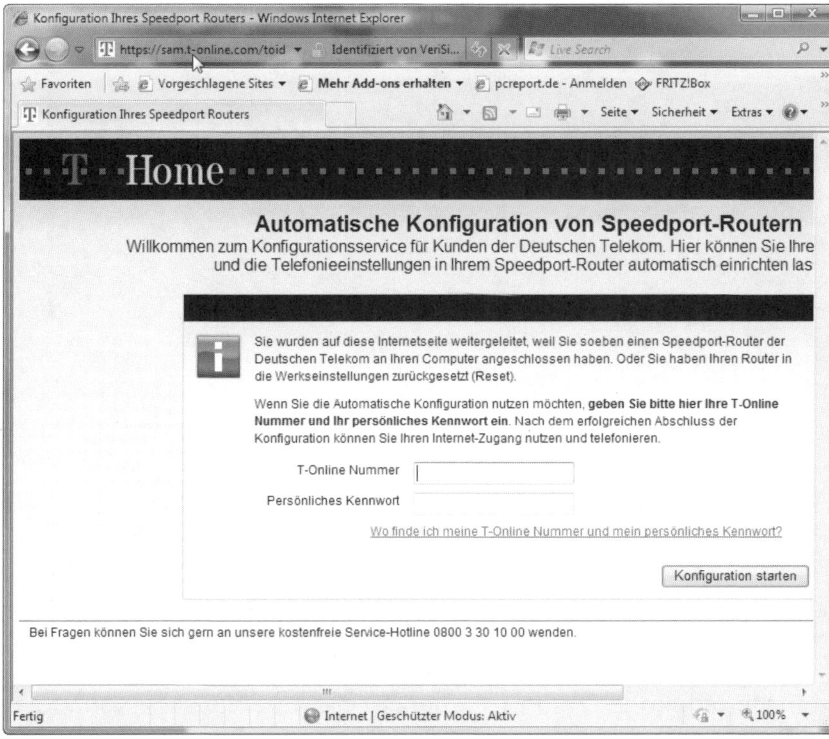

Bild 4.7 Zunächst tragen Sie die T-Online-Nummer und anschließend das persönliche Kennwort ein. Die Anschlusskennung wird hingegen automatisch ausgelesen und im Router eingetragen.

4. Über die Adresse *http://speedport.ip* bietet die Telekom einen automatischen Einrichtungsservice des DSL-Anschlusses an. Ist der Speedport-Router ordnungsgemäß angeschlossen und der DSL-Anschluss aktiv, benötigen Sie nur die T-Online-Nummer sowie das dazugehörige Kennwort. Beide Informationen befinden sich in einem vertraulichen Telekom-Schreiben, in dem Sie die persönlichen Zugangsdaten für den Internetzugang mitgeteilt bekommen.

   Haben Sie die T-Online-Nummer sowie das Kennwort ordnungsgemäß eingetragen, klicken Sie auf die Schaltfläche *Konfiguration starten*. Dieser Vorgang dauert einen Moment – laut Konfigurationsseite bis zu vier Minuten, in der Praxis jedoch nicht mal zwei Minuten. Werden diese überschritten, können Sie davon ausgehen, dass irgendwo ein Problem aufgetreten ist.

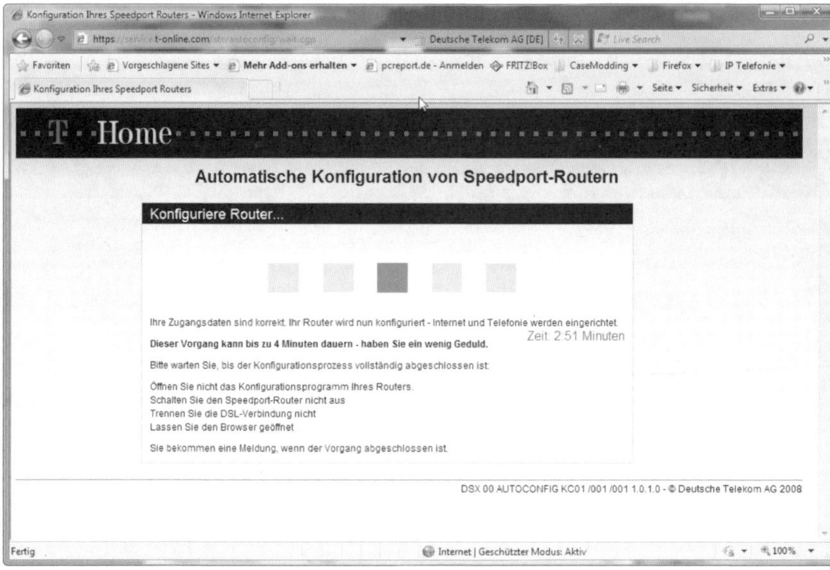

Bild 4.8 Sind die Zugangsdaten geprüft, wird die Konfiguration auf den Router gesichert. Steht gegebenenfalls eine aktuellere Firmware zur Verfügung, wird auch diese übertragen und installiert.

Wie im nachfolgenden Dialog zu sehen, ist die automatische Konfiguration nicht frei von Fehlern, und der Konfigurationsversuch kann schon mal fehlschlagen. Die Gründe dafür können vielfältiger Art sein: Angefangen von Leitungsproblemen oder einem Verbindungsabbruch bis hin zu Serverproblemen beim Provider können unterschiedliche Ursachen das automatische Einrichten scheitern lassen.

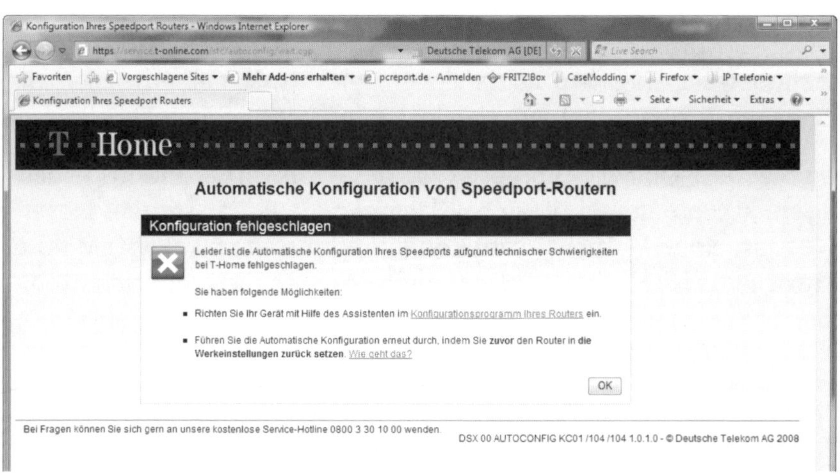

Bild 4.9 Schlägt die automatische Einrichtung des Speedport-Routers fehl, prüfen Sie erneut dessen Anschlüsse sowie die des DSL-Splitters und auch die Verkabelung.

Bei der erfolgreichen automatischen Konfiguration meldet sich hingegen folgender Dialog. Unmittelbar danach können Sie mit VDSL-Geschwindigkeit im Internet surfen.

Bild 4.10 Hier klicken Sie auf die *OK*-Schaltfläche, um den Konfigurationsassistenten zu schließen.

Alternativ können Sie auch die Zugangsdaten manuell über das Konfigurationsmenü eintragen. Wie auch immer – Ziel ist es, mit dem Speedport zunächst einmal ins Internet zu kommen, um sicherzugehen, dass die Anschlussdaten funktionieren und der Anschluss korrekt arbeitet. Doch allzu viel ist beim Speedport W 721V nicht zu konfigurieren, was an der reduzierten Firmware liegt.

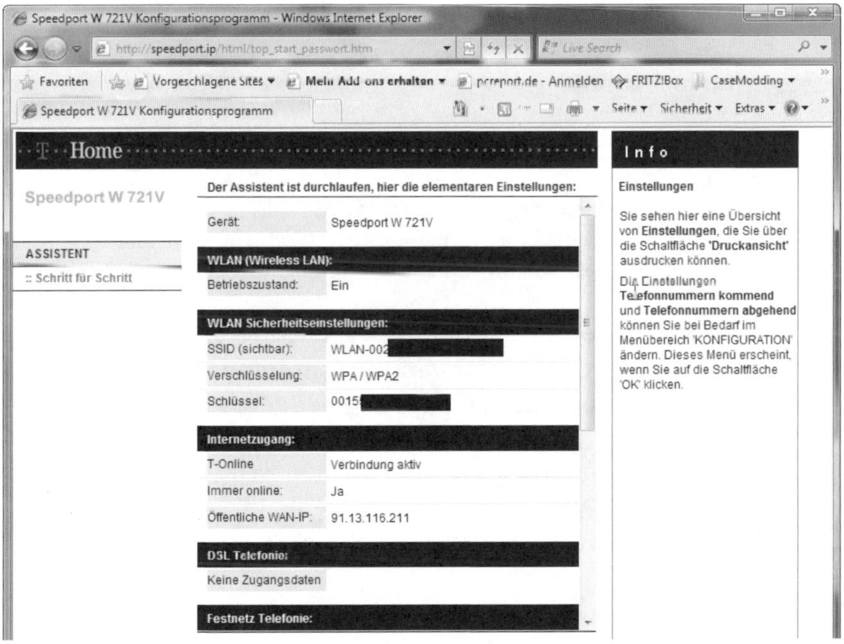

Bild 4.11 Ist der Konfigurationsassistent durchlaufen, werden die Einstellungen auf einer Übersichtsseite zusammengefasst.

Besitzer des Speedport W 920V gehen bei der Ersteinrichtung ähnlich vor wie beim W 721V. Bedingt durch den größeren Funktionsumfang sind die Einstellungsmöglichkeiten aber umfangreicher. Für den ersten Start reicht jedoch zunächst die automatische Konfiguration.

Speedport W 920V: Funktionen und Komfort für VDSL-Profis

Wie beim kleinen Bruder W 721V bietet die Telekom beim Speedport W 920V ein automatisches Konfigurationsprogramm, das über *http://speedport.ip* gestartet werden kann.

1. Auch hier muss anschließend das Gerätepasswort eingetragen werden. Dieses individuell vergebene Passwort befindet sich auf dem Typenschild auf der Rückseite des Speedport W 920V.

Bild 4.12 Wer das Gerätepasswort vergessen hat, kann per Klick auf die Schaltfläche *Vergessen* den Speedport-Router auf die Werkeinstellungen zurücksetzen. In diesem Fall wird das Passwort auf den Wert zurückgesetzt, der auf dem Aufkleber auf der Rückseite des Speedport W 920V zu finden ist.

2. Nach dem erfolgreichen Log-in erscheint eine bebilderte Übersichtsseite. Darin können Sie entweder den Konfigurationsassistenten starten, die Konfiguration manuell vornehmen oder einfach den aktuellen Status des Geräts abfragen. Über *Verwaltung/Laden & Sichern* lässt sich auf Wunsch eine aktuellere Firmware einspielen. Bekanntlich wird sich die Gesamtfunktionalität auch mit einer neuen Firmware nicht groß ändern, da hier das Ziel »weniger ist mehr« verfolgt wird.

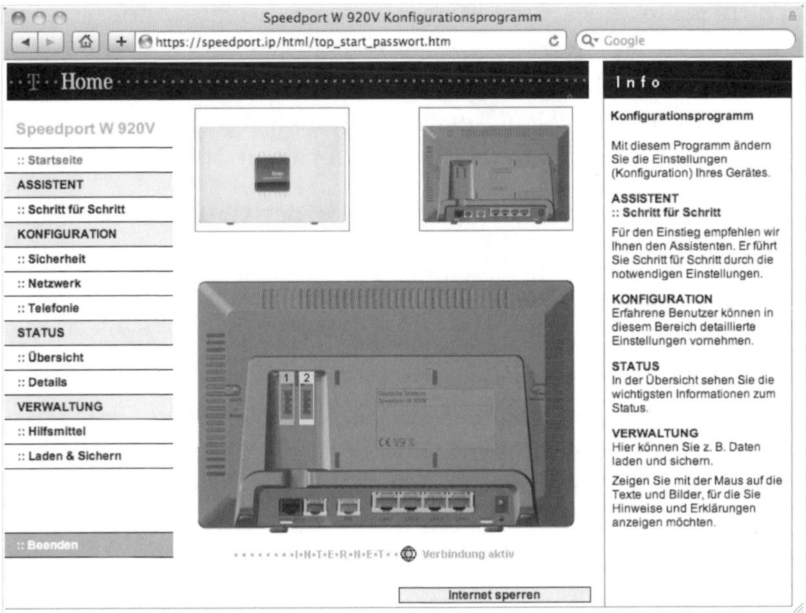

Bild 4.13 Übersichtlich: Dank der bebilderten Anleitung und den farbig hinterlegten Anschlussbuchsen sind das Anschließen der Kabel und die Inbetriebnahme des Speedport-Routers auch für Techniklaien problemlos möglich.

3. Wer umgehend mit dem W 920V loslegen möchte, nutzt über *Assistent/Schritt für Schritt* den eingebauten Assistenten, um den Speedport-Router zu konfigurieren. Sicherer und für Fortgeschrittene empfehlenswert ist jedoch eine manuelle Konfiguration des Geräts. In beiden Fällen brauchen Sie selbstverständlich die passenden Installations- und Konfigurationsparameter sowie den Benutzernamen und das Passwort vom Internet Service Provider aus den Zugangsunterlagen.

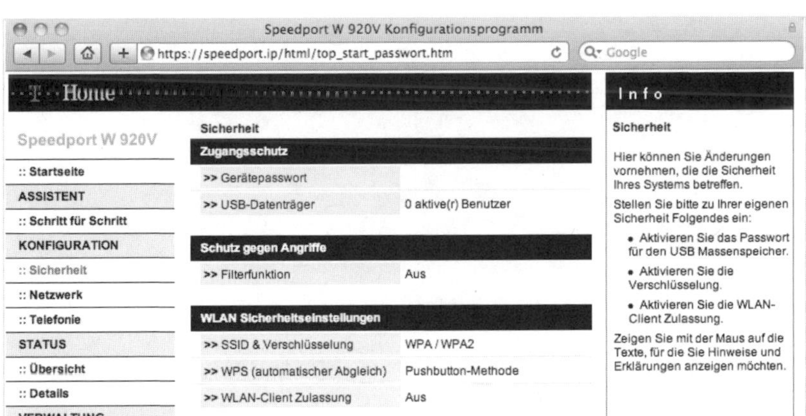

Bild 4.14 Das A und O ist die Konfiguration der Sicherheitsparameter des Speedport-Routers. Besonders die *Filterfunktion* (Firewall) sollte aus Sicherheitsgründen eingeschaltet werden.

4. Grundsätzlich sollte jeder Router gegen unerwünschte Änderungen mit einem individuellen Passwort abgesichert sein. Über den Eintrag *Konfiguration/Sicherheit/Zugangsschutz/Gerätepasswort* gelangen Sie in den entsprechenden Dialog. Nachdem Sie das neue Passwort festgelegt haben, notieren Sie es auf einem Zettel und bewahren diesen an einem sicheren Ort auf.

   Im Gegensatz zum Speedport W 721V besitzt der W 920V einen USB-Anschluss (USB-1.1- und USB-2.0-Standard), an den man z. B. eine externe USB-Festplatte, einen Drucker mit USB-Schnittstelle oder einen USB-Hub anschließen kann. An den USB-Hub können wiederum drei USB-Speicher oder zwei USB-Speicher und ein USB-Drucker angeschlossen werden.

   Sobald ein USB-Gerät angeschlossen ist, steht es mit seinen Funktionen im gesamten (Heim-)Netzwerk zur Verfügung. Wird die WLAN-Funktion des Routers genutzt, können Sie über den Eintrag *SSID & Verschlüsselung* den Namen des WLAN-Netzes konfigurieren. Ist das WLAN aktiv, sendet der Router seinen Netzwerknamen (SSID, *Service Set Identifier*) an alle Wireless-Stationen. Nutzen Sie für Ihr drahtloses Heimnetz unbedingt die WPA2-Verschlüsselung. Allerdings müssen alle Geräte diesen Standard unterstützen.

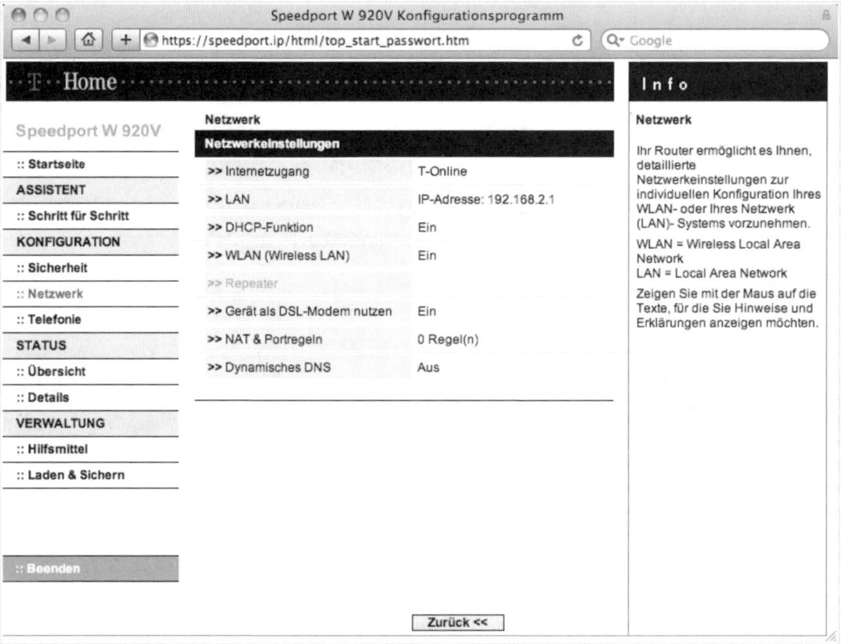

Bild 4.15 Die manuelle Konfiguration des Internetproviders beim W 920V ist im Menü *Konfiguration/Netzwerk/Netzwerkeinstellungen* bei *Internetzugang* versteckt.

5. Über das Menü via *Konfiguration/Netzwerk/Netzwerkeinstellungen/LAN* können Sie den Speedport-Router auf den Adressbereich des Heimnetzwerks einstellen.

6. Über den Eintrag *DHCP-Funktion* aktivieren bzw. deaktivieren Sie den eingebauten DHCP-Server. Der Speedport hat wie die meisten Router am Markt einen solchen integriert, der für die automatische Vergabe der internen IP-Adressen zuständig ist.

   Damit braucht zunächst an den angeschlossenen Computern nichts weiter konfiguriert zu werden, da der DHCP-Server des Speedport alles automatisch erledigt. Im Gegensatz zum W 721V bringt der Speedport W 920V auch eine eingebaute DECT-Basisstation mit, an der sich bis zu acht ISDN-Telefone, zwei Analogtelefone sowie bis zu sechs Mobilteile – sofern sie den DECT-GAP-Standard unterstützen – betreiben lassen.

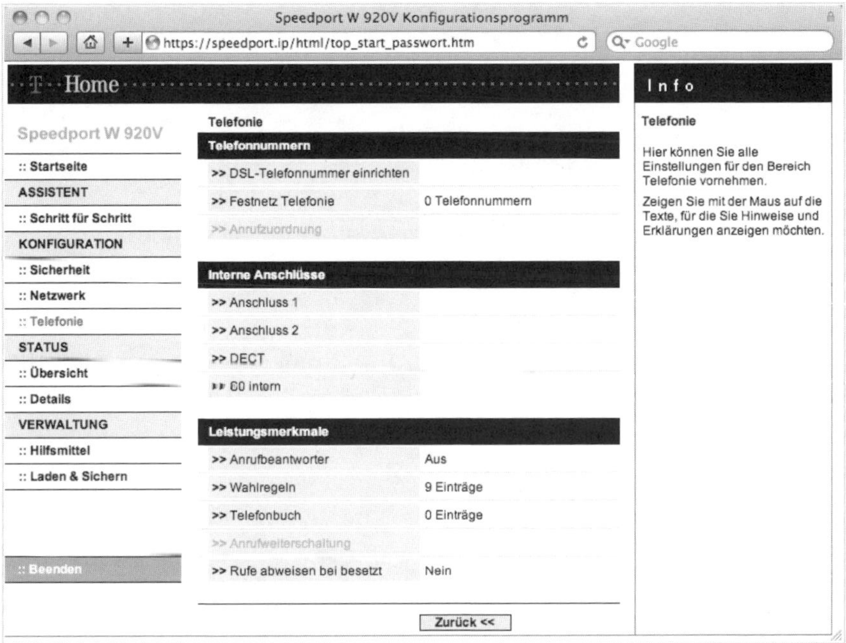

Bild 4.16 Zusätzlich bietet der Speedport einen integrierten Anrufbeantworter, der wahlweise entweder auf alle oder nur auf bestimmte Rufnummern reagieren kann.

7. Im Bereich *Status* zeigt der W 920V eine Übersicht über die aktuelle Konfiguration bzw. den Verbindungsstatus. Hier werden beispielsweise die WLAN-Parameter übersichtlich aufbereitet, was beim Einrichten eines WLAN-Geräts hilfreich sein kann.

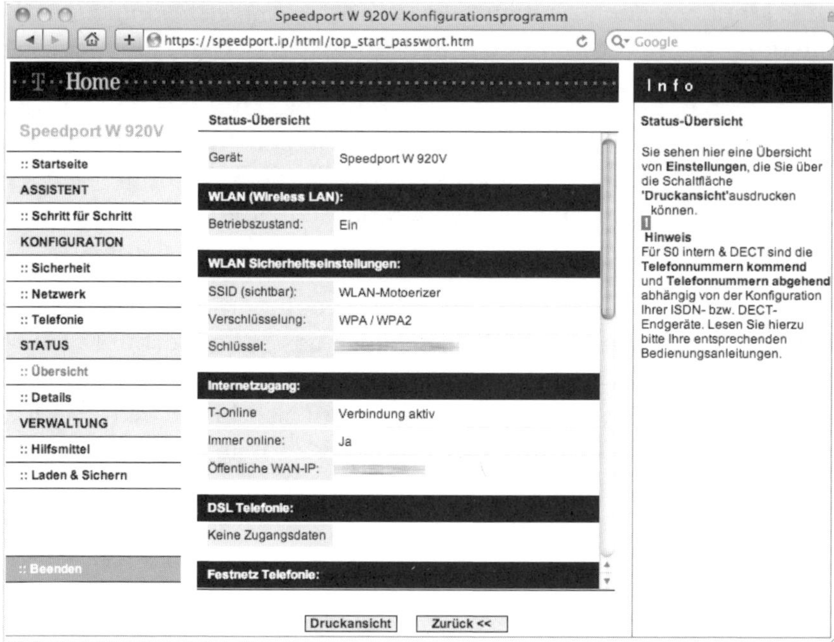

Bild 4.17 Für den Einsteiger empfiehlt es sich, die *Status-Übersicht* auszudrucken, um damit die wichtigsten Einstellungen auf Papier auf einen Blick parat zu haben.

Wer möchte, kann sich im Bereich *Status/Details* zu verschiedenen Themen wie Sicherheit, Netzwerk, Systemmeldungen etc. weitere Informationen anzeigen lassen.

Ab und zu liefert die Telekom auch für ihre Speedport-Geräte eine frische Firmware aus. Es empfiehlt sich, vor einem Firmware-Update in die mitgelieferte Readme-Datei zu schauen, um sich darüber zu informieren, welche Änderungen die Firmwaredatei mitbringt.

```
Firmwareänderungen von V 64.04.60 -> V 64.04.74

- Optimierungen an VDSL-Anschlüssen
- Firmwareanpassungen aufgrund geplanter technischer
  Umstellungen im T-Home Entertain System
- Im Konfigurationsprogramm wurden einige Verbesserungen
  umgesetzt
- Anpassung »Automatische Konfiguration« -> »EasySupport«
```

8. Zu guter Letzt können Sie über *Verwaltung/Laden & Sichern/Firmware* die Firmware des Routers aktualisieren. In einigen Fällen kann es sein, dass der Router nach dem Firmware-Update neu konfiguriert werden muss. Deshalb ist es sinnvoll, dass Sie vor dem Einspielen der neuen Firmware die Router-Einstellungen über *Konfigurationsdaten/Konfiguration sichern* oder, wie im Absatz zuvor beschrieben, über die *Status-Übersicht* ausdrucken.

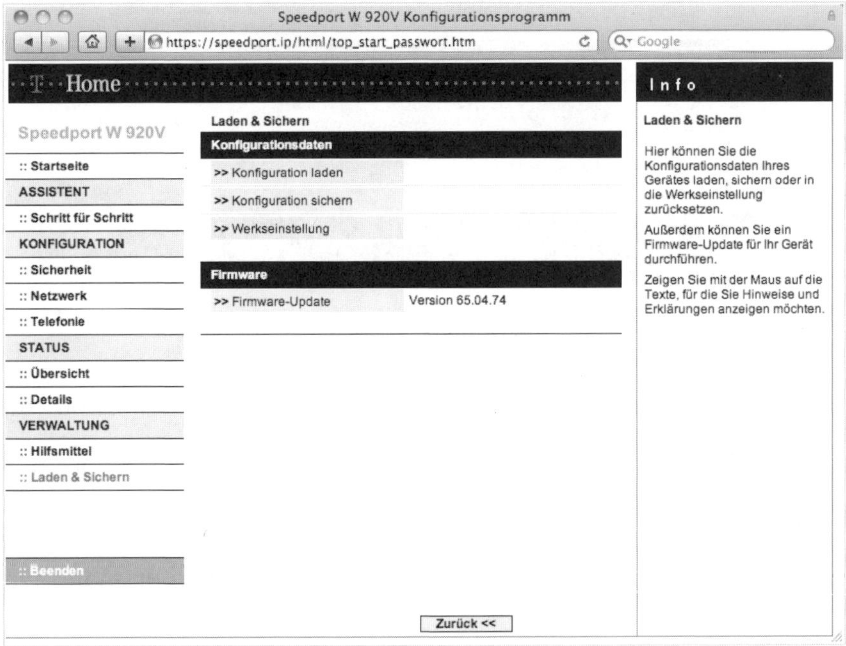

Bild 4.18 Sinnvoll: Über das Menü *Konfigurationsdaten/Konfiguration sichern* speichern Sie die Konfiguration des Speedport auf die Festplatte des PCs.

Insgesamt bietet der Speedport W 920V deutlich mehr Funktionen und Komfort als der kleinere Bruder W 721V. Da die Telekom im Kleingedruckten aus dem Hersteller der Speedport-Modelle kein großes Geheimnis macht, liegt es nahe, den Speedport-Routern auf den Zahn zu fühlen.

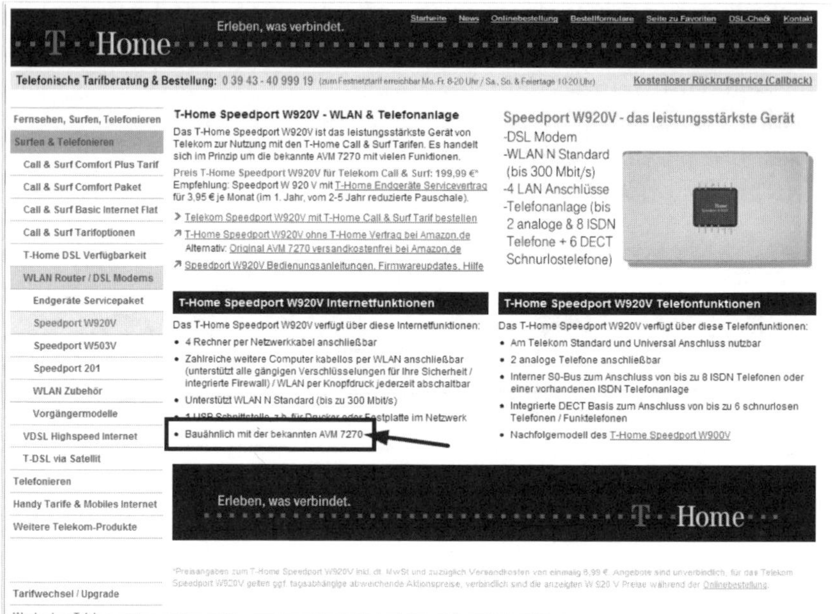

Bild 4.19 Fast zu übersehen: Auf der Website weist T-Home darauf hin, dass der W 920V aus dem Hause AVM stammt.

Wenn Sie wollen, können Sie anschließend die unnötige Zwangskastration rückgängig machen und die softwareseitig beraubten Funktionen wieder nachrüsten, indem Sie statt der Telekom-Firmware, die aufs Allernötigste reduziert wurde, die Original-FRITZ!Box-Firmware auf dem Speedport-Router einsetzen.

5 T-Home Speedport als FRITZ!Box nutzen

Um die Speedport-Box um fehlende Funktionen zu ergänzen und somit mehr Nutzen und Komfort zu erzielen, ist also eine neue Firmware nötig. Da AVM für die Telekom-Speedport-Router offiziell keine Firmware-Updates zur Verfügung stellt oder das Router-Modell sogar nur für OEM-Partner und nicht für den eigenen Endkundenverkauf produziert (beispielsweise die FRITZ!Box 7570), ist hier die Alternative zur Speedport-Telekom-Firmware einfach eine selbst gebaute Firmware, die den gleichen Funktionsumfang bietet wie die baugleiche FRITZ!Box.

Damit stellen Sie neue Funktionen nicht nur für Windows, sondern auch für andere Betriebssysteme wie Linux und Mac OS zur Verfügung und nutzen die an dem Speedport angeschlossene Festplatte nun auch als Netzwerkfreigabe für das gesamte Heimnetz. Nutzen Sie das praktische und vor allem sichere VPN für den Zugriff auf das Heimnetz von außen oder nehmen Sie einen alternativen Internettelefonieanbieter, mit dem Sie via SIP-Protokoll verbilligt Telefonate führen können.

5.1 Speedport nach FRITZ!Box: Vorbereitungen

Für den Selbstbau der FRITZ!Box-Firmware benötigen Sie, wie beim Freetz-Projekt (siehe Kapitel 6 »Freetz: Neue FRITZ!Box-Firmware selbst bauen«), zunächst ein Linux-System, mit dem Sie die zur Verfügung stehenden Quellen zusammenfügen und in eine Image-Datei überführen, die anschließend in den Speedport-Router per Firmware-Update übertragen wird. Für diesen Zweck hat die Entwicklergemeinde im Internet eigens ein bereits fertig konfiguriertes Linux mit allen notwendigen Werkzeugen gebaut. Um dieses auf Ihrem PC oder Mac auszuführen, benötigen Sie:

- den kostenlosen VMware Player,
- den Speedport-Router von der Telekom (o. a.),
- Windows/Mac OS mit mindestens 3 GByte Festplattenspeicherplatz für das Linux-Image,
- das Speedport2Fritz-Skript (siehe nachstehende Tabelle).

Die in der Tabelle angegebenen Programme und Quellcodes werden laufend weiterentwickelt und aktualisiert.

Tools	Bezugsquelle
VMware Player	*http://bit.ly/lOCOm*
VMware-Ubuntu-Image	*http://bit.ly/aADoER* *http://bit.ly/cnUe2W*
7-Zip	*www.7-zip.org*
Speedport2Fritz-Skript Autor: Jpascher (*www.ip-phone-forum.de*) Derzeit Revision 498, aktuellste Version verwenden!	*http://bit.ly/aOKQh*

Im Zweifelsfall sollten Sie vor allem die Speedport2Fritz-Quellen auf Aktualität prüfen.

⊡ LESEZEICHEN

http://bit.ly/d6n6Wn

Speedport2Fritz-Quellen: Hier prüfen Sie die Speedport2Fritz-Quellen auf Aktualität.

Laden Sie die in der Tabelle angegebenen Programme sowie das Speedport2-Fritz-Skript auf Ihre lokale Festplatte. Anschließend installieren Sie zunächst den VMware Player. Die Installation läuft in der Regel problemlos ab und kann sozusagen durchgeklickt werden.

Für das Herunterladen des fertigen Ubuntu-ISO- bzw. VMware-Images empfiehlt sich aus Zeitgründen natürlich eine schnelle DSL-Leitung. Speichern Sie die Archivdatei auf Ihrer Festplatte.

Anschließend installieren Sie den Freewarepacker 7-Zip, um das in der Datei *Ubuntu_804_VMware.rar* enthaltene Ubuntu-Linux im VMware-Format auf die Festplatte entpacken zu können. Wer bereits eine aktuelle Version des Packers WinRAR unter Windows bzw. UnRarX unter Mac OS im Einsatz hat, benötigt die Installation von 7-Zip nicht.

Folgende Schritte müssen danach durchgeführt werden, um die selbst gebaute AVM-Firmware für den Speedport-Router auf die lokale Festplatte zu bringen:

- Ubuntu-Linux auf den aktuellen Stand bringen.
- Gegebenenfalls Speedport-Einstellungen sichern.

- Persönliche FRITZ!Box-Firmware für den Speedport-Router erstellen.
- FRITZ!Box-Firmware auf den Speedport-Router übertragen.
- Speedport-Router konfigurieren.

Diese Schritte werden im Folgenden ausführlich beschrieben, damit Sie einen perfekt konfigurierten Speedport-Router mit sämtlichem Nutzen und Komfort dank AVM-Firmware nutzen können.

Ubuntu auf dem Computer in Betrieb nehmen

1. Ist VMware Player bzw. VMware Workstation (PC) oder VMware Fusion (Mac) installiert, entpacken Sie zunächst das heruntergeladene Ubuntu-Linux in den entsprechenden Ordner, in dem die virtuellen Maschinen auf der Festplatte abgelegt sind.

   Standardmäßig ist dieser Pfad bei Windows Vista/Windows 7 mit *C:\Users\Ihr Benutzername\Documents\Virtual Machines* bzw. bei Windows XP mit *C:\Dokumente und Einstellungen\Ihr Benutzername\Dokumente\Virtuelle Maschinen* festgelegt.

   Bei Mac OS X ist es der Ordner *Dokumente/Virtuelle Maschinen* im Benutzerverzeichnis. Der Ordner *Virtuelle Maschinen* kann sowohl unter Windows als auch unter Mac OS X auf einen anderen Speicherort umgeleitet werden.

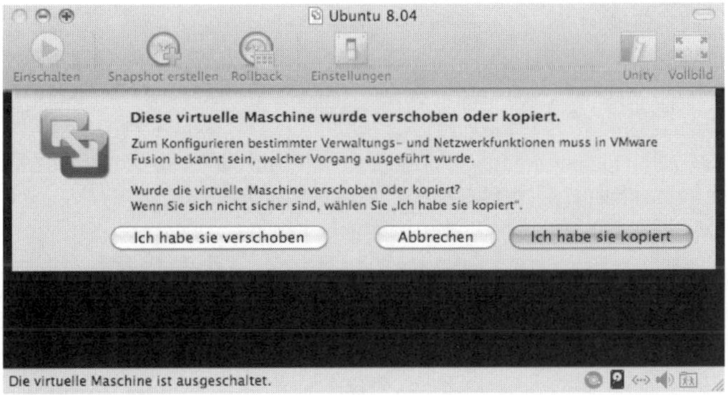

Bild 5.1 Unter *Diese virtuelle Maschine wurde verschoben oder kopiert.* klicken Sie auf die Schaltfläche *Ich habe sie kopiert*, damit die virtuelle Netzwerkkarte der VM eine neue MAC-Adresse bekommt, die weltweit eindeutig sein muss.

2. Ist die RAR-Datei entpackt, starten Sie in der neuen virtuellen Maschine erstmalig Ubuntu-Linux. Da VMware die Konfigurationsparameter der Ubuntu-Installation verwendet, klicken Sie beim Start auf die Schaltfläche *Ich habe*

sie kopiert, damit die Netzwerkkonfiguration der virtuellen Maschine auf Ihrer VMware Player-/Workstation-/Fusion-Installation auch funktioniert.

3. Nach dem Start loggen Sie sich mit dem Benutzernamen *jars* und dem Passwort *jars* ein und bringen zunächst die Ubuntu-Installation über *System/Systemverwaltung/Aktualisierungsverwaltung* auf den aktuellen Stand. Dieser Vorgang dauert eine Weile. Mit einem Neustart des Systems wird die Aktualisierung abgeschlossen.

Bild 5.2 Nach dem Start der Aktualisierungsverwaltung klicken Sie zunächst auf die *Prüfen*-Schaltfläche. Stehen Updates bereit, starten Sie die Installation per Klick auf *Aktualisierungen installieren*.

4. Im nächsten Schritt laden Sie das Speedport2Fritz-Skript in die virtuelle Maschine. Das passiert entweder über den Linux-Dateibrowser via Samba-Freigabe mit dem Wirtssystem oder ganz banal per Download in der virtuellen Maschine.

5. Klicken Sie in der oberen Menüleiste von Ubuntu neben dem Eintrag *System* auf das Firefox-Symbol und starten Sie Firefox. Hier suchen Sie entweder über eine Suchmaschine nach dem Skript *download_speed-to-fritz.sh*, oder Sie nutzen den Link *https://freetzlinux.svn.sourceforge.net/svnroot/freetzlinux/download_speed-to-fritz.sh.tar.gz*.

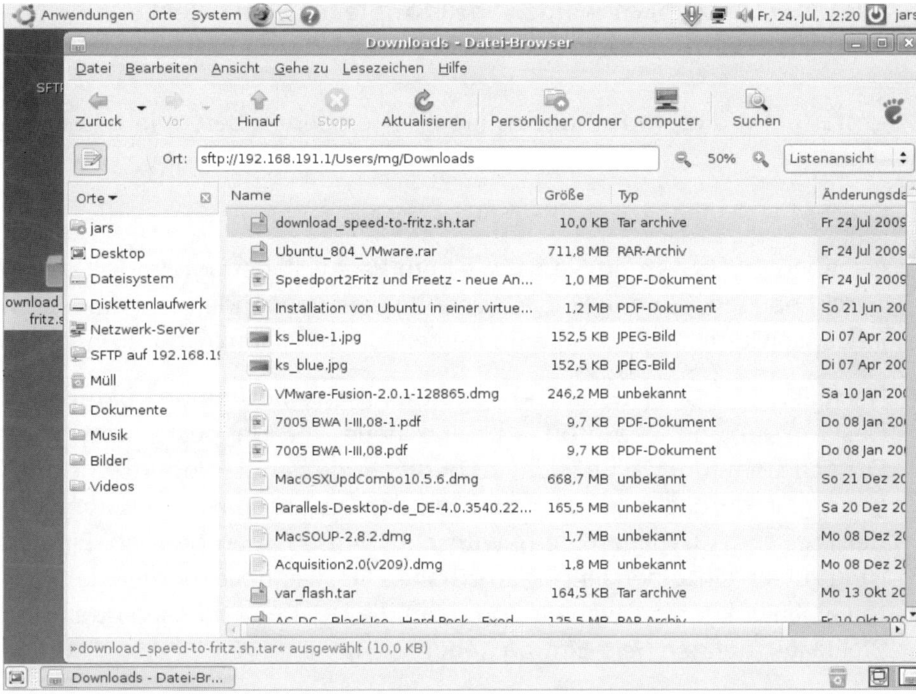

Bild 5.3 Ist die Archivdatei mit dem *download_speed-to-fritz.sh.tar.gz*-Skript heruntergeladen, kopieren Sie sie auf den Desktop.

6. Im nächsten Schritt öffnen Sie über *Zubehör/Terminal* ein Konsolenfenster und wechseln mit dem Befehl:

```
cd Desktop
```

in den Ordner *Desktop*, in dem sich die heruntergeladene Archivdatei mit dem Skript befindet. Zum Entpacken des Skripts nutzen Sie diesen Befehl:

```
tar - xfvz download_speed-to-fritz.sh.tar.gz
```

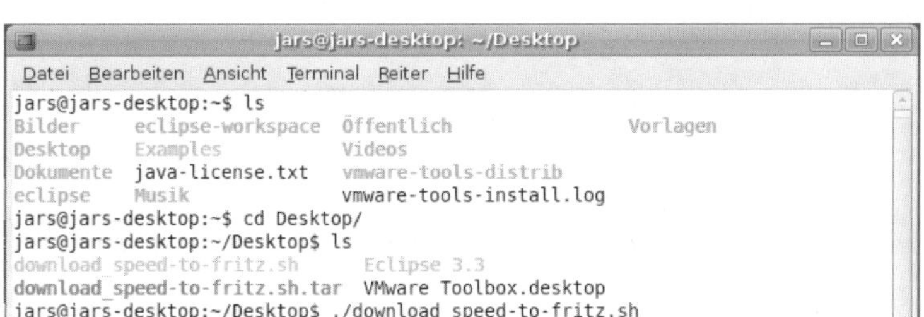

Bild 5.4 Ist die Archivdatei ausgepackt, können Sie das Shell-Skript erstmalig starten.

Wie unter Linux üblich, werden Shell-Skripte mit dem Befehl:

```
./SKRIPTNAME.sh
```

gestartet. In diesem Fall geben Sie also folgenden Befehl in das Terminal ein:

```
./download_speed-to-fritz.sh
```

7. Gegebenenfalls werden Sie nach einem Passwort gefragt. Im Fall des oben beschriebenen *Ubuntu_804_VMware*-Images verwenden Sie das Passwort *jars*, ansonsten nutzen Sie das Root-Passwort Ihrer Linux/Ubuntu-Installation.

8. Nach dem Erststart legt das Skript automatisch eine Ordnerstruktur auf dem Desktop an und überprüft, ob eine neue Version des Skripts vorliegt. Danach steht Ihnen eine leicht zu bedienende Benutzeroberfläche zur Verfügung, in der Sie mit den Pfeiltasten der Tastatur navigieren können. Mit der `Leertaste` wählen Sie gewünschte Optionen an oder ab. Eine Erklärung zu den einzelnen Einträgen erhalten Sie, wenn Sie mithilfe der Pfeiltasten eine Funktion auswählen und dann die `H`-Taste drücken oder mit den Pfeiltasten auf den *Help*-Eintrag gehen.

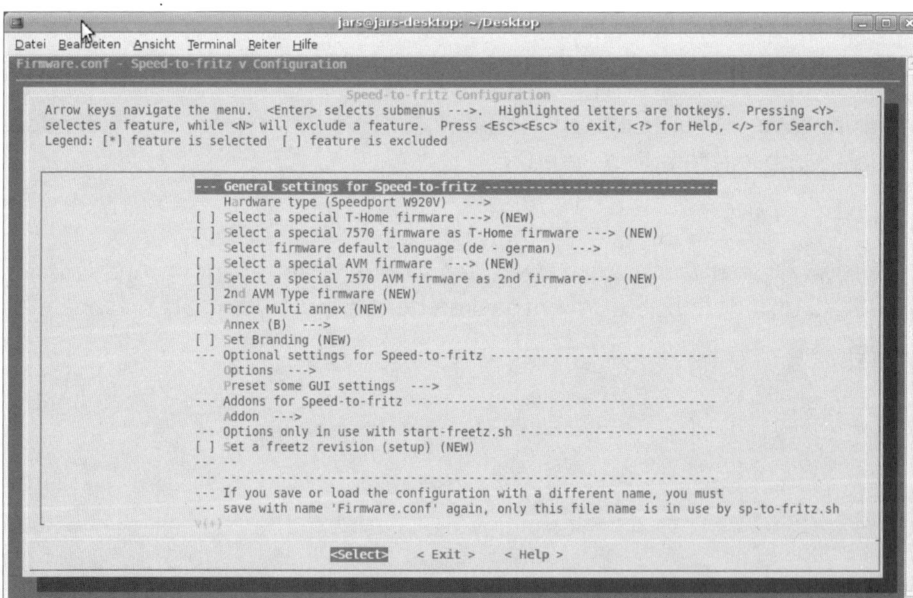

Bild 5.5 Übersichtlich: Nach dem Start bietet das Skript ein mit den Pfeiltasten steuerbares Menü.

9. Zunächst wählen Sie im Bereich *Hardware type* das gewünschte Hardwaremodell des Speedport-Routers aus. Um beispielsweise einen frischen T-Home Speedport W 920V mit einer FRITZ!Box-Firmware zu bestücken, wählen Sie im Bereich *Hardware type* den Eintrag *Speedport W920V* aus, indem Sie mit den Pfeiltasten zu *Hardware type* gehen, mit der [↵]-Taste in das Untermenü wechseln und dort wiederum mit den Pfeiltasten den Eintrag *Speedport W920V* auswählen.

   Mit der [Leertaste] aktivieren Sie das gewünschte Modell. Für den Firmwarebau wurden hier weitere Einstellungen vorgenommen, wie in nachstehender Abbildung zu sehen:

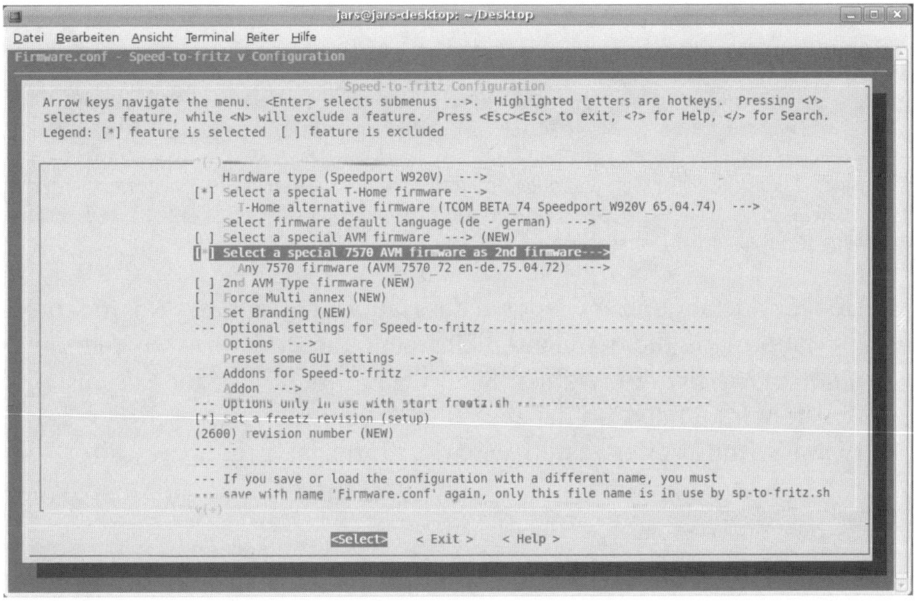

Bild 5.6 Weniger ist mehr: In den Grundeinstellungen reichen die gemachten Einstellungen völlig aus.

10. Zumindest beim ersten Flashvorgang von T-Com nach AVM sollte im Bereich *Optional settings for Speed-to-fritz->Options* darauf geachtet werden, dass der Schalter *Clear mtd3 and mtd4 (NEW)* gesetzt ist. Wer den Speedport in einem anderen Adressbereich als dem AVM-eigenen Bereich *192.168.178.X* betreibt, kann bei dieser Gelegenheit auch das Häkchen vor dem Eintrag *Push firmware to box via ftp* entfernen, das standardmäßig aktiviert ist.

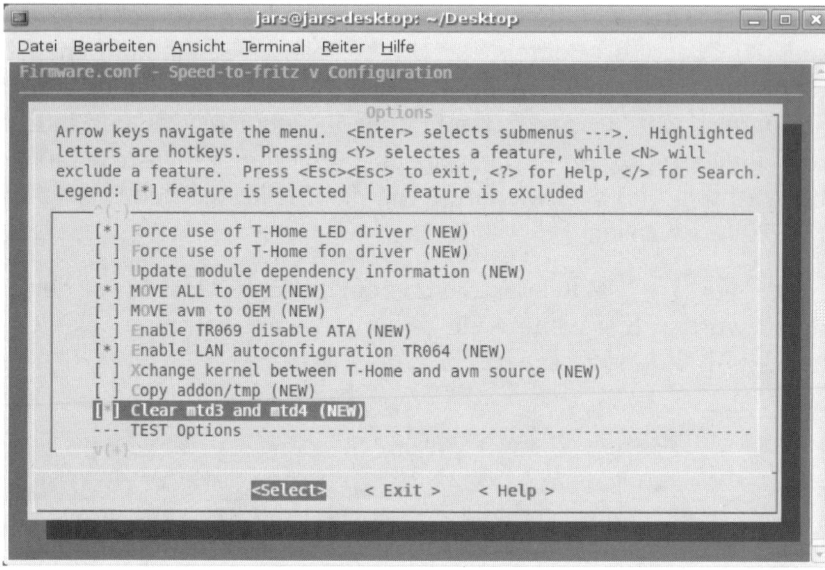

Bild 5.7 Vorsichtshalber sollte die Option *Clear mtd3 and mtd4 (NEW)* zumindest beim erstmaligen Erstellen der AVM-Firmware für den Speedport aktiviert sein. In diesem Fall werden die Speicherbänke vor der Übertragung des Images in den Router gelöscht.

11. Über *Exit* gelangen Sie wieder in das Hauptmenü zurück. Wer möchte, kann im Hauptmenü die gemachten Einstellungen über *Save an Alternate Configuration File* sichern. Wählen Sie im Hauptmenü wieder *Exit* aus, und der Assistent fragt nach, ob die aktuelle Konfiguration gespeichert werden soll. Wenn Sie mit *Yes* bestätigen, wird der Kompiliervorgang gestartet.

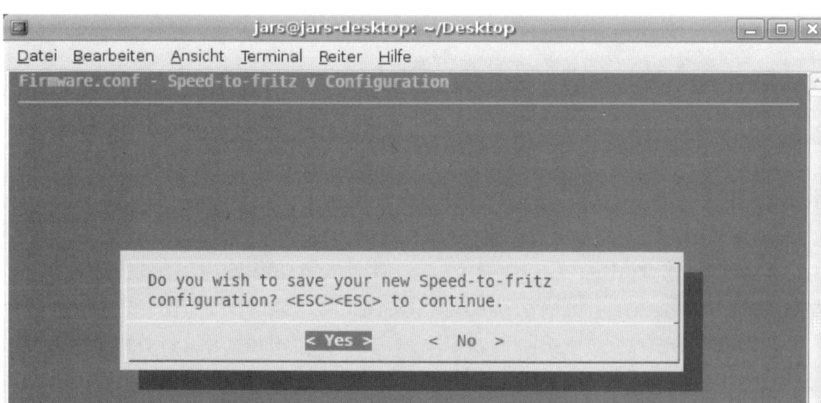

Bild 5.8 Bestätigen Sie diesen Dialog mit *Yes*, und Linux baut die persönliche FRITZ!Box-Firmwaredatei zusammen.

Beim erstmaligen Kompilieren dauert das Ganze etwas länger, da verschiedene Quellen noch aus dem Internet nachgeladen werden müssen. Bei späteren Änderungen an der Firmware läuft das Erzeugen der Image-Datei schneller ab, da sich die Quellen schon auf dem Linux-System befinden.

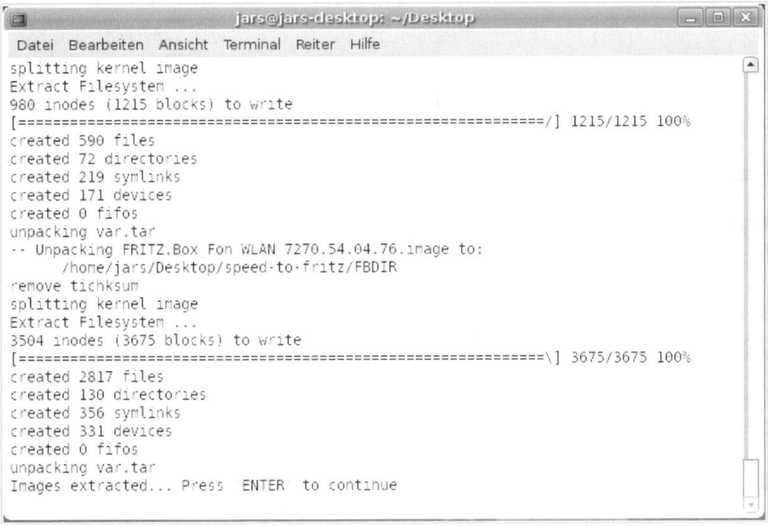

Bild 5.9 Das Skript fordert noch einige Male eine Bestätigung ein, die Sie per [↵]-Taste erteilen.

Nach wenigen Minuten liegt im Desktop-Ordner *speed-to-fritz/Firmware.new* die maßgeschneiderte Firmwaredatei für den Speedport-Router.

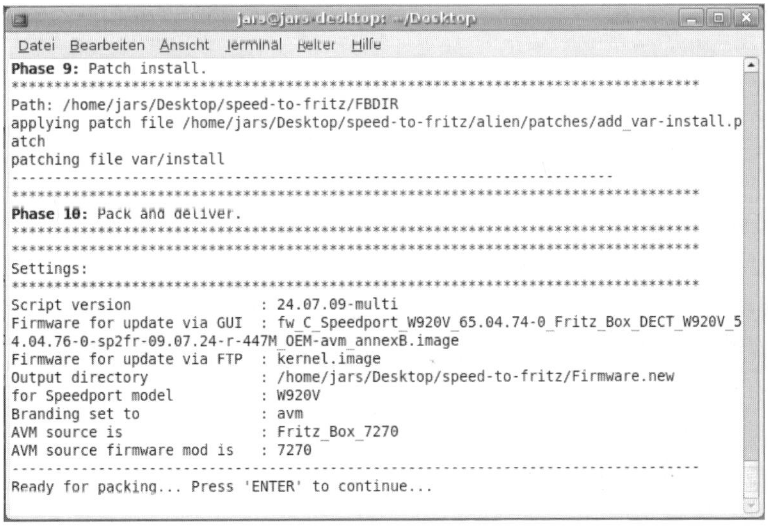

Bild 5.10 Ist das Skript hier angelangt, war das Erzeugen der Firmwaredatei ein voller Erfolg.

12. Im nächsten Schritt wird die frische Firmware auf den Speedport-Router übertragen. Das erfolgt am besten über das Konfigurationsmenü des Speedport. Starten Sie in der virtuellen Maschine den Firefox-Browser und öffnen Sie das Konfigurationsmenü via *http://speedport.ip*.

    Hier wählen Sie im Dialog *Verwaltung/Laden & Sichern/Firmware* die Firmware-Datei, die sich im Desktop-Verzeichnis *speed-to-fritz/Firmware.new* befindet, aus.

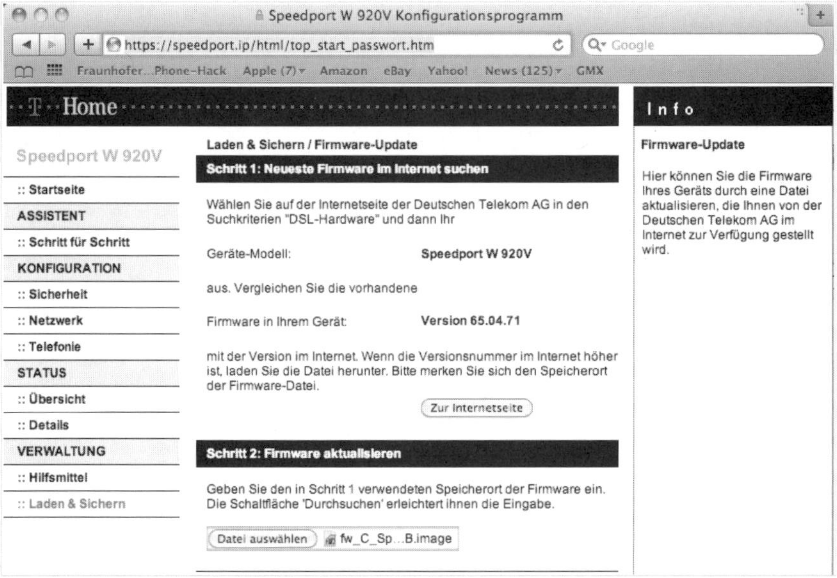

Bild 5.11 Ist die Firmware-Datei ausgewählt, klicken Sie auf die Schaltfläche *OK*, um die neue Firmware auf den Speedport zu bringen.

Nun wird die Firmware-Datei auf den Speedport-Router übertragen. Beachten Sie, dass während des Firmware-Updates der Speedport nicht abgeschaltet werden darf.

Bild 5.12 Abwarten und Tee trinken: Nur wenige Minuten, und die neue FRITZ!Box-Firmware ist auf dem Speedport.

Nach rund fünf Minuten ist der Speedport mit der neuen Firmware bestückt und führt anschließend selbstständig einen Neustart durch, damit die gemachten Änderungen aktiv werden.

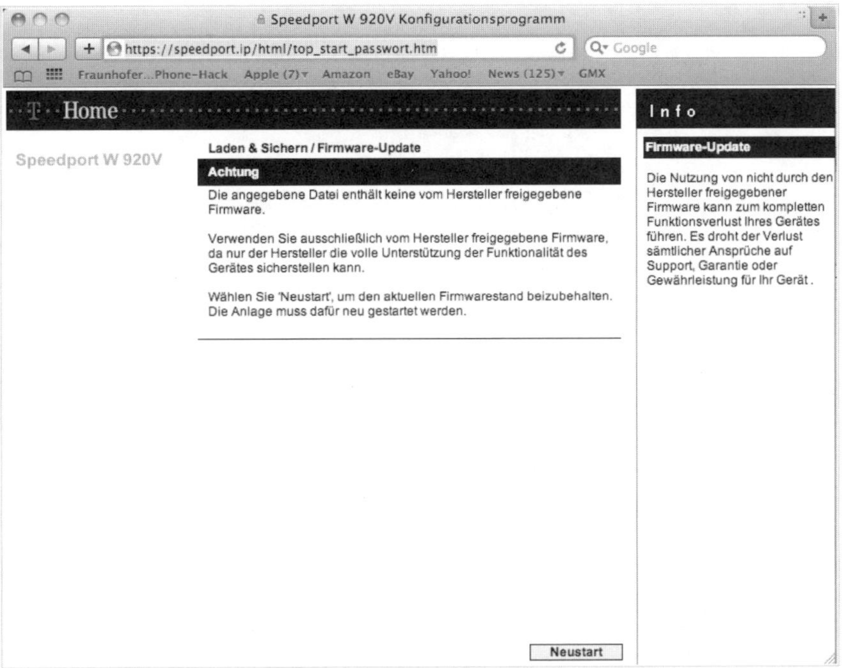

Bild 5.13 Hier erscheint eine Warnung, die darauf hinweist, dass die Firmware keine »Original-Firmware« der Telekom ist – klicken Sie jedoch nicht auf *Neustart*, sondern warten Sie so lange, bis der Speedport einen automatischen Neustart einleitet.

Nach dem Neustart müssen Sie eventuell die Netzwerkeinstellungen des PCs oder Macs anpassen, da der Speedport nun die Werkeinstellungen mit dem Adressbereich *192.168.178.X* verwendet.

Speedport + FRITZ!Box = Speedbox

1. Nach dem Neustart ist die FRITZ!Box über die IP-Adresse *192.168.178.1* erreichbar. Der Speedport verhält sich jetzt wie eine jungfräuliche FRITZ!Box. Fangen Sie also komplett von vorn an, indem Sie als Erstes ein Kennwort für den Zugriff auf die Speedbox festlegen.

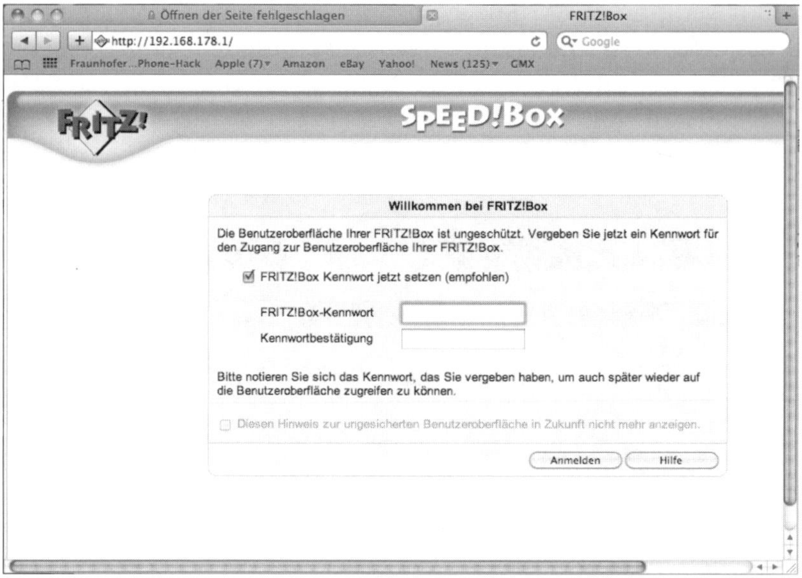

Bild 5.14 Herzlichen Glückwunsch: Erscheint dieser Dialog nach dem Flashen der Firmware, war der Umbau auf die FRITZ!Box-Firmware erfolgreich.

2. Nachdem das Kennwort gesetzt ist, hilft der Assistent bei der Einrichtung des Internetproviders. Klicken Sie dazu einfach auf die *Weiter*-Schaltfläche.

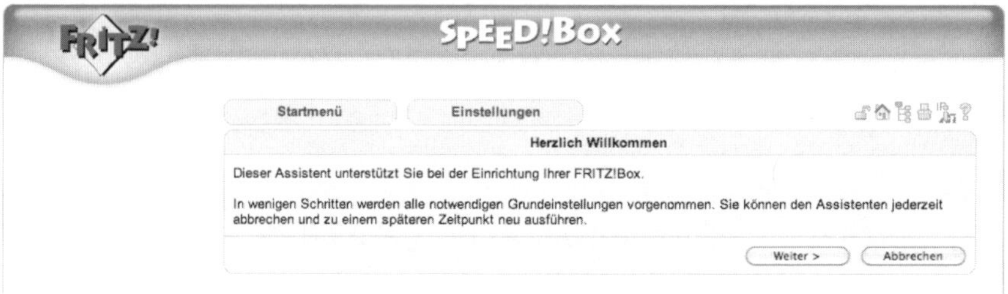

Bild 5.15 Klick für Klick ins Internet: Starten Sie hier den Einrichtungsassistenten.

3. Im nächsten Schritt wählen Sie den Internetanbieter aus. Wer VDSL einsetzt, nutzt mit sehr hoher Wahrscheinlichkeit T-Online.

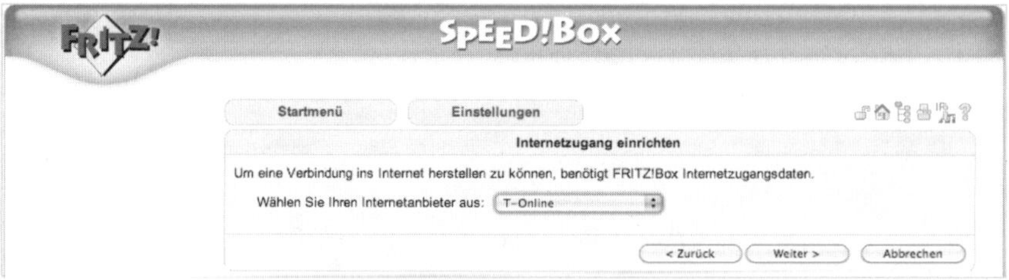

Bild 5.16 Für VDSL sind derzeit Anbieter rar gesät.

4. Bei T-Online setzt sich der Log-in-Name aus zwei wesentlichen Komponenten zusammen – der geheimen Anschlusskennung sowie der T-Online-Nummer, die jeweils aus zwölf Stellen bestehen. Achten Sie deshalb bei der Konfiguration auf die Reihenfolge von Anschlusskennung und T-Online-Nummer. Der Mitbenutzersuffix ist in der Regel *0001*.

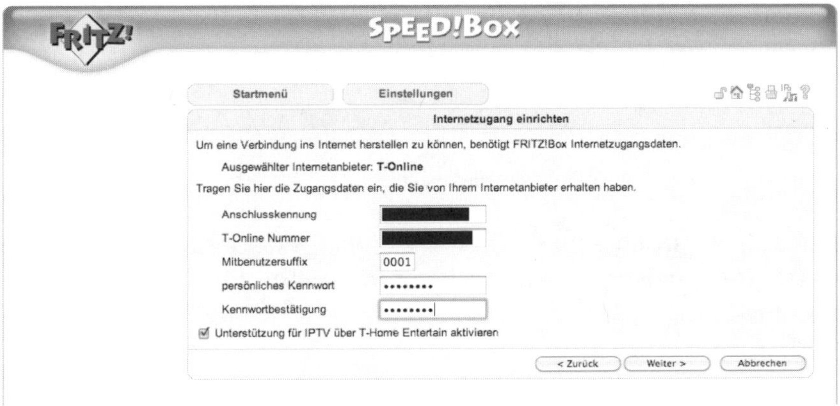

Bild 5.17 Wer T-Home/T-Entertain über VDSL nutzt, setzt hier das Häkchen bei *Unterstützung für IPTV über T-Home Entertain aktivieren*.

5. Nach dem Eintragen des Konto- bzw. Benutzernamens sowie des Kennworts klicken Sie auf die *Weiter*-Schaltfläche, um das Tarifmodell für den Internetanschluss festzulegen.

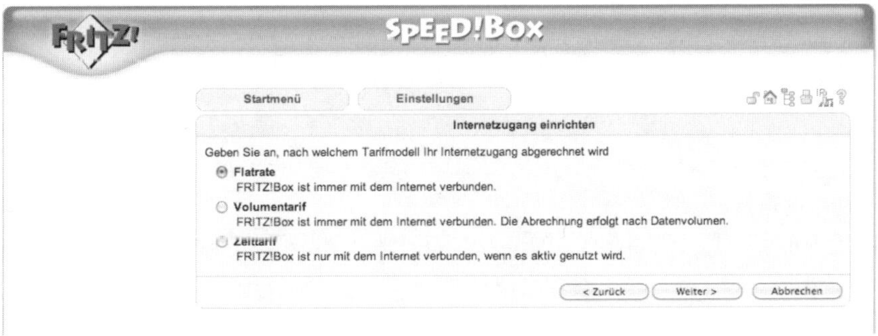

Bild 5.18 VDSL ist derzeit nur mit einer *Flatrate* sinnvoll.

6. Haben Sie alle Konfigurationsparameter eingetragen, führt die FRITZ!Box eine Anschlussüberprüfung durch. In diesem Fall ist das DSL-Kabel nicht gesteckt, was auch prompt vom Assistenten bemängelt wird.

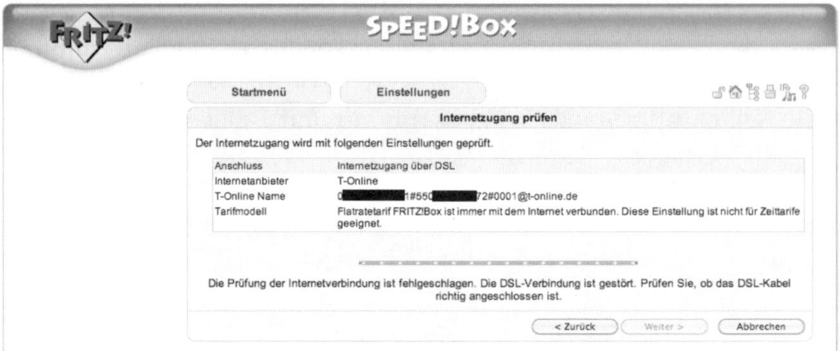

Bild 5.19 Fehlersuche: Hier war das DSL-Kabel der Speed-/FRITZ!Box nicht eingesteckt.

Herzlichen Glückwunsch – Sie haben die Zwangskastration des Speedport-Routers erfolgreich ausgehebelt und können den Router jetzt als vollwertige FRITZ!Box einsetzen.

6 USB-Festplatte an der FRITZ!Box nutzen

PC-Anwender sind Backup-Muffel. Ist der Daten-GAU eingetreten, ist der Ärger groß. Der Daten-GAU muss nicht einmal auf Fehlbedienung, versehentliches Löschen von Daten oder auf einen Hacker- bzw. Virenangriff zurückzuführen sein, sondern auch Hardwaredefekte, ein Festplattencrash oder gar ein Diebstahl des Rechners oder Notebooks sorgen für Datenverlust. Crasht ein PC, hilft in der Regel nur ein Start von einem zweiten, nachträglich installierten Windows, um die Daten auf einen alternativen Datenträger umzukopieren. Ist Windows dann neu installiert, müssen die Daten, die Systemeinstellungen, die Mailordner und Lesezeichen sowie Browseroptionen wieder zurückkopiert werden. Wer einmal diese ganze Prozedur mitgemacht und endlos Zeit verschleudert hat, der weiß, wie wertvoll ein zuverlässiges Backup sein kann.

Die meisten FRITZ!Boxen von AVM und deren OEM-Geschwister besitzen an der Geräterückseite eine USB-Buchse für den Anschluss eines Druckers, USB-Sticks oder einer USB-Festplatte, die nach erfolgter Konfiguration über die FRITZ!Box-Weboberfläche sämtlichen Computern im Heimnetzwerk zur Verfügung gestellt werden kann. Was liegt also näher, als diesen Anschluss zu nutzen – hier benötigen Sie einfach eine Festplatte in einem externen Gehäuse, die über den USB-Anschluss an die FRITZ!Box angeschlossen werden kann. Dieser Vorgang dauert eine Weile. Mit einem Neustart des Systems wird die Aktualisierung abgeschlossen.

Bild 6.1 Die externe USB-Festplatte Western Digital MyBook Studio Edition für den Anschluss an die FRITZ!Box.

6.1 USB-Festplatte an der FRITZ!Box einrichten

Grundsätzlich ist die Einrichtung einer USB-Festplatte schnell erledigt: Einfach das USB-Kabel der Festplatte in die Gehäuserückseite der FRITZ!Box einstecken und einen kleinen Moment warten.

1. Sind Sie auf der Konfigurationsseite der FRITZ!Box eingeloggt, prüfen Sie über *Erweiterte Einstellungen/USB-Geräte* bei *Geräteübersicht*, ob dort ein Massenspeichergerät gefunden wurde.
2. Wird die USB-Festplatte nicht augenblicklich erkannt, können Sie über das Menü bei *Folgende Massenspeicher sind an der FRITZ!Box angeschlossen* auf den darunterliegenden Eintrag mit der USB-Festplatte klicken und diese über die *Aktualisieren*-Schaltfläche neu initialisieren. Falls die USB-Festplatte eine eigene Stromversorgung mitbringt, achten Sie darauf, dass das Gerät auch angeschaltet und damit die Festplatte betriebsbereit ist.

Bild 6.2 Zunächst wird die USB-Festplatte mit der Bezeichnung *ExternalHDD-Partition-0-1* erkannt – abhängig von der installierten Firmware und dem FRITZ!Box-Modell kann diese Bezeichnung jedoch abweichen.

3. Ist die Festplatte eingerichtet, soll nach dem Willen von AVM das Programm *FRITZ!Box USB-Fernanschluss* installiert werden, um anschließend Daten austauschen zu können. Der Haken: Dieses steht nur für Windows-Anwender zur Verfügung, eine native 64-Bit-Unterstützung dafür und auch andere Betriebssysteme wie Linux oder Mac OS X bleiben jedoch außen vor.

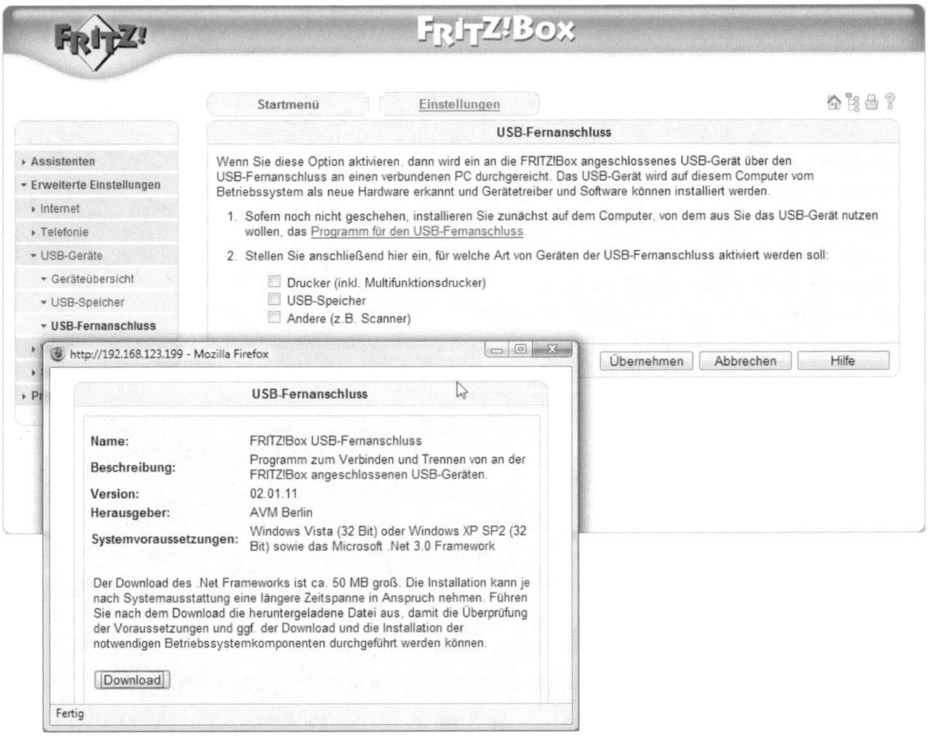

Bild 6.3 Neben dem eigentlichen Programm *FRITZ!Box USB-Fernanschluss* ist zusätzlich noch die Installation des .NET-Frameworks mit ca. 50 MByte notwendig.

4. Wer die »reine« AVM-Lösung wählt, kann, wie in nachstehender Abbildung zu sehen, die Zugriffsberechtigung auf die Festplatte für den Netzwerkzugriff entweder auf *nur Lesezugriff* oder auf *Lese- und Schreibzugriff* einstellen. Für ein Plus an Sicherheit sorgt der Kennwortschutz. Dafür sind das Häkchen bei *Kennwortschutz aktivieren* zu setzen und das gewünschte Kennwort samt Bestätigung in den weiteren Feldern einzutragen. Wer die Daten für Benutzer aus dem Internet freigeben möchte, findet auch dafür in diesem Dialog die entsprechenden Konfigurationsmöglichkeiten.

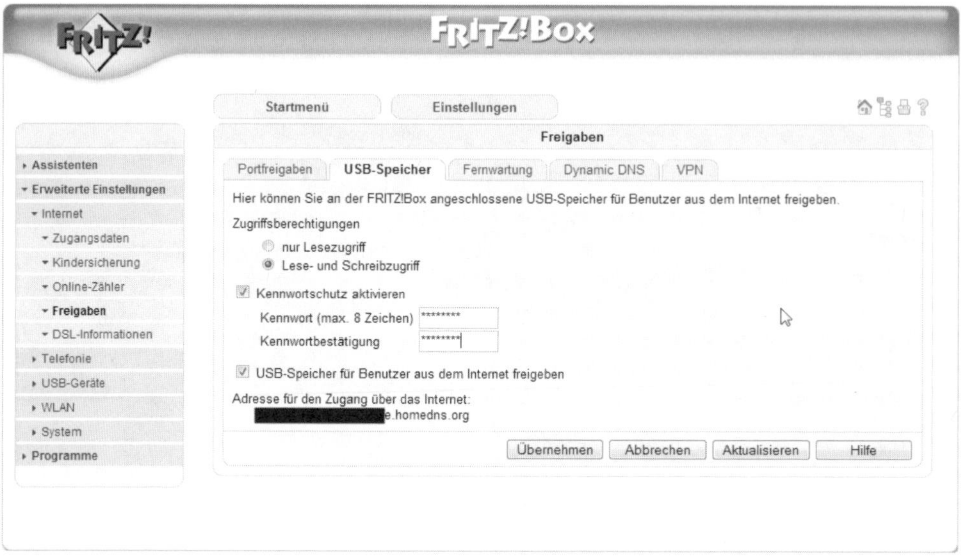

Bild 6.4 Für den Zugriff aus dem Internet ist eine eingerichtete dynamische Adresse bei *dyndns.org* oder bei alternativen Anbietern notwendig, was im Register *Dynamic DNS* erledigt wird.

Doch das Gelbe vom Ei ist das alles nicht, und eine wirkliche Verbesserung und Erweiterung der FRITZ!Box schafft erst eine selbst gebaute Firmware, mit der Sie weitere Funktionen nach Wunsch nachrüsten und den Standardfunktionsumfang aufbohren können. Mehr hierzu finden Sie im Abschnitt »Freetz: Neue FRITZ!Box-Firmware selbst bauen«. Damit stellen Sie nicht nur neue Funktionen für andere Betriebssysteme wie Linux und Mac OS X zur Verfügung, sondern können nun auch die an der FRITZ!Box angeschlossene Festplatte als Netzwerkfreigabe für das gesamte Heimnetz ohne Installation etwaiger Hilfsmittel für den Zugriff verwenden. Doch zunächst zeigen zwei Workshops, wie Sie, auch ohne groß ins Portemonnaie greifen zu müssen, eine externe Festplattenlösung selbst bauen können.

6.2 Freetz: Neue FRITZ!Box-Firmware selbst bauen

Die Alternative zur AVM-FRITZ!Box-Lösung ist eine selbst gebaute Firmware. Da aus lizenzrechtlichen Gründen das Bereitstellen alternativer Firmware-Images nicht erlaubt ist, bleibt nur der Weg, das Image im Eigenbau herzustellen. Das klingt zwar etwas schwierig, ist aber für geübte Computeranwender in wenigen Schritten erledigt. Wie es funktioniert und über Fakten zur FRITZ!Box-Modifikation schweigt sich der Hersteller der FRITZ!Box verständlicherweise aus.

Doch wie immer hat sich das Internet der Sache angenommen. In zig Foren wie beispielsweise *www.ip-phone-forum.de* kursieren diverse Hinweise zum Umbau der FRITZ!Box. Grundsätzlich ist solchen »heißen« Tipps im Internet immer mit einer Portion Skepsis zu begegnen: Nicht alle Wunder, von denen berichtet wird, sind wahr. Doch hierbei handelt es sich nicht um eine Ente: Für technisch Geübte ist es kein Problem, die FRITZ!Box nahezu in eine Eier legende Wollmilchsau umzubauen.

Dazu nutzen Sie den Quellcode von Freetz, dessen Wortschöpfung sich aus den Begriffen Freeware und Fritz zusammensetzt, und vereinen ihn mit den offiziellen Quellen von AVM zu einer persönlich angepassten Firmware, die Ihren Anforderungen entspricht.

Voraussetzungen zum Freetz-Firmwarebau

Für den Selbstbau der FRITZ!Box-Firmware benötigen Sie zunächst ein Linux-System, mit dem Sie die zur Verfügung stehenden Quellen zusammenfügen und in eine Imagedatei überführen, die sich in die FRITZ!Box per Firmware-Update einspielen lässt. Dieses Zusammenfügen der Quellen ist nichts anderes als das Linken und Kompilieren der Quelldateien der zuvor ausgewählten Pakete, beispielsweise Firewall, Weboberfläche, VPN-Zugang, Verwaltung der Festplatte, DHCP-Server, SSH-Server und dergleichen mehr.

Wer nun bei dem Wort Linux-System zusammengezuckt ist, etwa weil kein Computer mit installiertem Linux zur Verfügung steht, der kann sich wieder entspannt zurücklehnen. Sie kommen auch mit Windows- oder Mac-Systemen ans Ziel. Da die Entwicklergemeinde ein bereits fertig konfiguriertes Linux mit allen notwendigen Werkzeugen erstellt hat, braucht nur der kostenlose VMware Player heruntergeladen und installiert zu werden, mit dem sich dieses Linux unter Windows oder Mac OS starten und betreiben lässt. Folgende Dinge für den Bau der eigenen Firmware sind notwendig:

- FRITZ!Box (oder OEM-Modell),
- Internetbreitbandanschluss (Download der Quellen),
- Windows/Mac OS mit ausreichend Festplattenspeicherplatz (ca. 6 GByte für das Linux-Image),
- FRITZ!Box-Quellcode sowie Freetz-Code (siehe nachstehende Tabelle).

Die in der Tabelle angegebenen Programme und Quellcodes werden laufend weiterentwickelt und aktualisiert. Im Zweifelsfall sollten Sie gerade die Freetz-Quellen auf Aktualität prüfen (siehe Lesezeichen unten) und dann erst verwenden.

Tools	Bezugsquelle
VMware Player	*http://bit.ly/lOCOm*
StinkyLinux (Version 1.06)	*http://bit.ly/cR7tHp*
7-Zip	*www.7-zip.org*
Freetz (derzeit Version V1.1)	*www.freetz.org/wiki/Download*

Laden Sie sich die in der Tabelle angegebenen Programme sowie den Freetz-Quellcode auf Ihre lokale Festplatte. Ist das erledigt, installieren Sie zunächst den VMware Player.

Die Installation läuft in der Regel problemlos ab und kann sozusagen durchgeklickt werden. Danach installieren Sie den Freewarepacker 7-Zip, um das in der Datei *StinkyLinux-v1.06.7z* enthaltene StinkyLinux im VMware-Format auf die Festplatte entpacken zu können. Wer bereits eine aktuelle Version des Packers WinRAR unter Windows bzw. UnRarX unter Mac OS im Einsatz hat, kann auf die Installation von 7-Zip verzichten.

⊡ LESEZEICHEN

www.freetz.org/wiki/Download

Aktualitätscheck: Unter dieser URL prüfen Sie die Freetz-Quellen auf ihre Aktualität.

StinkyLinux unter Windows einsetzen

1. Entpacken Sie die Datei *StinkyLinux-v1.06.7z* in einen eigenen Ordner auf die Festplatte Ihres Computers und starten Sie anschließend den VMware Player. Danach öffnen Sie eine der beiden Dateien *2CPU-1024mb – Other Linux 2.6.x kernel* oder *Other Linux 2.6.x kernel*. Bei einem leistungsfähigen Dual-/Quadcore-System nutzen Sie erstere VMware-Konfigurationsdatei, ansonsten die zweite Variante. Der erstmalige Start dauert einige Minuten, bis nun endlich der Log-in-Bildschirm zu sehen ist.

2. Für den Log-in-Vorgang ist bereits ein Benutzer mit der Bezeichnung *slightly* angelegt, der für das Bauen der neuen Firmware-Imagedatei verwendet werden sollte. Das dazugehörige Passwort lautet hier *stinky*, das auch für den administrativen Root-User standardmäßig gesetzt ist. Die Entwickler im Internet weisen ausdrücklich darauf hin, dass für das Erzeugen des Firmware-Images ausschließlich die *slightly*-Kennung genutzt werden soll, da es sonst aufgrund fehlender Pfadangaben zu Fehlern kommen kann. Doch bevor es

so weit ist, aktualisieren Sie zunächst das StinkyLinux-Paket, um auf dem aktuellen Stand zu sein.

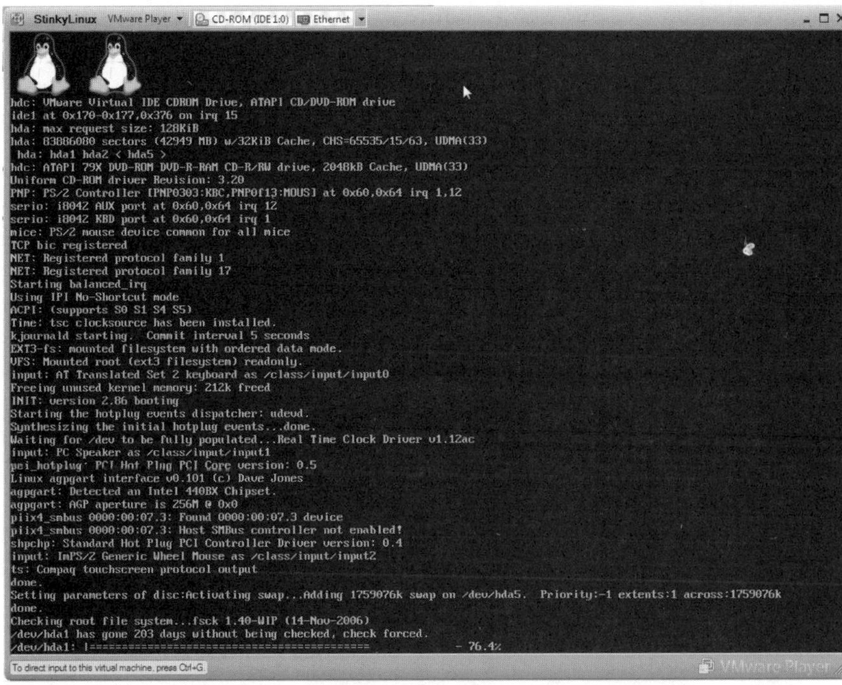

Bild 6.5 Erscheint die Nachfrage, ob das Image kopiert oder verschoben wurde, geben Sie *Kopie* an. Der erste Start dauert anschließend einige Minuten, da der Bootmechanismus zunächst das Dateisystem auf etwaige Fehler überprüft.

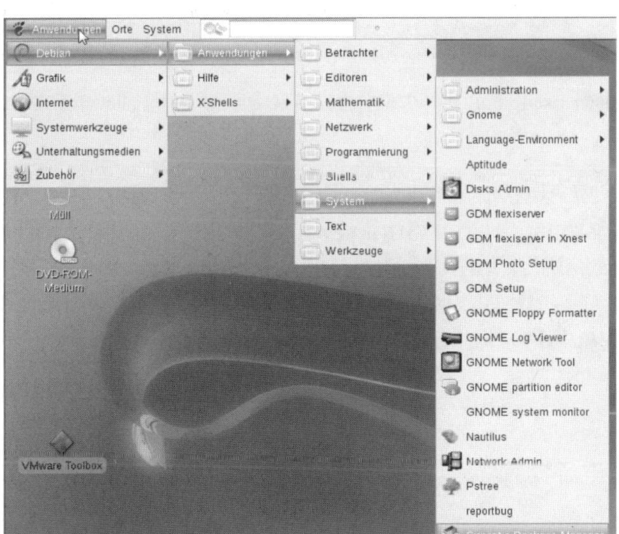

Bild 6.6 Nach dem Log-in mit der Kennung *slightly* und dem Kennwort *stinky* bringen Sie StinkyLinux zunächst auf den aktuellsten Stand.

3. Ist der *Synaptic Package Manager* gestartet, klicken Sie auf die Schaltfläche *Neu laden* und wechseln anschließend auf die Schaltfläche *Aktualisierbar (Upstream)*, um sich die aufzufrischenden Pakete anzeigen zu lassen. Anschließend klicken Sie auf die Schaltfläche *Aktualisierungen vormerken*, um im nächsten Schritt über den Klick auf die Schaltfläche *Anwenden* die neuen Pakete herunterzuladen und umgehend für die Installation freizugeben.

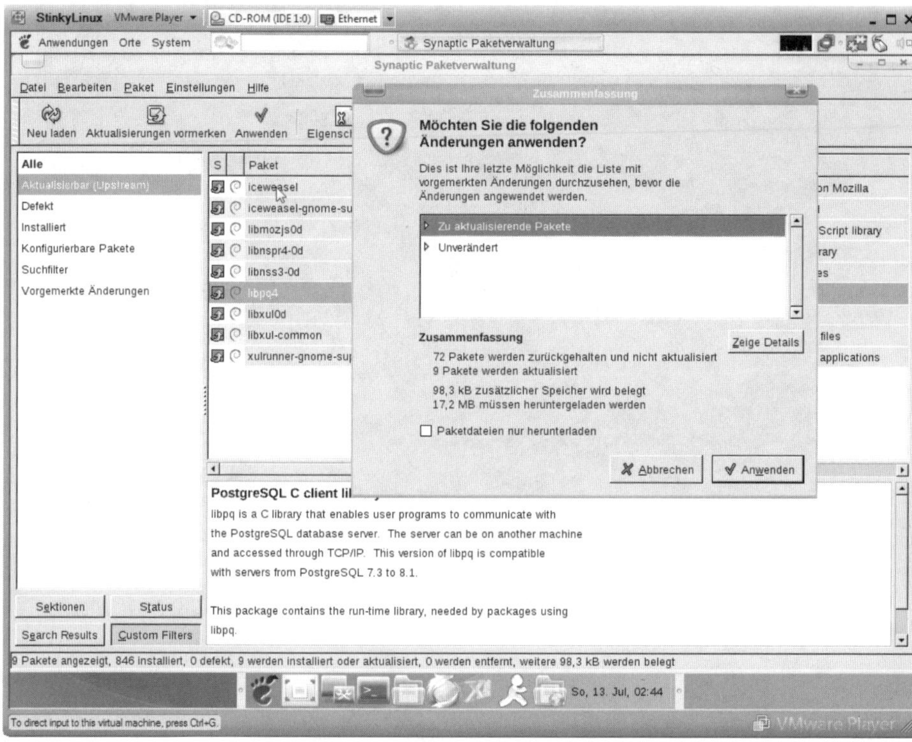

Bild 6.7 Kontrolle: In diesem Dialog klicken Sie auf die Schaltfläche *Anwenden*, um die Installation der ausgewählten Pakete anzustoßen.

4. Je nach Geschwindigkeit des Internetanschlusses dauert der Download samt anschließender Installation der StinkyLinux-Updates einen Moment. Die Installation und Aktualisierung der Pakete läuft vollautomatisch ab. Ist das erledigt, übertragen Sie die auf den Windows-PC bzw. Mac heruntergeladenen Freetz-Quellen auf das StinkyLinux-Image.

Einfach kopieren – Freetz-Quellen auf StinkyLinux übertragen

VMware stellt für den Datenaustausch zwischen Haupt- und Wirtsbetriebssystem automatisch eine Freigabe zur Verfügung. Alternativ bearbeiten Sie im Ordner */etc/samba* die Konfigurationsdatei *smb.conf* und passen dort die Arbeitsgruppe Ihres Heimnetzes im Bereich *workgroup* an. Nach dem Neustart des Samba-Service übertragen Sie die heruntergeladene Datei *freetz-1.1.tar.bz2* in das */home*-Verzeichnis des Benutzers *slightly.* Unter Windows reicht auch das Öffnen der Freigabe *\\StinkyLinux\StinkyLinux* für den Kopiervorgang der Datei *freetz-1.1.tar.bz2* von Windows in das Linux-System.

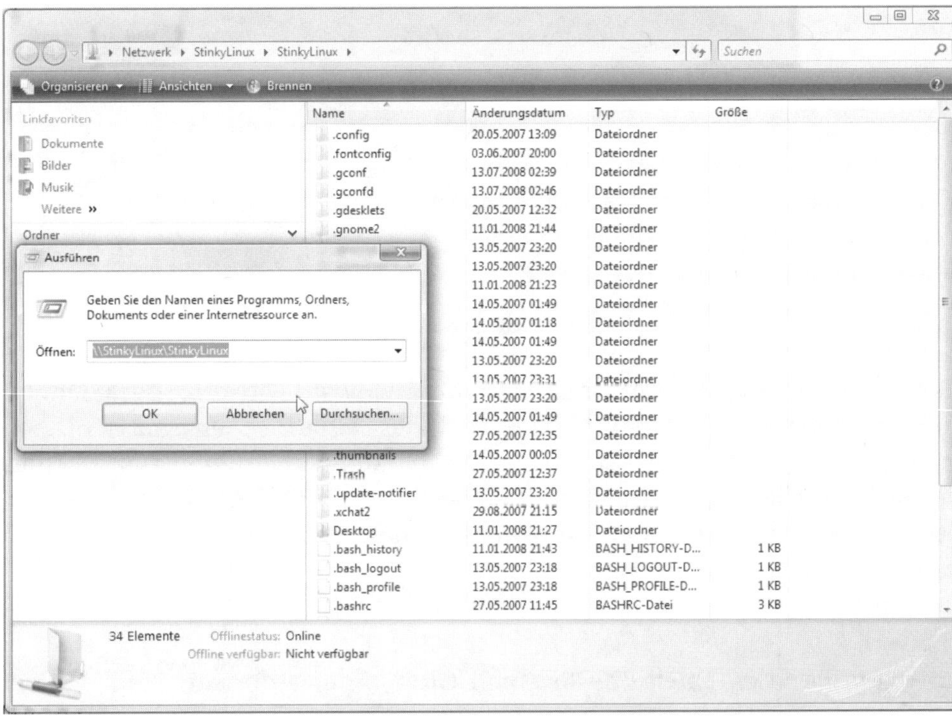

Bild 6.8 Windows-Eigenheit: Tragen Sie einfach über *Start/Ausführen* den Pfad *\\StinkyLinux\StinkyLinux* ein und klicken Sie auf die *OK*-Schaltfläche, um die Freigabe zu öffnen.

Ist die Freigabe geöffnet, kopieren Sie die heruntergeladene Datei *freetz-1.1.tar.bz2* des Freetz-Pakets in den Pfad *\\StinkyLinux\StinkyLinux*. Das Entpacken des Archivs erfolgt anschließend unter StinkyLinux.

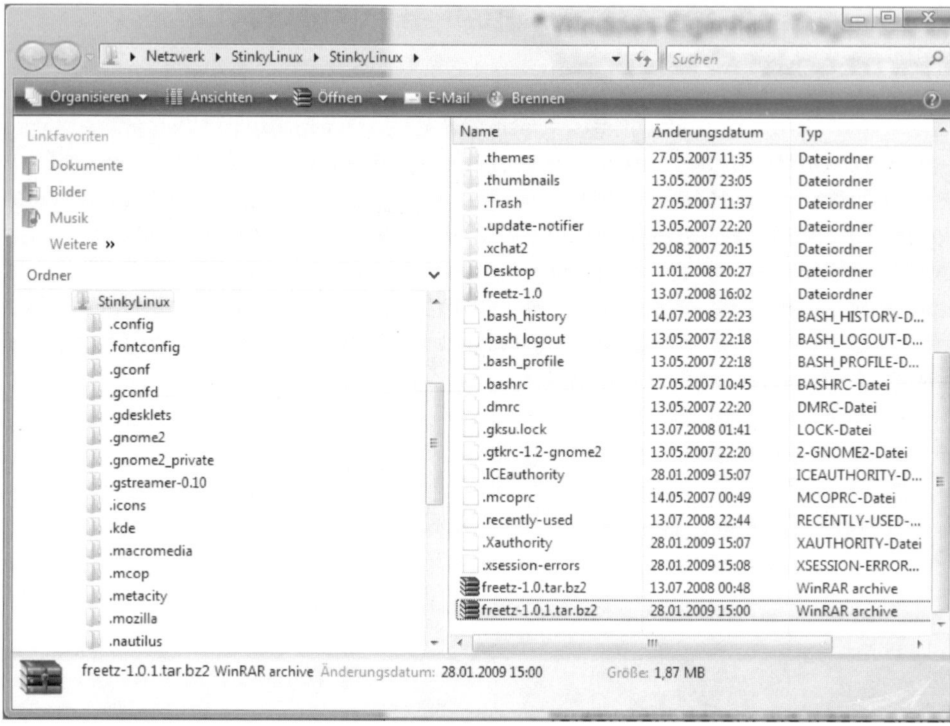

Bild 6.9 Erledigt: Ist die *freetz-1.1.tar.bz2*-Datei auf das Linux-System kopiert, sind die Vorarbeiten abgeschlossen.

Nun gehen Sie wieder zum Linux-System im VMware-Fenster zurück. Öffnen Sie dort im Dock (Menü im unteren Bereich des Desktops) den Nautilus-Dateimanager und prüfen Sie, ob sich die kopierte Datei auch im */home*-Verzeichnis des Benutzers *slightly* befindet. Ist das der Fall, öffnen Sie im Dock per Klick auf das Terminal-Symbol ein Konsolenfenster und entpacken die Archivdatei *freetz-1.1.tar.bz2* mit folgendem Befehl:

```
tar -xvjf freetz-1.1.tar.bz2
```

Sie entpacken den Quellcode in einen Ordner, der automatisch im *\home\slightly*-Verzeichnis angelegt wird.

Damit haben Sie alle Konfigurationsdateien und den Quellcode vorbereitet und können nun die gewünschten Module und Programme zusammenführen, um die persönliche Firmware-Datei zu erzeugen.

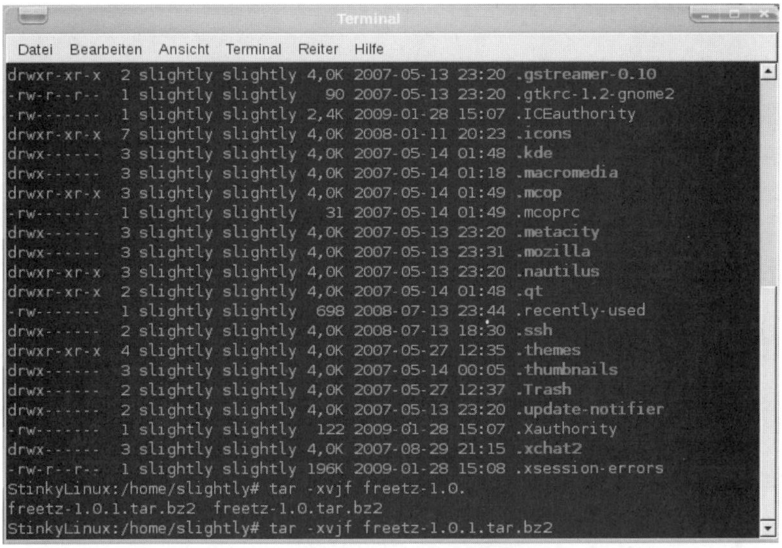

Bild 6.10 Das Entpacken des Quellcodes ist in wenigen Augenblicken erledigt.

Pakete zusammenstellen und Image anpassen

Gerade Entwickler und Profis, die ihre Selbstbau-FRITZ!Box aktuell halten wollen, kommen um das regelmäßige Kompilieren der Imagedatei nicht herum. Aber auch wenn Sie neue Funktionen nachrüsten wollen, die standardmäßig von der installierten Firmware nicht unterstützt werden, hilft der Selbstbau eines neuen Kernels. Dieser Vorgang hört sich sehr kompliziert an, in der Praxis funktioniert es aber normalerweise problemlos. Doch Achtung – weniger ist mehr! Halten Sie sich in etwa an diese Anleitung, kann nichts schiefgehen. Sind Sie jedoch »zu kreativ« und entfernen die falschen Pakete, leidet auch der Funktionsumfang.

Grundsätzlich steht bei den meisten FRITZ!Boxen für die Größe der Image-Datei eine Kapazität von weniger als 8 MByte zur Verfügung. Diese Begrenzung macht sich spätestens beim Einspielen der Firmware über das Web-Frontend der FRITZ!Box bemerkbar, wenn der Firmware-Update-Mechanismus die zu große Imagedatei ablehnt. Deshalb sollten Sie nur die Pakete und Funktionen hinzufügen, die Sie auch wirklich nutzen.

Wechseln Sie im Terminal über den Konsolenbefehl *cd freetz-1.0* in den von der Archivdatei *freetz-1.0.tar.bz2* entpackten Ordner. Hier brauchen Sie nicht die komplette Pfadangabe einzutippen. Es reicht, die Autovervollständigung der Konsole mit der [⇆]-Taste zu nutzen, die beispielsweise nach der Eingabe von *cd fre* den vollständigen Befehl *cd freetz-1.0* ergänzt.

Freetz-Image konfigurieren

Das Freetz-Quellpaket beinhaltet einen komplett überarbeiteten Satz von Makefiles und kann, wie unter Linux üblich, über das Kommando *make menuconfig* konfiguriert werden.

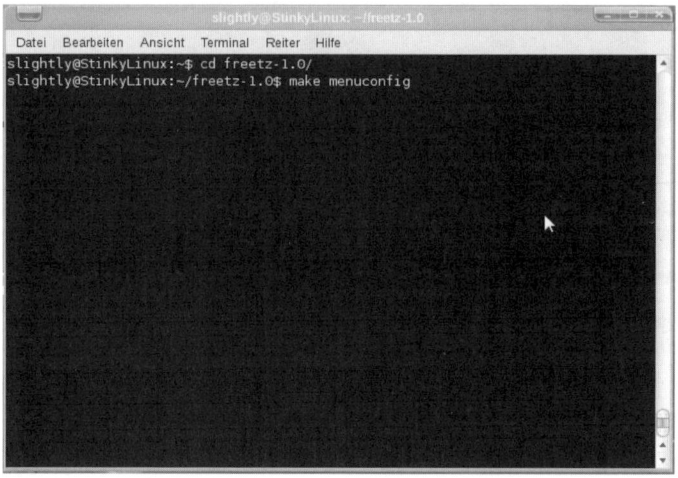

Bild 6.11 Nach Eingabe des Befehls *cd freetz-1.0* starten Sie in diesem Ordner den Befehl *make menuconfig*, um die menügesteuerte Paketauswahl zu starten.

1. Nach Eingabe des Befehls im Terminal öffnet sich ein einfaches Konfigurationsprogramm, mit dem sich die gewünschten Firmware-Funktionen auswählen lassen. Neben den AVM-FRITZ!Boxen werden auch OEM-Modelle wie Speedport W 501V, Speedport W 701V, Sinus W 500V oder Speedport W 900V von Freetz unterstützt. Eine vollständige, aktuelle Liste der erfolgreich getesteten Geräte finden Sie auf der Website der Freetz-Entwickler (*www.freetz.org/browser/tags/freetz-1.0/FIRMWARES*). Wie in der nachstehenden Abbildung zu sehen, ist zunächst das gewünschte Modell der FRITZ!Box auszuwählen.

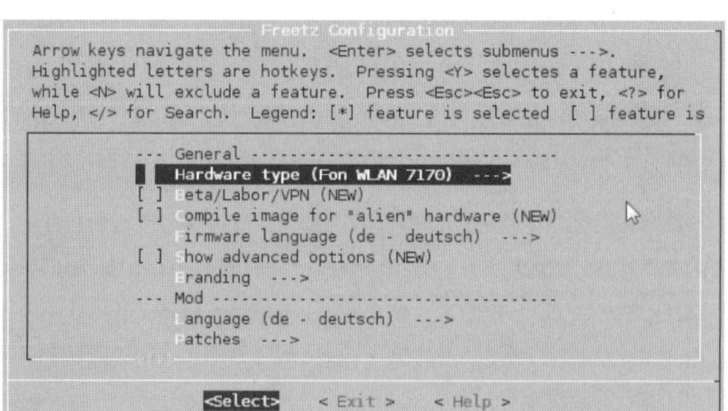

Bild 6.12 Wählen Sie in diesem Dialog das Hardwaremodell der FRITZ!Box, für das eine neue Imagedatei gebaut werden soll. In diesem Beispiel wird die FRITZ!Box Fon 7170 verwendet.

2. Grundsätzlich würde nach der Auswahl des Hardwaremodells das Erzeugen der Imagedatei jetzt schon möglich sein und auf der FRITZ!Box funktionieren. Hier ist es jedoch sinnvoller, in den Tiefen der unterschiedlichen Menüpunkte noch nach weiteren Paketen und Funktionen Ausschau zu halten.

   So finden Sie im Bereich *Mod* bei *Patches* verschiedene Optionen, mit denen sich die Größe der Firmwaredatei beeinflussen lässt. Fortgeschrittene Anwender und FRITZ!Box-Profis schaffen hier zusätzlich Platz, indem sie die Hilfe (*Remove help (NEW)*) sowie die Einrichtungsassistenten (*Remove assistant (NEW)*) von der FRITZ!Box verbannen.

   Sinnvoll für den Einsatz einer USB-Festplatte an dem USB-Anschluss der FRITZ!Box ist das Setzen der Option *Patch USB storage names, make FAT filesystems world-writeable, auto* sowie *Automount filesystems (NEW)*.

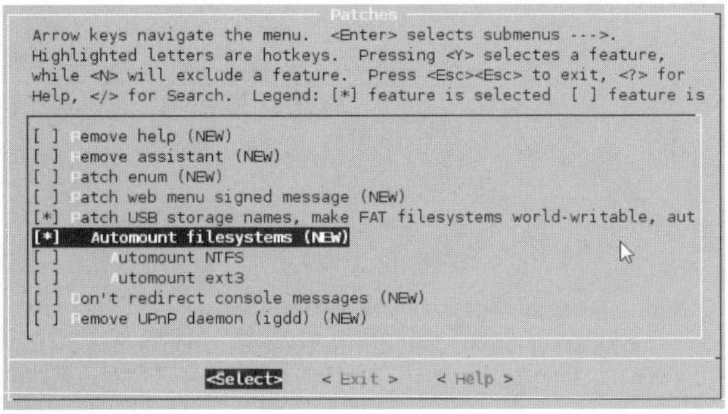

Bild 6.13 Praktisch: Mit diesem Hack können auch Datenträger mit dem Windows-NTFS- und dem Linux-ext3-Dateisystem genutzt werden.

3. In Sachen zusätzliche Funktionen für die FRITZ!Box werden Sie im Bereich *Package selection/Standard packages* fündig. Hier finden Sie verschiedene Serverprogramme und Linux-Werkzeuge für die Praxis, mit denen der Betrieb sowie die Wartung der FRITZ!Box komfortabler gestaltet werden können.

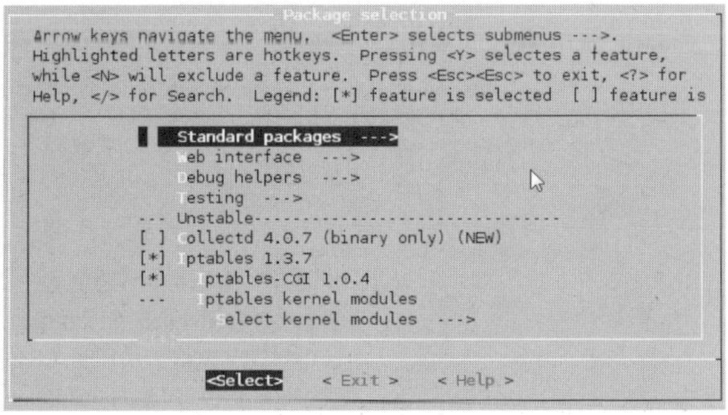

Bild 6.14 Die diversen Pakete sind im Bereich *Standard packages* versteckt.

4. Für Wartungsarbeiten ist es später hin und wieder notwendig, sich via SSH oder Telnet-Konsole auf der FRITZ!Box anzumelden. Wer nicht gern mit dem eingebauten *vi*-Editor arbeitet, sollte die Alternative *nano* nutzen. Diese finden Sie im Bereich *Standard packages*, in dem Sie zu dem entsprechenden Punkt navigieren und ihn per *<Select>* im Menü auswählen.

   Die ausgewählten Pakete sind anschließend an dem *[*]*-Symbol vor der Paketbezeichnung zu erkennen. Wer via SSH auf die FRITZ!Box zugreifen möchte, braucht dort einen aktiven SSH-Server – hier bietet dropbear eine passende Lösung an.

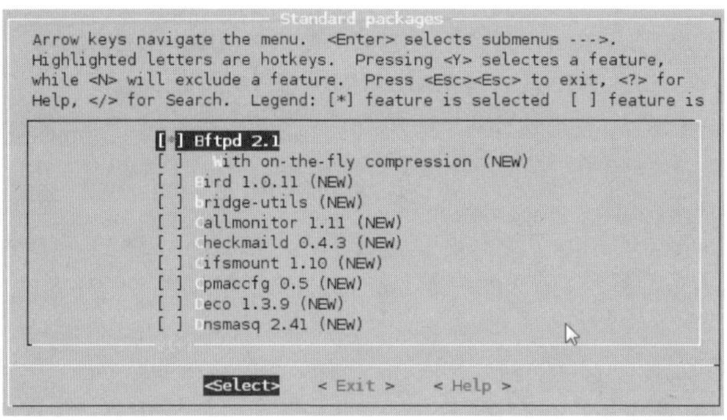

Bild 6.15 Navigieren Sie durch die Paketliste – wer zu den einzelnen Paketen Hilfestellung bzw. Informationen darüber benötigt, was sich dahinter verbirgt, muss auf die Internetsuche zurückgreifen. Der Freetz-Paketmanager bietet hier keine Beschreibung oder Hilfe für die Pakete an.

5. Möchten Sie Daten im Heimnetz für andere Computer zur Verfügung stellen, können Sie dafür beispielsweise einen FTP-Server nutzen, der gleichzeitig auch als FTP-Server in das Internet fungieren kann. Zusätzlich oder alternativ bietet das Freetz-Paket Samba-Dienste an, mit denen der Datenaustausch zwischen den Computern im Heimnetz und der FRITZ!Box erheblich vereinfacht werden kann.

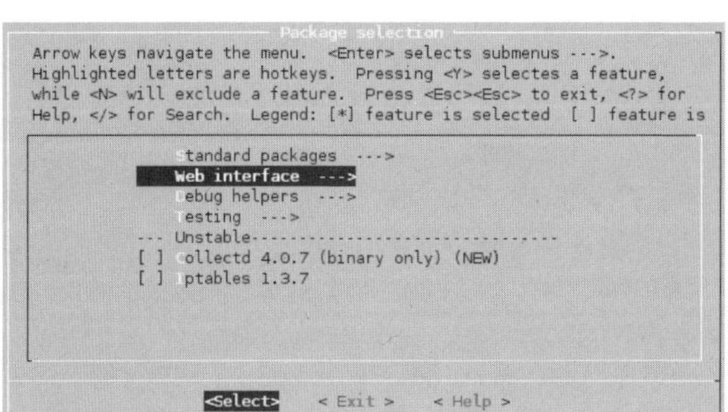

Bild 6.16 Neben der Paketauswahl lassen sich auch die Konfigurationsseiten der FRITZ!Box erweitern. Wechseln Sie dazu in den Bereich *Package selection/ Web interface*.

6. Wie in nachstehender Abbildung zu sehen, wurden in diesem Beispiel einige Einträge hinzugefügt. Das ist insofern praktisch, da sich viele Dinge über die Konfigurationsseite einfacher konfigurieren und einstellen lassen. Für jene, die eine USB-Festplatte an der FRITZ!Box betreiben möchten, ist die Auswahl des *spindown-cgi*-Eintrags sinnvoll. In diesem Fall wird die Festplatte bei »Nichtgebrauch« schlafen gelegt, was der häuslichen Ökobilanz zugute kommt.

   Wer aus der Ferne auf sein Heimnetz zugreifen möchte, für den ist auch der Mechanismus *Wake-on-LAN (WoL)* eine tolle Sache. Mit dem WoL-Signal lässt sich von außen der Start eines Computers im Heimnetz initiieren, sofern das vonseiten des Computer-BIOS unterstützt wird und Sie es dort auch entsprechend eingeschaltet haben. Ist der Computer hochgefahren, wäre es somit möglich, via SSH oder VPN aus der Ferne am heimischen Computer zu arbeiten, als säße man direkt davor.

   Praktisch ist zudem die Auswahl des *Syslogd CGI*-Eintrags. Damit bekommen Sie über die FRITZ!Box-/Freetz-Weboberfläche wichtige Systemmeldungen angezeigt, die bei der etwaigen Fehlersuche hilfreich sind – vor allem dann, wenn beispielsweise keine Konsolenverbindung via SSH oder Telnet möglich ist.

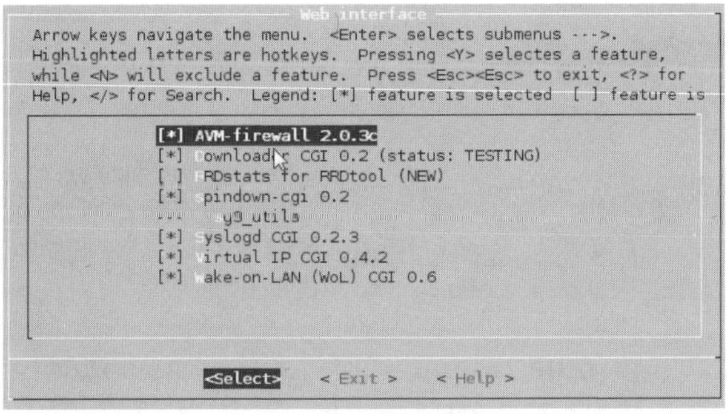

Bild 6.17 Wenn die gewünschten Erweiterungen ausgewählt sind, navigieren Sie mit der [Tab]-Taste zu dem Punkt *Exit*, um zum *Package selection*-Dialog zurückzukehren.

7. Wer in Sachen Firewall die Funktionalität seiner FRITZ!Box erweitern möchte, kann den Eintrag *Iptables 1.3.7* nutzen. Iptables ist ein zu Netfilter gehörendes Programm, das die Datenpakete aus dem Netz abfängt, koordiniert, manipuliert und weiterleitet. Diese ausgeklügelten Funktionen entsprechen denen einer vollwertigen Firewall, mit der nicht nur der eingehende, sondern auch der ausgehende Datenverkehr gesteuert werden kann.

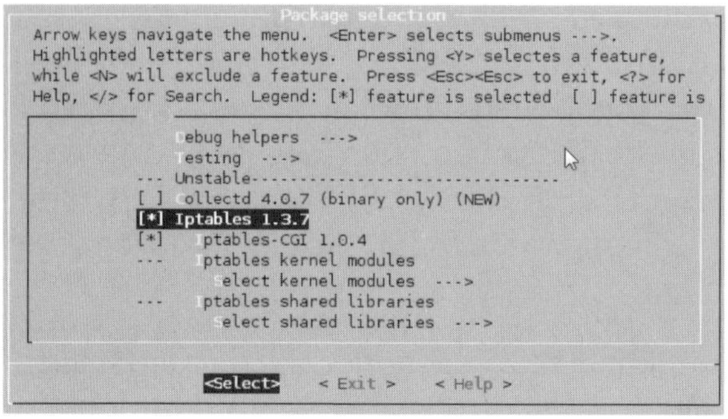

Bild 6.18 Sind die gewünschten Pakete markiert, wählen Sie *Exit*, um zum Ausgangsdialog zurückzukehren.

8. Im Hauptdialog *Freetz Configuration* können Sie die erzeugte Konfiguration auf Wunsch über *Save Configuration to an Alternate File* in eine alternative Datei speichern. Das ist jedoch nicht unbedingt nötig, da beim Beenden des Konfigurationsprogramms über *Exit* die Einstellungen automatisch gespeichert werden. Wer hingegen mehrere unterschiedliche Images für seine FRITZ!Box erzeugen möchte, sollte diesen *Save Configuration to an Alternate File*-Mechanismus nutzen.

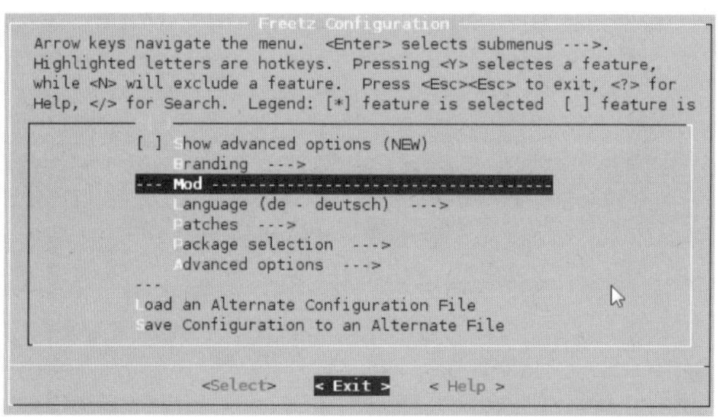

Bild 6.19 Konfiguration abgeschlossen: Per Auswahl von *Exit* verlassen Sie das Konfigurationsprogramm von Freetz.

9. Zu guter Letzt erscheint die Nachfrage, ob das Konfigurationsprogramm die gemachten Einstellungen speichern soll. Hier wählen Sie natürlich den Eintrag *<Yes>*, da die Einstellungen später für das Kompilieren des Freetz-Pakets benötigt werden.

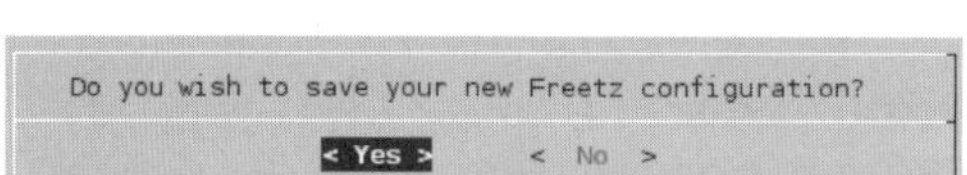

Bild 6.20 Nach der Auswahl von *<Yes>* und [↵]-Taste werden die Einstellungen des Makefile gespeichert.

10. Ist das Konfigurationsprogramm geschlossen, erscheint wieder das Terminalfenster. Nun führen Sie die gewünschten Einträge in einer Imagedatei zusammen. Das sogenannte Kompilieren erfolgt ebenfalls im Terminal.

Kein Problem mehr – Quellen kompilieren

Wie unter Linux gewohnt, reicht der *make*-Befehl im Terminal, um das Kompilieren anzustoßen. Dadurch baut Linux nun die persönliche FRITZ!Box-Firmwaredatei zusammen, was zumindest beim erstmaligen Vorgang etwas länger dauert, da verschiedene Quellen noch aus dem Internet nachgeladen werden müssen. Bei späteren Änderungen an der Firmware sind die Quellen dann schon auf dem StinkyLinux-System, und das Erstellen der Imagedatei läuft schneller ab.

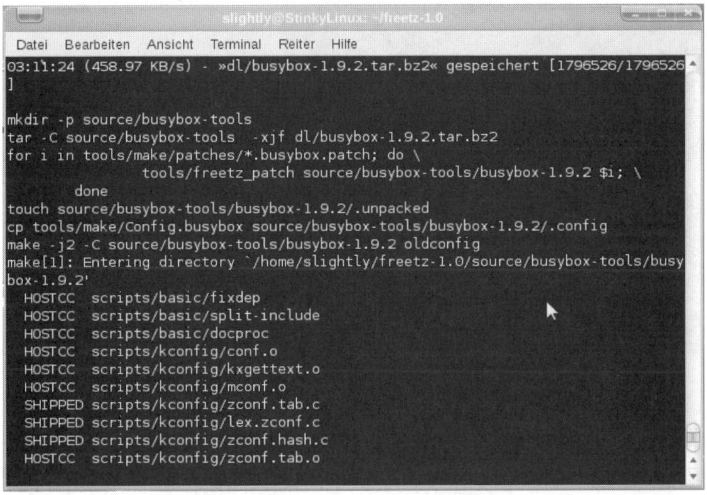

Bild 6.21 Schritt für Schritt werden die Quellen zusammengeführt und teilweise aus dem Internet nachgeladen. Der erstmalige Kompiliervorgang kann schon mal über 30 Minuten an Zeit in Anspruch nehmen.

Meldet der *make*-Befehl einen Fehler im Terminal, ist das meist auf die unzulässige Größe der Imagedatei zurückzuführen.

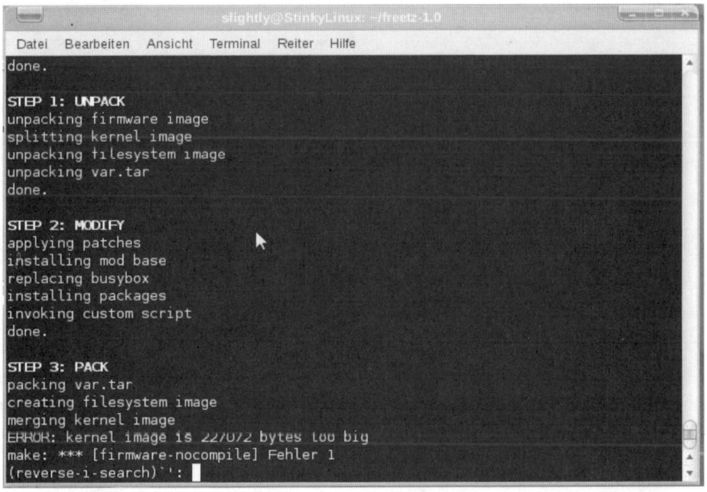

Bild 6.22 Zu viel des Guten: Hier kann das Image nicht erzeugt werden, da es die 8-MByte-Grenze überschreitet. In diesem Fall führen Sie den *make menuconfig*-Befehl erneut aus und passen die Konfiguration der Pakete nochmals an.

Ist der *make*-Befehl »durchgelaufen«, befindet sich das erstellte Image im selben Ordner, in dem sich auch die Quellen befinden. Auf dem StinkyLinux-System ist das der Ordner */home/slightly/freetz-1.0*, über die Samba-Windows-Freigabe ist es der Ordner *\\StinkyLinux\StinkyLinux\freetz-1.0*.

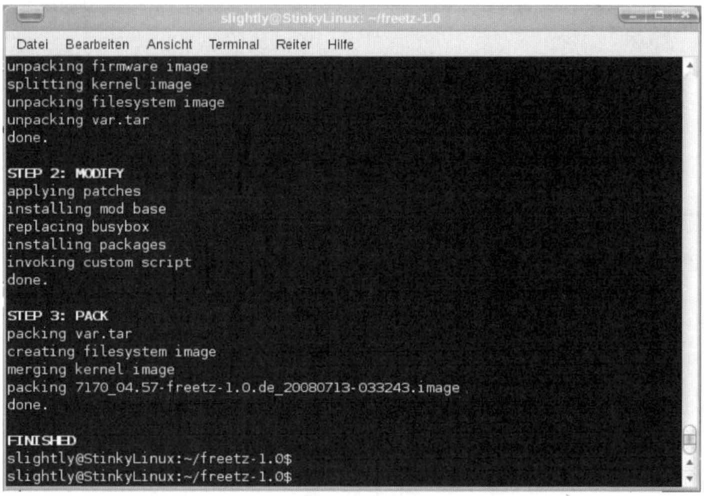

Bild 6.23 So soll es sein: Das Kompilieren ist ohne Fehlermeldungen durchgelaufen.

Im nächsten Schritt wird die Image-Datei auf die FRITZ!Box übertragen. Das können Sie über den Webbrowser von Windows oder Mac OS vornehmen – hierfür kopieren Sie die Image-Datei zunächst von der Freigabe in einen beliebigen Ordner auf Ihrer Festplatte.

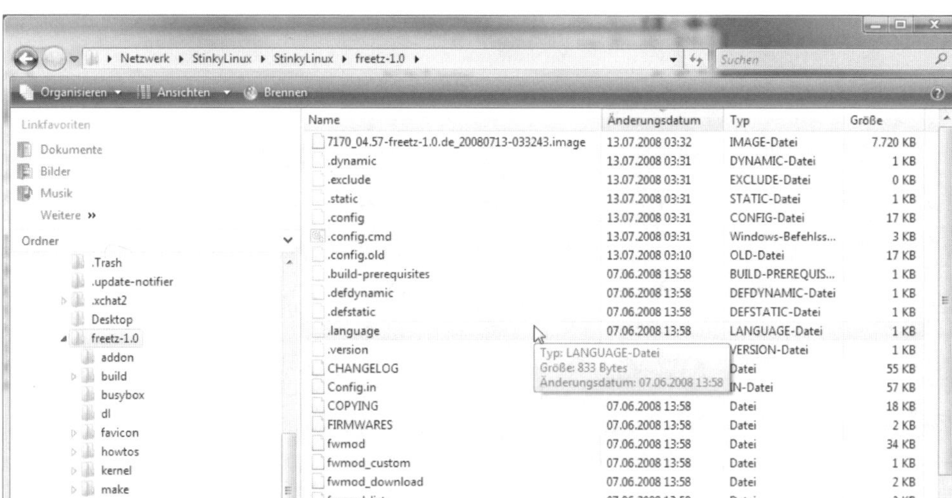

Bild 6.24 Stellen Sie im Windows Explorer die Sortierung auf das Änderungsdatum um, um die erzeugte Image-Datei schneller zu finden.

Ohne den Kopiervorgang lässt sich das Image auch direkt über StinkyLinux auf die FRITZ!Box übertragen.

Wie gewohnt – Firmware einspielen

1. Um die selbst gebaute Firmware auf die FRITZ!Box zu übertragen, verwenden Sie wie gewohnt die FRITZ!Box-Weboberfläche, die sich in der Regel über *http://fritz.box* oder über *http://<IP-Adresse>* aufrufen lässt. Starten Sie im Dock von StinkyLinux den eingebauten Webbrowser *Iceweasel*, der grundsätzlich ähnlich wie Firefox für Windows oder Mac OS aufgebaut und zu bedienen ist.

2. Sicherheitsbewusste fertigen vor dem Firmware-Update über *Einstellungen/Erweiterte Einstellungen/System/Einstellungen sichern* noch eine Sicherheitskopie der aktuellen FRITZ!Box-Einstellungen an, die im Fehlerfall für die Wiederherstellung der persönlichen Konfigurationsdaten genutzt werden kann. Hier werden beispielsweise die Verbindungsparameter und die Verbindungseinstellungen sowie Benutzerkennung und Passwort zum Internetprovider gespeichert. Wer diese Einstellungen nicht immer zur Hand hat, für den ist ein Backup der FRITZ!Box-Einstellungen spätestens jetzt eine gute Idee.

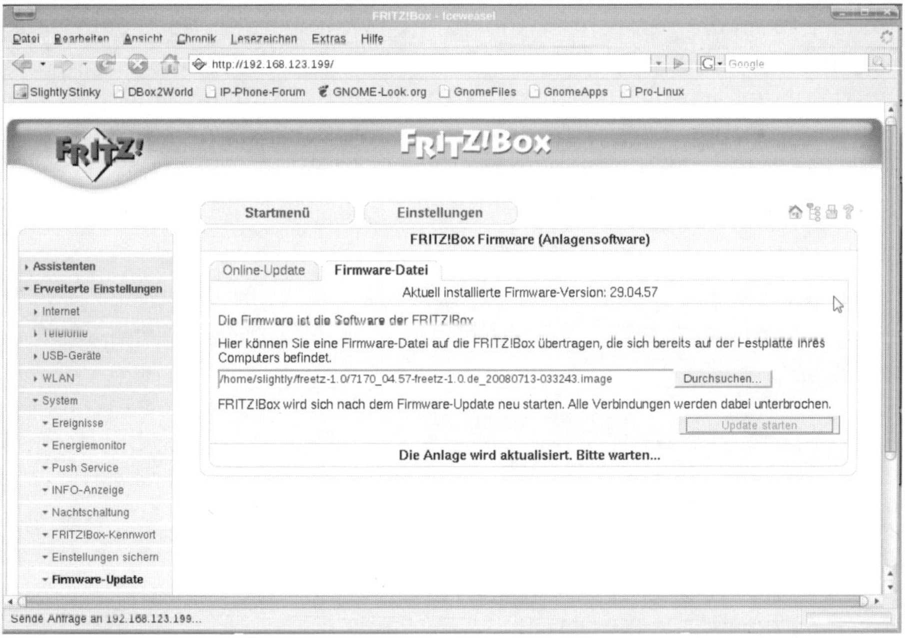

Bild 6.25 In diesem Beispiel ist die Konfigurationsadresse für die FRITZ!Box die IP-Adresse *192.168.123.199*. Passen Sie diese URL an Ihr Heimnetz an, um den Zugriff auf die FRITZ!Box herzustellen.

3. Wechseln Sie jetzt über *Einstellungen/Erweiterte Einstellungen/System/Firmware-Update* in den Bereich *FRITZ!Box Firmware (Anlagensoftware)* und wählen Sie dort im Register *Firmware-Datei* über die Schaltfläche *Durchsuchen* die Image-Datei im Ordner */home/slightly/freetz-1.0* aus. Anschließend klicken Sie auf die Schaltfläche *Update starten*, um die neue Firmware auf die FRITZ!Box zu übertragen.

Bild 6.26 Es erscheint eine Warnung, die darauf hinweist, dass die Firmware keine »Original-Firmware« von AVM ist – klicken Sie auf *Update fortsetzen* und führen Sie das Update durch.

4. Beachten Sie, dass während des Firmware-Updates die FRITZ!Box nicht abgeschaltet werden darf. Nach ca. fünf Minuten ist die FRITZ!Box mit der neuen Firmware bestückt und führt anschließend selbstständig einen Neustart durch, damit die gemachten Änderungen aktiv werden. Nach dem Neustart loggen Sie sich wie gewohnt auf der FRITZ!Box-Konfigurationsseite ein – jetzt sollten sich die in der nachstehenden Abbildung markierten Stellen verändert haben.

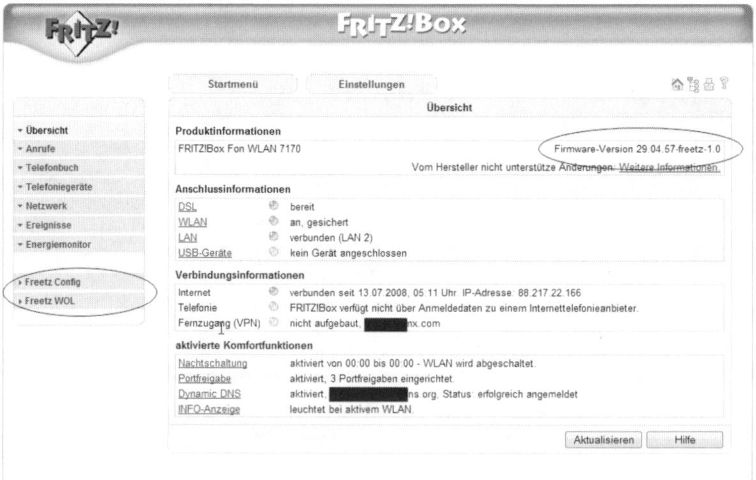

Bild 6.27 Firmware-Update erfolgreich: Die selbst gebaute Firmware ist nun auf der FRITZ!Box aktiv.

Neben den wenigen optischen Features auf der Weboberfläche der FRITZ!Box hat sich unter der Haube einiges getan. Um die FRITZ!Box perfekt auf das heimische Netzwerk anzupassen, bedarf es noch kleinerer Anpassungen.

Aber sicher – Freetz-Passwörter setzen

Nach dem Einspielen der persönlichen Firmware ändern Sie für die verschiedenen FRITZ!Box-Benutzer die Passwörter. Da nach der Erstinstallation die Passwörter auf ihre Standardwerte gesetzt wurden, sind sie aus Sicherheitsgründen umgehend zu ändern, damit jetzt kein Unbefugter Zugriff auf die FRITZ!Box hat. Grundsätzlich sind auf der FRITZ!Box folgende Kennungen vorhanden:

Benutzer/Kennung	Standardpasswort	Änderbar über
admin	freetz	Weboberfläche, Terminal, Rudi-Shell
root	freetz	Terminal, Rudi-Shell
ftp		Terminal, Rudi-Shell

Grundsätzlich ist es am besten, wenn Sie für Konfigurationsarbeiten die Weboberfläche von Freetz verwenden, weil dort die ordnungsgemäße Verarbeitung der Änderungen sichergestellt ist. Da das FRITZ!Box-Freetz-Linux neben dem »normalen« auch einen nicht beschreibbaren Teil des Dateisystems nutzt, werden hier viele Verweise genutzt.

Soll beispielsweise die Datei */etc/passwd* mittels *passwd* geändert werden, die sich im nicht beschreibbaren Teil des Dateisystems befindet, existiert hier ein Link auf */var/tmp/passwd*. Da das */var*-Dateisystem beschreibbar ist, kann die Passwortänderung zunächst temporär erfolgen, muss jedoch anschließend per *modsave* mit der »echten« */etc/passwd*-Datei synchronisiert werden, damit die Änderung auch nach einem Reboot der FRITZ!Box zur Verfügung steht.

Admin-Passwort ändern

Das Freetz-Web-Frontend rufen Sie entweder über die neuen Links im linken Fensterbereich unten im AVM-Web-Frontend auf, oder Sie geben die URL direkt in die Adresszeile des Browsers ein. Die Freetz-Einstellungen erreichen Sie über *http://fritz.box:81* – ist die FRITZ!Box beispielsweise unter der IP-Adresse *192.168.123.199* erreichbar, tragen Sie dahinter einfach den Doppelpunkt und den Port 81 ein. Dieses Web-Frontend ist ebenfalls geschützt und per Standardpasswort belegt. Nutzen Sie dafür den Benutzer *admin* – das dazugehörige Standardpasswort lautet *freetz*.

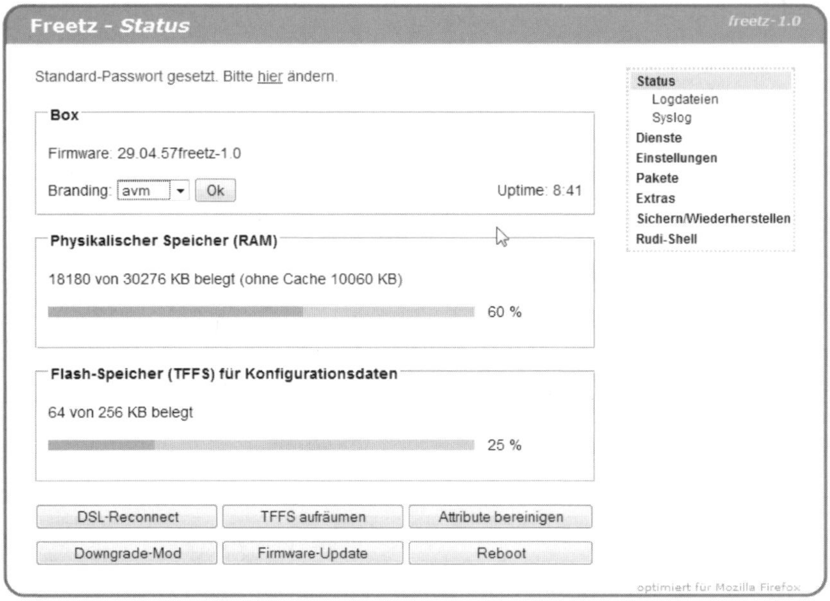

Bild 6.28 Beim erstmaligen Start des Freetz-Web-Frontends ist im oberen Bereich der Hinweis zu sehen, dass immer noch das Standardpasswort gesetzt ist. Das lässt sich per Klick auf den danebenstehenden Link ändern.

Bild 6.29 In diesem Dialog ändern Sie das Standardpasswort *freetz* für den User *admin* nun auf Ihr persönliches Passwort.

TIPP!

Wer sein persönliches Passwort für den User *admin* zu einem späteren Zeitpunkt erneut ändern möchte, kann das über den Link *http://fritz.box:81/cgi-bin/passwd.cgi* erledigen.

Root-Passwort ändern

Ist die neue Firmware installiert, sind die Benutzerkennungen für den FTP-Zugang, den administrativen Root-Zugang, auf die Standardeinstellungen gesetzt. Aus Sicherheitsgründen sollten Sie die Standardpasswörter umgehend auf ein sicheres persönliches Kennwort ändern. Im Heimnetz verwenden Sie zunächst die Telnet-Konsole, um die wichtigsten Einstellungen zu bearbeiten. Öffnen Sie unter Windows eine DOS-Eingabeaufforderung bzw. unter Mac OS ein Terminalfenster und geben Sie den Befehl:

```
telnet fritz.box
```

bzw.

```
telnet <FRITZ!Box-IP-Adresse>
```

ein. Das Zugriffspasswort lautet nach dem frischen Freetz-Firmware-Update *freetz*. Wer Windows Vista im Einsatz hat, wird möglicherweise eine Fehlermeldung erhalten.

Der Grund: Seit Vista gehört der Telnet-Client zu den optionalen Komponenten und wird standardmäßig bei der Windows-Installation nicht mit installiert. Um das nachzuholen, rufen Sie über die Systemsteuerung den Eintrag *Programme* auf und wählen bei *Programme und Funktionen* den Eintrag *Windows-Funktionen ein- oder ausschalten* aus.

Im nächsten Dialog navigieren zum Eintrag *Telnet-Client* und setzen dort das Häkchen. Nach dem Bestätigen per *OK*-Schaltfläche wird der Telnet-Client installiert und steht anschließend zur Verfügung.

Sind Sie eingeloggt, geben Sie folgenden Befehl ein, um das Root-Passwort zu ändern:

```
passwd
```

Nach Eingabe des Befehls *passwd* müssen Sie zunächst das gewünschte Passwort einmal und anschließend nochmals zur Bestätigung eingeben. Das Passwort wird nicht angezeigt, zudem hat Freetz einen Mechanismus eingebaut, der vor zu einfachen Passwörtern wie »Schatz«, »1234«, »test« und Ähnlichem warnt. Ist das Passwort geändert, muss es mithilfe dieser beiden Befehle in der FRITZ!Box gespeichert werden:

```
modusers save
modsave flash
```

Anschließend ist das Passwort für den Benutzer *root* geändert.

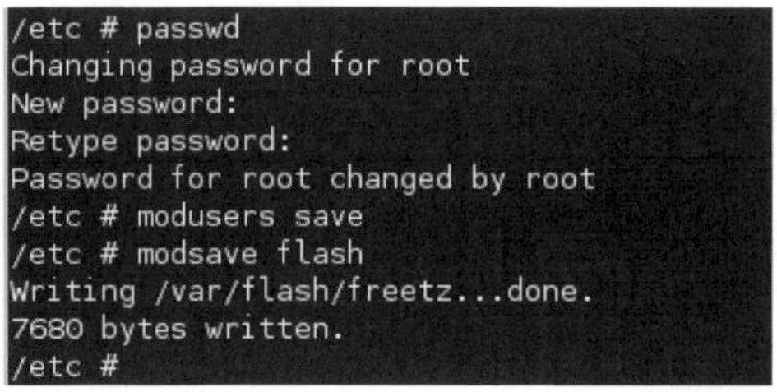

Bild 6.30 Erfolgreich geändert: Ist das neue Passwort auf der FRITZ!Box gespeichert, bleibt es auch nach einem Neustart der FRITZ!Box aktiv.

Wer zu faul ist, über ein Telnet-Fenster das Passwort zu ändern, kann auch über die Freetz-Weboberfläche das Passwort für den Root-Benutzer über die sogenannte Rudi(mentäre)-Shell ändern. Tragen Sie in der Rudi-Shell

```
(echo neuespasswort;sleep1;echo neuespasswort) | passwd
modsave all
```

ein. In diesem Fall ist das Kennwort für *root* auf den Eintrag *neuespasswort* gesetzt worden.

Samba und FTP über das Frontend einrichten

Wie die Änderung des Passworts wirkt auch eine manuelle Bearbeitung der Samba-Konfigurationsdatei zunächst nur temporär, da sie zunächst im Livesystem temporär gespeichert wird, aber nach einem Neustart nicht mehr zur Verfügung steht. Hier hilft entweder die Synchronisation via *modsave all* oder die bequeme Bearbeitung über das Web-Frontend von Freetz, um die Samba-Konfiguration zu verändern.

Über *Pakete/Samba* kommen Sie zum nachstehenden Dialog, der alle wesentlichen Samba-Parameter beinhaltet. Zunächst tragen Sie per Klick auf *Eigene Freigaben* im Bereich *Einstellungen* die Freigaben ein, auf die von den PCs im Heimnetz zugegriffen werden soll.

In diesem Beispiel sind zwei Freigaben eingerichtet – zunächst zu Kontrollzwecken eine Freigabe auf das gesamte Freetz-Linux-Dateisystem sowie die Freigabe *fritzbladde*, die den Inhalt der angeschlossenen USB-Festplatte mit der internen Bezeichnung *uStor01* (automatisch gemountet auf */var/media/ftp/uStor01*) für sämtliche Computer im Heimnetz zur Verfügung stellt.

```
[root]
  comment =
  path = /
  guest ok = yes
  read only = no
  user = ftpuser
  write cache size = 65536
```

```
[fritzbladde]
  comment = Fritz-Festplatte
  path = /var/media/ftp/uStor01
  guest ok = yes
  read only = no
  user = ftpuser
  write cache size = 65536
```

Wie auch immer, die Syntax für das Erstellen einer Freigabe ist immer die gleiche. Tragen Sie die gewünschte Freigabe, wie in der nachstehenden Abbildung zu sehen, ein und klicken Sie auf die Schaltfläche *Übernehmen*.

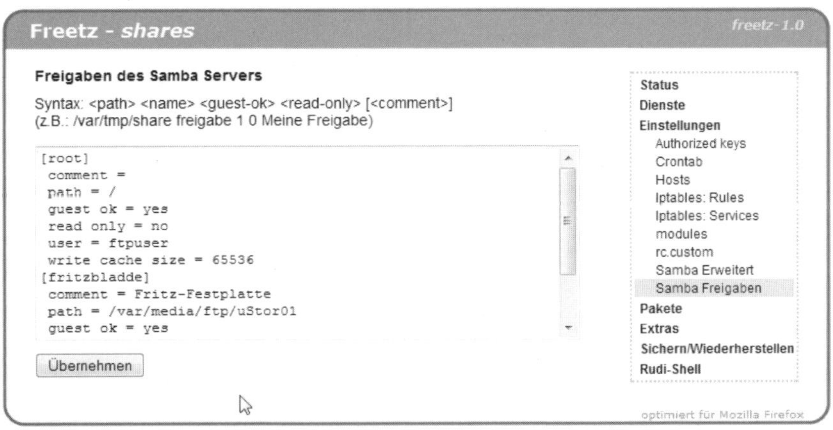

Bild 6.31 Keine Tippfehler bitte! Da Freetz keinen *testparm*-Mechanismus zur Prüfung der *smb*-Parameter zur Verfügung stellt, funktioniert die Samba-Konfiguration – oder eben nicht.

Anschließend konfigurieren Sie die Netzwerkschnittstelle. Tragen Sie die IP-Adresse samt Subnetzmaske der FRITZ!Box im Heimnetz ein. In diesem Beispiel ist die Standardeinstellung der FRITZ!Box mit *192.168.178.1/255.255.255.0* angegeben. Bei der Vergabe des NetBIOS-Namens sind Sie flexibel. Sie hat nur den Effekt, dass Sie die FRITZ!Box mit dieser Bezeichnung anschließend in der Samba-Windows-Netzwerkumgebung finden. Wichtiger ist die Bezeichnung der Arbeitsgruppe – da sie für alle Computer im Heimnetz identisch sein muss.

Per Klick auf die *Übernehmen*-Schaltfläche speichern Sie die Änderungen auf der FRITZ!Box. Anschließend starten Sie den Samba-Dienst per Mausklick neu. Dafür klicken Sie über *Dienste* im Bereich *Statische Pakete* bei *samba* auf die Schaltfläche *restart*.

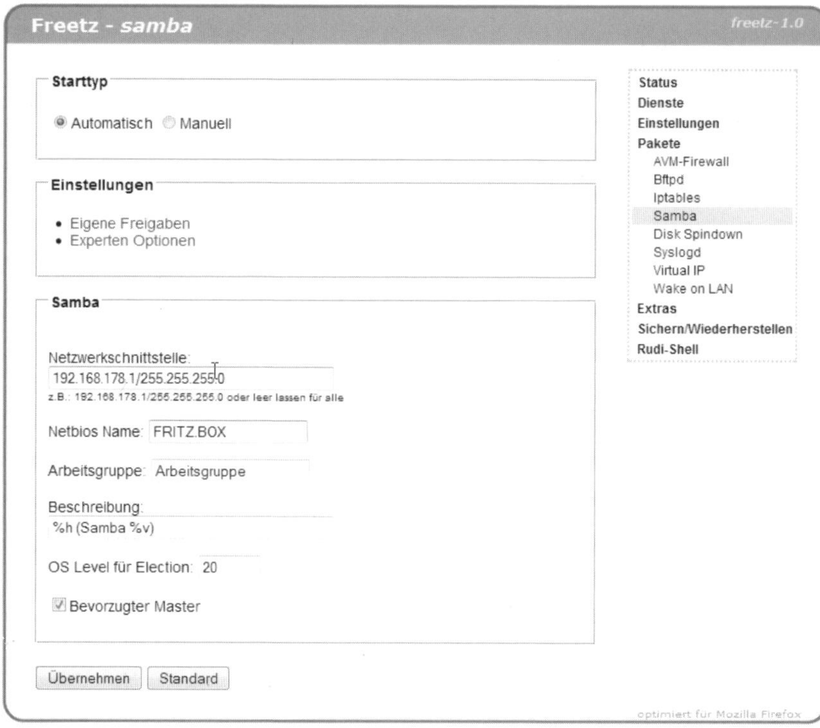

Bild 6.32 Neben der IP-Adresse passen Sie die Arbeitsgruppenbezeichnung (hier: *Arbeitsgruppe*) auf Ihrer heimischen Netzwerkumgebung an.

Wird der Samba-Dienst erfolgreich neu gestartet, hat Samba die gerade erstellte Konfiguration akzeptiert – anschließend müsste in der Netzwerkumgebung die neue Freigabe bzw. der FRITZ!Box-Server sichtbar sein.

Für den passwortgeschützten Zugriff verwenden Sie den Benutzer *ftpuser* mit dem im Standard-FRITZ!Box-Web-Frontend bei *Einstellungen/Erweiterte Einstellungen/USB-Geräte/USB-Speicher* im Bereich *Kennwortschutz aktivieren* gesetzten Passwort. Ist das Häkchen dort nicht gesetzt, ist der Zugriff im Heimnetz ohne Benutzername und Passwort auf die Samba-Freigabe möglich. In diesem Zusammenhang legen Sie hier bei *Zugriffsberechtigungen* auch fest, ob die Benutzer im Heimnetz entweder *nur Lesezugriff* oder *Lese- und Schreibzugriff* erhalten sollen.

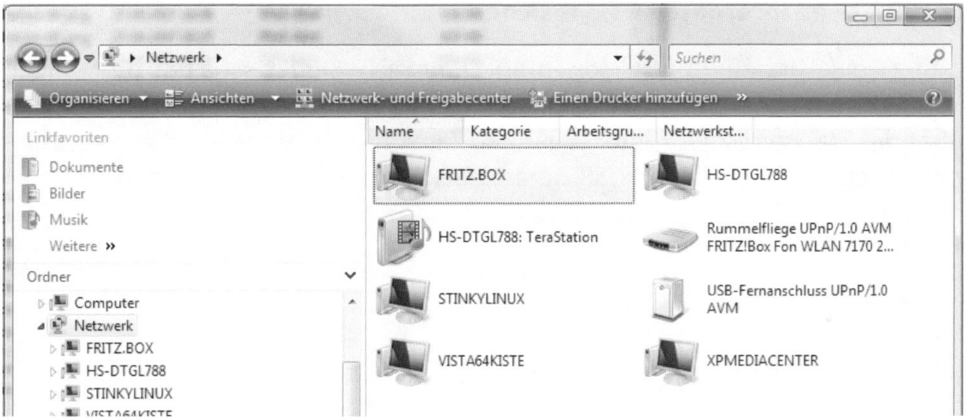

Bild 6.33 Erfolgreich: Die Samba-Konfiguration zeigt die FRITZ!Box sowie deren Freigaben nun in der Netzwerkumgebung von Windows an.

Aber auch unter Mac OS X ist die FRITZ!Box nun nicht nur als Serverlaufwerk sichtbar, sondern die angeschlossene Festplatte kann endlich als Netzwerkfreigabe für den Datenaustausch und dergleichen genutzt werden.

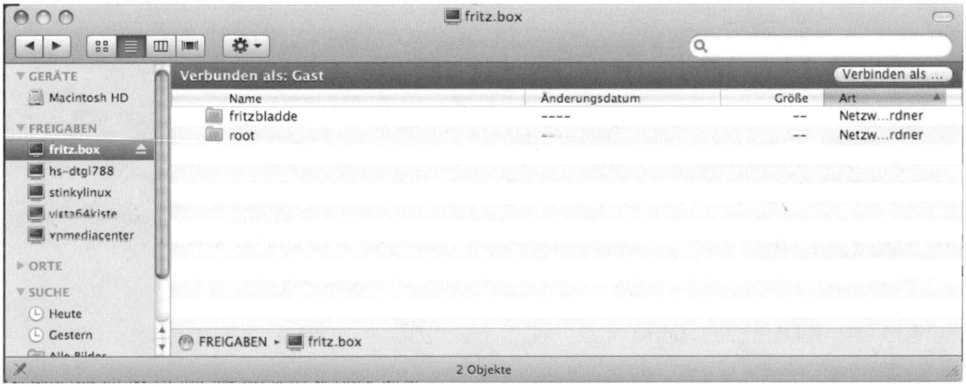

Bild 6.34 Die FRITZ!Box stellt die Samba-Freigaben unabhängig vom Betriebssystem im Heimnetz zur Verfügung – somit können nun auch Mac-Anwender die FRITZ!Box-Festplatte nutzen.

Mit Samba stellen Sie also die Daten im Heimnetz zur Verfügung – alternativ lässt sich auch ein FTP-Server einsetzen, der die Daten auf der FRITZ!Box-Festplatte nicht nur im Heimnetz, sondern auch im weltweiten Internet zur Verfügung stellt.

Festplatte im Internet? – FTP absichern

Damit keine unbefugten Personen auf Ihrem FTP-Server schalten und walten können, muss aus Sicherheitsgründen das Passwort vom AVM-FTP-Benutzer über das Standard-Webfrontend der FRITZ!Box gesetzt werden. Über *Einstellungen/Erweiterte Einstellungen/USB-Geräte/USB-Speicher* gelangen Sie zum entsprechenden Dialog.

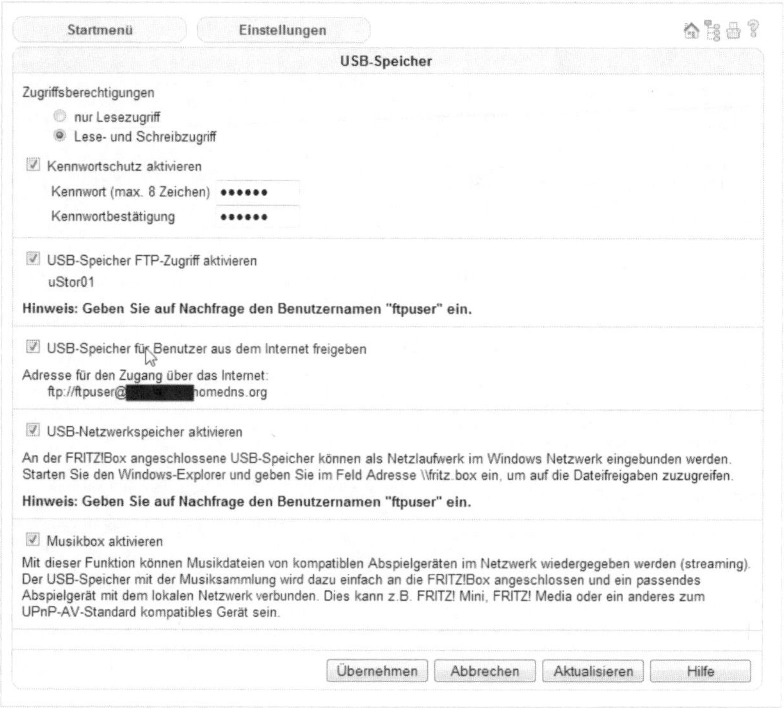

Bild 6.35 Diese Häkchen sind zu setzen, falls der Inhalt der FRITZ!Box-Festplatte über das Internet zur Verfügung stehen soll.

Anschließend ist die FRITZ!Box per Webbrowser über die Adresse *ftp://ftpuser@ihrdnsname.homedns.org* im Internet erreichbar.

6.3 Webspeicher und FRITZ!Box: Datenhaltung für Profis

Mit der rasanten Verbreitung von schnellen DSL-Anschlüssen und dem entsprechenden Platzangebot beim Anbieter ist es für wichtige Dateien durchaus sinnvoll, sie auch außerhalb der eigenen vier Wände zu sichern. Wer gerade an seiner Doktorarbeit schreibt oder sehr wichtige Daten auf seiner Festplatte hat, sollte immer vom schlimmsten Fall ausgehen: Die Daten sollten auch dann noch verfügbar sein, wenn das Arbeitszimmer abgebrannt ist oder der Computer abraucht und die externe USB-Festplatte crasht.

Anbieter wie GMX, web.de und andere statten ihre Kunden mit einer Menge an Speicherplatz im Netz aus. Das zahlende Publikum bekommt noch mehr Platz angeboten – bei GMX Topmail sind es derzeit über 10 GByte Kapazität. GMX TopMail beispielsweise bietet einen »wachsenden« Speicher für E-Mails, Fotos und andere Dokumente. Monat für Monat kommen zu Ihrem Speicherkontingent 100 MByte hinzu, sobald Sie das Kontingent erreicht haben. Sie brauchen sich um nichts zu kümmern, der Speicherplatz passt sich den Bedürfnissen an. Wer Geld für Speicherplatz zahlen möchte, sollte also abwägen und vergleichen. Hier eine Auswahl der Angebote – weitere finden Sie im Internet.

Anbieter	**Produkt**	**Speicherplatzkapazität**	**Informationen**
Freenet	MailBasic	k. A.	*www.freenet.de*
Freenet	MailPlus	5 GByte	*www.freenet.de*
Freenet	MailPower	unbegrenzt	*www.freenet.de*
GMX	FreeMail	1 GByte	*www.gmx.de*
GMX	ProMail	5 GByte	*www.gmx.de*
GMX	TopMail	>10 GByte	*www.gmx.de*

Die Tabelle verdeutlicht, dass Sie schon kostenlos massig Speicherplatz bekommen – doch viele Lösungen haben oft einen entscheidenden Nachteil: Daten können nur über eine Webseite in das entsprechende Postfach hochgeladen werden. Einfaches Kopieren via Datei-Explorer o. Ä. funktioniert erst mal nicht.

Lesen Sie jetzt, wie das mit der FRITZ!Box trotzdem bewerkstelligt werden kann. Damit lässt sich der Speicherplatz als virtuelle Festplatte im Netz nutzen. Anschließend werden Dateien und Verzeichnisse in ein im Windows Explorer eingebundenes Online-Laufwerk gespeichert.

Wer vermeiden möchte, dass die Daten auf dem Network Storage ohne Weiteres von anderen (etwa Administratoren des Betreibers) eingesehen werden können, verschlüsselt die Daten vor der Übertragung zusätzlich. Das geht schon mit einfachen Mitteln wie beispielsweise mit Kompressionsprogrammen wie UnRarX, StuffIt unter Mac OS oder WinRAR, 7-Zip etc. unter Windows – die meisten Programme am Markt bieten dafür einen Passwortschutz beim Erstellen der Archivdateien an. Soll das Archiv entpackt werden, ist das passende Passwort notwendig, damit der Zugriff auf den Inhalt möglich ist.

Egal ob Sie den Kennwortschutz verwenden oder nicht, ein Kompressionsprogramm sollten Sie in jedem Fall einsetzen. Das presst die Originaldateien nicht nur auf ein erträgliches Maß zusammen, sondern sorgt damit auch für schnellere Datenübertragungsraten. Zudem lässt sich der Platz auf dem Network Storage besser ausreizen. Die Datenübertragung auf den Webspeicherplatz erfolgt via FRITZ!Box-Cache mittels WebDAV, einem eigens dafür geschaffenen HTTP-kompatiblen Protokoll.

Mit WebDAV können auf einfache Weise Daten von der lokalen an der FRITZ!Box angeschlossenen Festplatte auf einen Internetserver hochgeladen werden. Das bietet nicht nur Speicherplatz, sondern lässt sich auch als Laufwerk im Finder unter Mac OS bzw. im Windows Explorer einbinden. Welchen Vorteil das haben kann, lesen Sie im nächsten Abschnitt, in dem das anhand der GMX-Lösung demonstriert wird.

WebDAV-Speicher mit der FRITZ!Box koppeln

Das GMX MediaCenter dient als Online-Ablage für wichtige Daten, für Digitalbilder, MP3-Files sowie auch für Fax- und Sprachnachrichten. Damit haben Sie wichtige Dateien von jedem PC aus, der mit einem Internetanschluss versorgt ist, jederzeit griffbereit. Das MediaCenter ist eine an die GMX-Mailbox gekoppelte Online-Festplatte. Bei einem TopMail-Account stehen mehr als 10 GByte Speicher für E-Mails und Dateien zur Verfügung.

Praktisch ist auch die Attachment-Funktion: Damit lassen sich direkt aus einer E-Mail heraus Attachments mit einem Klick in das GMX MediaCenter verschieben. Besonders bequem: Dank WebDAV lassen sich die Mediacenter von 1&1, web.de, GMX etc. mit der FRITZ!Box koppeln und anschließend als Freigabe bzw. Netzlaufwerk nutzen.

In der neuen FRITZ!Box 7390 hat AVM einen internen Speicher mit 512 MByte Kapazität verbaut, der als Netzwerkspeicher (NAS) für die angeschlossenen Computer zur Verfügung gestellt werden kann. Die dort gespeicherten Daten können zunächst per FTP zur Verfügung gestellt werden, doch mit der Zeit wird der Speicherplatz dort recht knapp. Sie können dann an eine der beiden USB-Schnittstellen der FRITZ!Box (USB 2.0) einen USB-Stick oder besser gleich eine externe USB-Festplatte anschließen, um den verfügbaren Speicherplatz zu erweitern.

Bild 6.36 Neue praktische Möglichkeiten mit der neuen FRITZ!Box: Wer den sogenannten Online-Speicher eines Internetanbieters im Einsatz hat, kann dessen Inhalt auf die angeschlossene USB-Festplatte der FRITZ!Box spiegeln. Dafür setzen Sie das Häkchen bei *Online-Speicher aktivieren*, wählen den Dienstanbieter aus und tragen die Anmeldedaten des Servers ein (WebDAV).

Um den Online-Speicher der FRITZ!Box beispielsweise unter Windows einzubinden, tragen Sie in der Adressleiste im Explorer einfach *\\fritz.box* ein. Anschließend erscheint eine Kennwortabfrage. Hier ist der Benutzername standardmäßig *ftpuser* – das dazugehörige Kennwort setzen Sie unter *Einstellungen/Erweiterte Einstellungen/Speicher (NAS)/Einstellungen* im oberen Bereich bei *Berechtigung für den Netzwerkzugriff.*

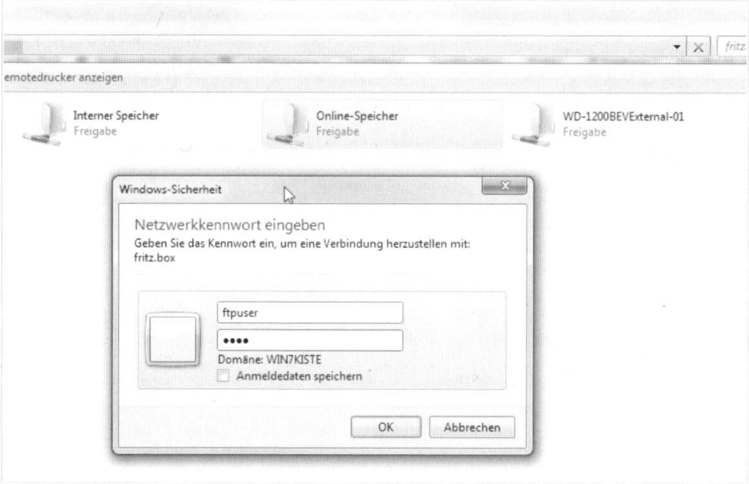

Bild 6.37 Im Windows Explorer tragen Sie für den Benutzer *ftpuser* das persönliche Kennwort ein.

Abhängig von der Download-Geschwindigkeit des Internetanschlusses dauert es anschließend einen Moment, bis der Online-Speicher gespiegelt auf der USB-Festplatte vorhanden ist. Er dient vorwiegend als Cache und weniger als Backup – kann jedoch auch als Sicherheitskopie für den Online-Speicher genutzt werden. Hier ist lediglich darauf zu achten, dass für den Cache auch immer genügend freier Speicherplatz auf der USB-Festplatte zur Verfügung steht.

Anschließend wird der Inhalt wie ein lokaler Ordner im Explorer angezeigt. Das Bearbeiten, Löschen, Kopieren und Verschieben von Dateien und Ordnern ist wie gewohnt mit dem Explorer möglich. Für das händische Verschieben und Kopieren von Daten auf den Network Storage ist das GMX MediaCenter also eine äußerst praktische Sache. Das Arbeiten an verschiedenen Computern wie Macbooks oder auch innerhalb von Heim- und Firmennetzwerken erfordert oft ein bequemeres automatisiertes Abgleichen von Datenbeständen. Damit sind entsprechende Daten immer auf dem gleichen Stand.

6.4 Daten mit der FRITZ!Box-Festplatte synchronisieren

Eine unkomplizierte Datensynchronisation ermöglichen viele Tools. Suchen Sie per Google einfach nach »Freeware Tools Synchronisation Download«. Etliche Programme sind bereits mit dem Funktionsumfang der Freeware-Version für die meisten Zwecke geeignet. In der Bedienung sind sie einfach – manche bieten zusätzliche Funktionen wie zeitliche Synchronisation und Datenüberprüfung.

Für das folgende Beispiel wird die Freeware Allway Sync verwendet. Sie präsentiert sich einfach und intuitiv.

⊡ LESEZEICHEN

http://www.allwaysync.com

Allway Sync: Nach dem Download und der Installation des Programms starten Sie Allway Sync.

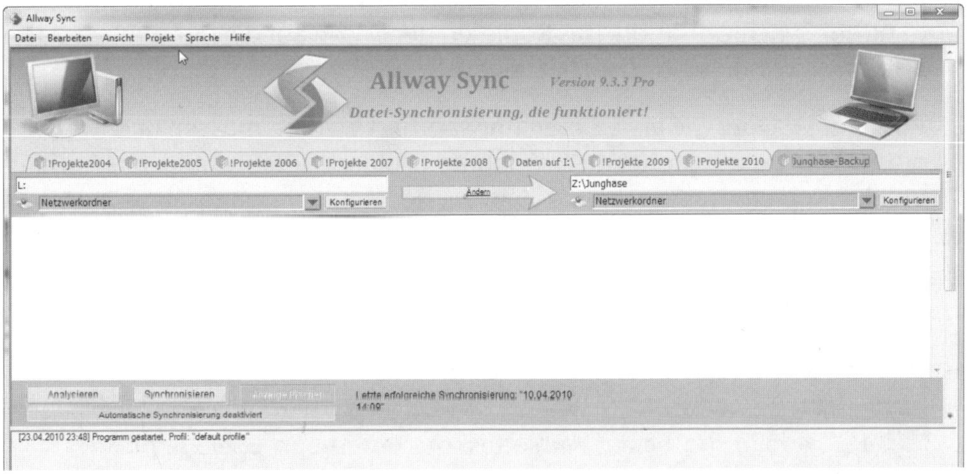

Bild 6.38 Allway Sync bietet eine übersichtlich gestaltete Benutzeroberfläche: Im linken Bereich ist der Quellordner, im rechten Bereich der Zielordner für die Synchronisation anzugeben.

Voraussetzung für den Betrieb mit der FRITZ!Box-Festplatte ist natürlich, dass im Windows Explorer ein Laufwerkbuchstabe für eine Freigabe auf der FRITZ!Box-Festplatte zur Verfügung steht.

1. Klicken Sie auf die *Analysieren*-Schaltfläche, wird der angegebene Ordner mit den darin enthaltenen Dateien samt Unterverzeichnissen mit dem Ziellaufwerk abgeglichen, und die Unterschiede werden dokumentiert.

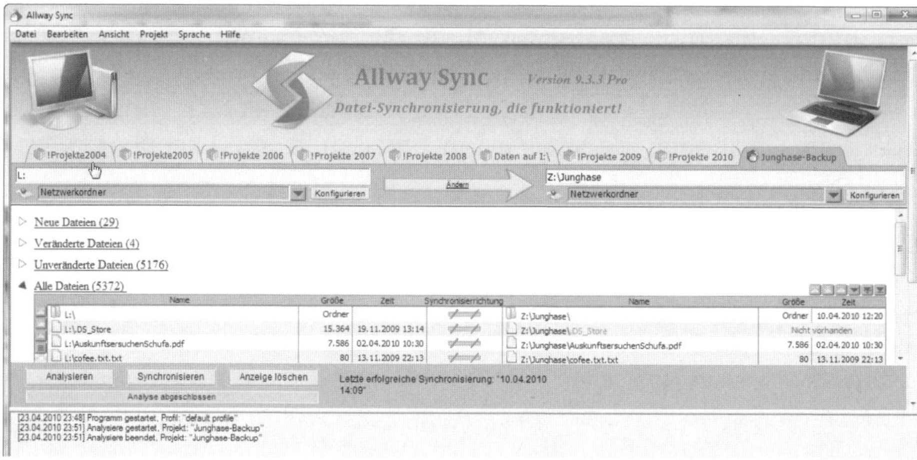

Bild 6.39 Allway Sync bemerkt Dateidatums- und Strukturkonflikte und zeigt sie bei der Analyse an.

2. Mit dem Klick auf die Schaltfläche *Synchronisieren* starten Sie den Kopiervorgang zur Synchronisation. Das Kopieren der Daten auf die Internetfestplatte erfolgt via Windows-Netzwerklaufwerk.

   Abhängig davon, wie viele Daten transportiert werden müssen und wie groß die zur Verfügung stehende Bandbreite (Upload-Geschwindigkeit) ist, dauert das Kopieren eine gewisse Zeit. Ist der Kopiervorgang abgeschlossen, starten Sie anschließend nochmals eine Analyse, um festzustellen, ob sämtliche Daten auch korrekt kopiert und übers Netzwerk übertragen wurden.

TIPP!

Für Sicherheitsfetischisten gilt ...

Der Administrator des Anbieters, der Ihnen den Speicherplatz zur Verfügung stellt, kann prinzipiell auf jeden Ordner und jede Datei auf Ihrer Internetfestplatte zugreifen. Bei persönlichen oder heiklen Daten ist es deswegen empfehlenswert, diese Daten zunächst lokal zu verschlüsseln oder zumindest mit einem Passwort vor dem lesenden Zugriff zu sichern. Hier bieten die gängigen Packprogramme wie WinRAR, 7-Zip oder WinZip die Möglichkeit, das Öffnen eines Archivs mit einem Passwort abzusichern. Anschließend übertragen Sie wie gehabt die Archivdateien auf die Internetfestplatte.

7 FRITZ!-Server für zu Hause und das Internet

Windows 7, Vista und XP bieten von Haus aus keine Serverdienste und Programme an, mit denen Sie Daten, Musik, Videos und vieles mehr im heimischen Netz und auch im Internet für Freunde und Bekannte bequem zur Verfügung stellen könnten. In der Vergangenheit war dafür ein Extrarechner mit installiertem Linux oder ein gemieteter Server notwendig, der permanent im Netz zur Verfügung stand. Der ganze Aufwand mit zusätzlichem Rechner und Linux muss nicht sein, mithilfe einer dynamischen IP-Adresse machen Sie Ihr FRITZ!Box-Heimnetz im Internet bekannt. Mit dem in der FRITZ!Box eingebauten FTP-Server stellen Sie die Daten im Netz oder im Internet zu Verfügung.

Das Beste: Mit der in der FRITZ!Box eingebauten Benutzerverwaltung ist der Zugriff auf den FTP-Server eingeschränkt, damit nicht jeder Schindluder damit treiben kann. Beim Einrichten einer solchen Lösung gehen Sie grundsätzlich folgendermaßen vor:

- Dynamische DNS-Adresse einrichten.
- Dynamischen DNS Client installieren und konfigurieren, falls der DSL-Router keinen DynDNS-Mechanismus unterstützt.
- FTP-Server installieren und konfigurieren.
- Benutzer und Benutzergruppen einrichten.
- Verzeichnisse für FTP-Server freigeben.

Lesen Sie nun, was dynamisches DNS ist, wofür es benötigt wird und wie Sie einen kostenlosen Anbieter wie DynDNS installieren und konfigurieren.

7.1 Voraussetzung für den Heimserver: Dynamic DNS

Jedes Mal, wenn Sie sich in das Internet einloggen, bekommt Ihr Computer automatisch vom Provider eine IP-Adresse zugeteilt. TCP und IP sind die wichtigsten Protokolle, die für die Kommunikation zwischen Rechnern möglich sind – es gibt jedoch auch weitere Protokolle wie beispielsweise FTP (*File Transfer Protocol*), das zur Übertragung von Dateien über TCP/IP-Netzwerke eingesetzt wird.

Jeder Computer, der in einem Netzwerk TCP/IP nutzen möchte, benötigt eine IP-Adresse. Diese IP-Adresse lautet bei jeder Einwahl anders – sie stammt aus einem IP-Adresspool, den der Internetprovider reserviert hat.

Mit einem Klick der rechten Maustaste auf das Symbol *Netzwerkumgebung* rufen Sie das Kontextmenü der Verbindung auf. Im Register *Allgemein* kommen Sie mit einem Klick auf *Eigenschaften* an die TCP/IP-Einstellungen der Netzwerkkarte. Dort steht meist *IP-Adresse automatisch beziehen* und *DNS-Serveradresse automatisch beziehen*.

Mit dem Befehl *ipconfig /all* erfahren Sie im MS-DOS-Eingabefenster die aktuelle IP- und DNS-Serveradresse Ihres Rechners. Eine DNS-Serveradresse ist notwendig, um überhaupt im Internet surfen zu können. Nur mit DNS weiß der Rechner, welche zugehörige IP-Adresse beispielsweise der Name *www.franzis.de* besitzt. Der DNS-Server des Internetanbieters löst den Namen in eine IP-Adresse auf und leitet die Anfrage an den entsprechenden Rechner weiter. Dank der DNS-Technik funktioniert das alles automatisch, und Sie brauchen sich keine komplizierten IP-Adressen zu merken. Ist die IP-Adresse eines Rechners bekannt, ist er eindeutig identifizierbar.

```
Ethernetadapter LAN-Verbindung 8:

        Verbindungsspezifisches DNS-Suffix:
        Beschreibung. . . . . . . . . . . : 3Com EtherLink XL 10/100 PCI-TX-NIC (3C905B-TX) #3
        Physikalische Adresse . . . . . . : 00-01-02-0D-5B-59
        DHCP aktiviert. . . . . . . . . . : Nein
        IP-Adresse. . . . . . . . . . . . : 192.168.123.174
        Subnetzmaske. . . . . . . . . . . : 255.255.255.0
        Standardgateway . . . . . . . . . : 192.168.123.199
        DNS-Server. . . . . . . . . . . . : 192.168.123.199

C:\>ipconfig /all
```

Bild 7.1 Mit dem Befehl *ipconfig /all* können Sie in einem MS-DOS-Eingabefenster unter Windows die vom Provider zugeteilte IP-Adresse erfahren, falls der PC mit einer DSL-Direktverbindung verbunden ist.

Soll auf Ihren Rechner zugegriffen werden können, etwa weil Sie einem Bekannten Dokumente oder Musik zur Verfügung stellen wollen, benötigt dieser die IP-Adresse Ihres Rechners. Genau diese IP-Adresse ist abhängig von der Internetverbindung und ändert sich bei jedem Einloggen ins Netz, da Sie keine Standleitung und keine feste IP-Adresse haben. Bei einem DSL-Router schauen Sie einfach in das Statusfenster der DSL-Router-Konfigurationsseiten – hier ist die aktuelle Internet-IP-Adresse zu sehen.

Der Anbieter teilt Ihrem PC bei jeder neuen Einwahl eine IP-Adresse aus seinem Adresspool zu, und Ihre Bekannten müssen abermals bei Ihnen die aktuelle IP-Adresse nachfragen, wenn sie von Ihnen Musik, Daten und anderes laden wollen. Damit Sie nicht täglich von diesen Fragen belästigt werden, können Sie mithilfe von Dynamic DNS Ihrem Rechner einen individuellen, festen Domain-Namen zuweisen, auch wenn dieser keine feste IP-Adresse im Internet besitzt.

DNS: Namen statt Zahlen

Der Vorteil von DNS ist, dass Sie den Computer auch über seinen Namen ansprechen können. Es ist einfacher, statt einer IP-Adresse wie *http://192.168.123.1* die Adresse *http://IHRDOMAINNAME.dyndns.org* einzutippen. Namen lassen sich ja bekanntermaßen leichter merken als Zahlen bzw. IP-Adressen. Für das dynamische DNS gibt es verschiedene Anbieter, die ihre Dienste zum Teil kostenlos anbieten.

```
C:\>ping www.franzis.de

Ping www.franzis.de [80.237.189.137] mit 32 Bytes Daten:

Antwort von 80.237.189.137: Bytes=32 Zeit=37ms TTL=54
Antwort von 80.237.189.137: Bytes=32 Zeit=37ms TTL=54
Antwort von 80.237.189.137: Bytes=32 Zeit=37ms TTL=54
Antwort von 80.237.189.137: Bytes=32 Zeit=36ms TTL=54

Ping-Statistik für 80.237.189.137:
    Pakete: Gesendet = 4, Empfangen = 4, Verloren = 0 (0% Verlust),
Ca. Zeitangaben in Millisek.:
    Minimum = 36ms, Maximum = 37ms, Mittelwert = 36ms

C:\>
```

Bild 7.2 Mit dem Befehl *ping -a DNS-Name* finden Sie die IP-Adresse eines DNS-Namens heraus. In diesem Beispiel lautet die IP-Adresse für *www.franzis.de 80.237.189.137*.

Geben Sie beispielsweise *http://IHRDOMAINNAME.dyndns.org* in die Adressleiste des Webbrowsers ein, erkennt dieser mittels des *http*-Kürzels, dass er das HTTP-Protokoll verwenden muss. Die Zeichenfolge // bedeutet, dass es sich um eine absolute URL handelt. Mit der URL *IHRDOMAINNAME.dyndns.org* wird ein Kontakt zum DNS-Server Ihres ISP (*Internet Service Provider*) hergestellt. Damit wird der DNS-Name in eine IP-Adresse umgewandelt.

Neben DynDNS gibt es noch weitere Anbieter, die eine solche Funktionalität zur Verfügung stellen. Drei typische kostenlose sind in der folgenden Tabelle aufgeführt. Die Vorgehensweise ist im Prinzip immer die gleiche, für welchen Sie sich entscheiden, bleibt Ihnen überlassen.

LESEZEICHEN

www.no-ip.com
www.dyndns.org
www.opendns.be

DynDNS-Anbieter: Hier ein Auswahl kostenloser Anbieter, von oben nach unten: no-ip.com, DynDNS und Open DNS Belgien.

Egal für welchen Anbieter Sie sich entscheiden, die Prozedur des Registrierens, Einrichtens und der Konfiguration des Clients bleiben Ihnen nicht erspart. Anhand des Anbieters DynDNS finden Sie hier die notwendigen Schritte im Detail. Bei einem anderen Anbieter läuft es vergleichbar ab. Bei DynDNS können Sie nach der Anmeldung über den Menüpunkt *Dynamic DNS* kostenlos bis zu fünf Subdomain-Adressen anlegen. Als Domain-Erweiterung stehen Namen wie *dyndns.org, dnsalias.net, homeftp.net* und viele mehr zur Verfügung.

Ihr eigener Computer zu Hause wäre dann zum Beispiel unter der Webadresse *IHRDOMAINNAME.dyndns.org* im Internet zu erreichen. Für den privaten Anwender reicht das in der Regel aus. Wer mehr haben möchte, muss Geld bezahlen. Dafür können Sie einen »echten« Domain-Namen ohne eine Erweiterung wie *dyndns.org* mit der wechselnden IP-Adresse verbinden.

Dynamische DNS-Adresse einrichten

Egal ob DynDNS, no-ip.com & Co. – das Einrichten einer dynamischen DNS-Adresse verläuft prinzipiell immer nach folgendem Schema:

1. Rufen Sie in Ihrem Browser mit *www.dyndns.org* die DynDNS-Website auf und klicken Sie hier auf den Link *Create Account*. Auf dem Online-Registrierungsformular legen Sie zunächst einen Benutzernamen fest und geben sowohl eine E-Mail-Adresse als auch ein Passwort an.

Bild 7.3 Eingabe der Benutzerinformationen.

2. Mit einem Klick auf die Schaltfläche *Create Account* schließen Sie die Registrierung nach Lesen und Bestätigen der Geschäftsbedingungen ab. Die Mühlen beim Anbieter beginnen zu mahlen, und der Account wird eingerichtet. Kurz danach erhalten Sie eine E-Mail vom Anbieter, über die Sie den soeben erstellten Account bestätigen.

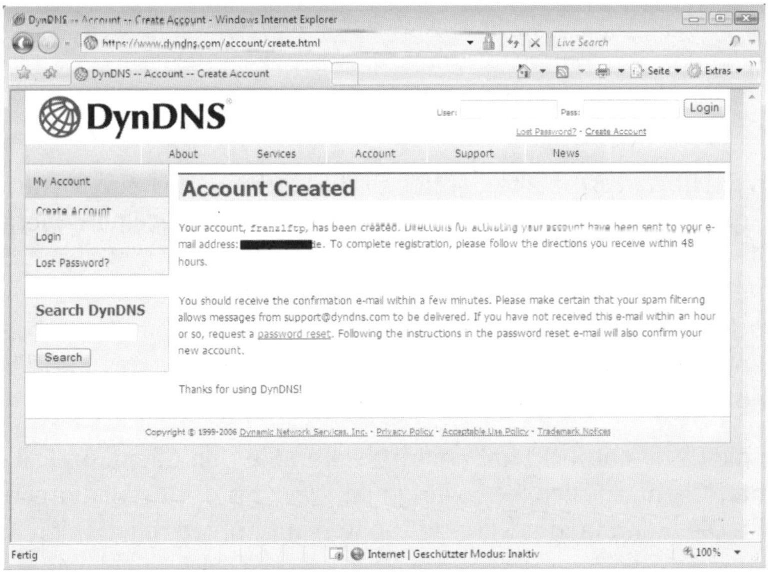

Bild 7.4 Der Account wird eingerichtet.

3. Loggen Sie sich jetzt bei DynDNS ein und erstellen Sie einen DNS-Namen. Der DNS-Name, den Sie hier festlegen, wird Ihr Internet-Domain-Name, der mit der Endung *dyndns.org* komplettiert wird. Über *Account* und *Login* gelangen Sie zu den persönlichen Einstellungen. Über *My Services/My Hosts/Dynamic DNS* und *New Dynamic DNS Host* tragen Sie den Namen der gewünschten Domain ein. Anschließend stellen Sie den Domain-Namen (hier: *dyndns.org*) Ihrer Wahl ein. Das war's.

4. Nach einem Klick auf die Schaltfläche *Add Host* ist Ihre dynamische Domain im Internet aktiv. Jetzt benötigen Sie nur noch einen Mechanismus für das Übermitteln Ihrer IP-Adresse an den Anbieter. Im Feld *Hostname* tragen Sie den gewünschten DNS-Namen für Ihren PC ein. Daneben wählen Sie die gewünschte Domain aus.

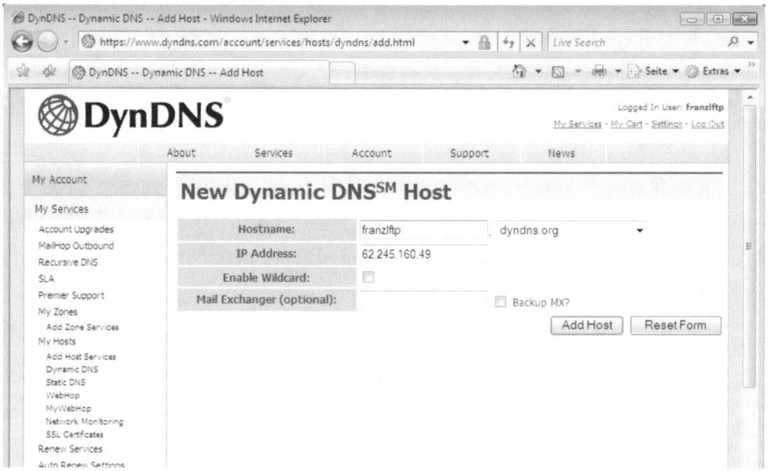

Bild 7.5 DNS-Namen auswählen.

5. Ändert sich die IP-Adresse, sollte der heimische Rechner die neue IP-Adresse dem DNS-Anbieter automatisch mitteilen. Das geschieht über einen Agenten, der im Hintergrund läuft. Unter *www.dyndns.org/services/dyndns/clients.html* finden Sie den passenden Client für Ihr Betriebssystem. Wer einen DSL-Router mit entsprechender DynDNS-Funktionalität im Einsatz hat, braucht natürlich keinen Client auf dem Rechner zu installieren – nahezu jedes FRITZ!Box-Modell bringt mit der aktuellsten Firmware diese Funktion mit.

   Sobald Sie die Datei entpackt haben, installieren Sie den Client. Im Fall des DirectUpdater-Clients klicken Sie so lange auf *Next*, bis die Installation abgeschlossen ist. Die Standardeinstellungen sollten auf Anhieb funktionieren.

Bild 7.6 Client konfigurieren und Verbindungsdaten eintragen.

6. Nach der Installation nistet sich der DynDNS-Client in der Windows-Taskleiste als Dienst ein. Mit der rechten Maustaste wählen Sie im Kontextmenü *Launch Admin now* und passen die Verbindungsdaten für DynDNS an. Danach klicken Sie im Register *Status* auf *Create.*

   Zunächst wählen Sie Anbieter und Domain-Name aus und tragen das Passwort dafür ein.

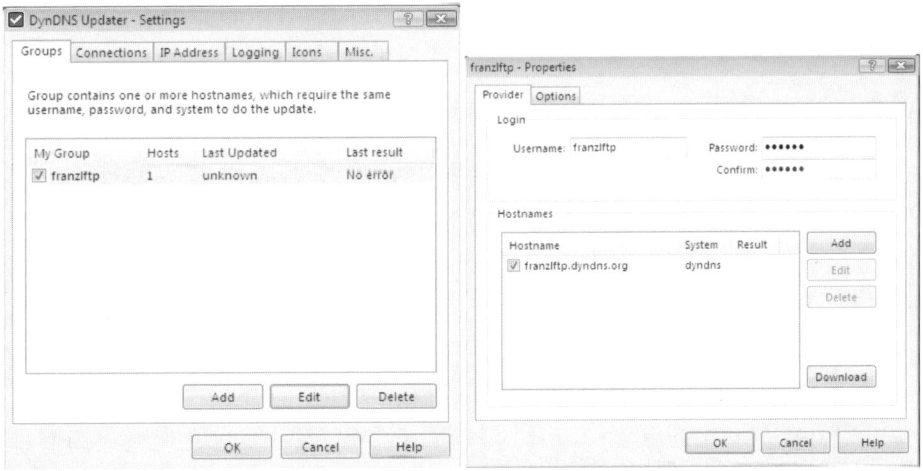

Bild 7.7 Klicken Sie auf *Edit* und überprüfen Sie die Einstellungen des Hostnamens und des Passworts. Sind diese Informationen korrekt eingetragen, übermittelt der PC in regelmäßigen Abständen die aktuelle IP-Adresse an den DynDNS-Server.

7. Mit einem Ping (*ping IHRDOMAINNAME.dyndns.org*) im DOS-Fenster können Sie das Ergebnis überprüfen. Liefert der *ping*-Befehl eine Antwort samt IP-Adresse zurück, ist alles in Ordnung. Falls nicht, liefert *ping* die Fehlermeldung *Zielhost nicht erreichbar.* In diesem Fall ist zu prüfen, ob der Agent die IP-Adresse übermittelt hat. Im Register *Logging* erhalten Sie in der Log-Datei des Agenten Informationen darüber.

7.2 FTP-Server Marke Eigenbau: CesarFTP

Eine Alternative zu dem in der FRITZ!Box eingebauten FTP-Server ist CesarFTP, eine einfach einzurichtende und leistungsfähige Freeware-Lösung. Auch wer mit der englischen Sprache auf Kriegsfuß steht, kann unbesorgt weiterlesen: CesarFTP ist zwar auf Englisch, aber durchgängig leicht bedienbar. Damit können Sie Dateien, Musik, Videos und vieles mehr für andere zur Verfügung stellen und zum Download anbieten. Zusätzlich können die Besucher Dateien hochladen und auf Ihrem Rechner ablegen, vorausgesetzt, es ist ihnen erlaubt. Besonders interessant: Es können verschiedene Benutzergruppen angelegt werden, damit nicht alle, die sich auf Ihrem FTP-Server einloggen, die gleichen Rechte haben.

Mit detaillierten Einstellungen und dem leistungsfähigen virtuellen Dateisystem legen Sie selbst fest, was welcher Besucher in welchem Ordner sehen, laden, verändern oder löschen darf. Damit Ihnen Ihre Besucher nicht zu viel Übertragungsbandbreite rauben, können Sie für die Benutzer oder Benutzergruppen eine sogenannte Ratio-Funktion aktivieren. Damit kann der Besucher auf Ihrer Seite beispielsweise nur so viele Daten herunterladen, wie er selbst für andere auf Ihrem FTP-Server zur Verfügung stellt und hochlädt. Für Erbsenzähler lässt sich das Tauschverhältnis gar Byteweise abrechnen.

Sollten Sie noch keine Erfahrungen mit einem FTP-Client gemacht haben, kein Problem – weiter unten wird gezeigt, wie Sie mit einem FTP-Programm auf Ihren oder einen x-beliebigen FTP-Server zugreifen und Daten laden können. Doch dazu später mehr –es geht erst mal an die Installation des FTP-Servers.

CesarFTP installieren und konfigurieren

Die Installation des CesarFTP-Servers ist innerhalb weniger Minuten erledigt. Normalerweise sind Installation und Konfiguration eines FTP-Servers zeitraubende Angelegenheiten – CesarFTP ist schon sehr gut voreingestellt, damit Sie als Einsteiger sofort loslegen können.

⊡ LESEZEICHEN

http://bit.ly/9IMAAk

CesarFTP: Hier der Download-Link von der CHIP-Website. Sie können auch nach CesarFTP googeln und die Setup-Datei *CesarFTP.exe* auf Ihre Festplatte laden.

1. Nach dem Download starten Sie mit einem Doppelklick auf die Setup-Datei *CesarFTP.exe* die Installation. CesarFTP weist darauf hin, dass während der Installation keine anderen Programme in Betrieb sein sollen. Deswegen wird empfohlen, diese während der Installation zu beenden. Mit Klick auf *Next* gelangen Sie zum nächsten Schritt.

2. Wie viele andere Programme bringt auch CesarFTP seine eigenen Lizenzbedingungen mit. Obwohl Freeware, sichert sich der Hersteller hier gegen etwaige Schäden ab, die durch sein Produkt entstehen könnten. Mit Klick auf *Yes* kommen Sie zum nächsten Dialog.

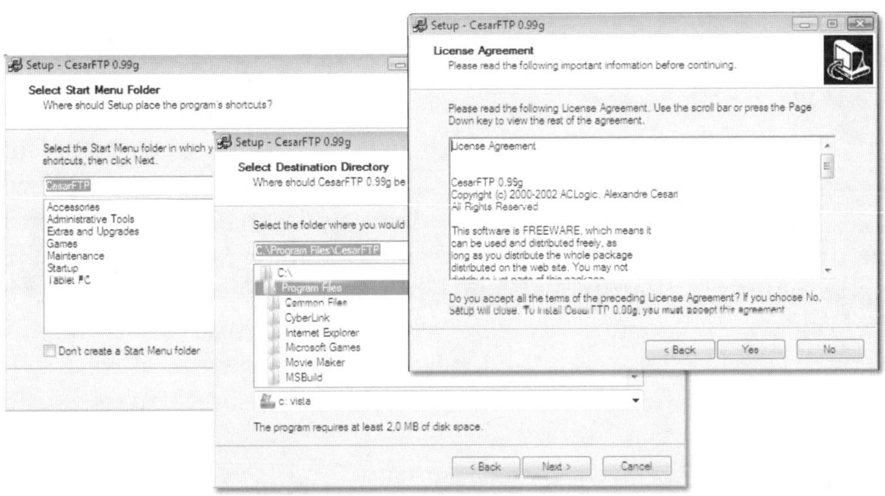

Bild 7.8 Nun legen Sie den Speicherort der Programmdateien von CesarFTP fest. Normalerweise sind die Voreinstellungen in Ordnung.

3. Wenn Sie das Programm in einem anderen Ordner installieren möchten, geben Sie diesen Installationspfad an. Möchten Sie CesarFTP in einer anderen Programmgruppe im Startmenü unterbringen, können Sie diese Gruppe ebenfalls hier angeben. Mit *Next* geht es wieder weiter.

4. Wer es übersichtlich mag, aktiviert die Option *Create a desktop icon*. In diesem Fall wird für das Programm eine Desktopverknüpfung angelegt. Noch mal ein Klick auf *Next,* und ein weiterer Klick auf die Schaltfläche *Install* startet die Übertragung der Programmdateien in den Programmordner.

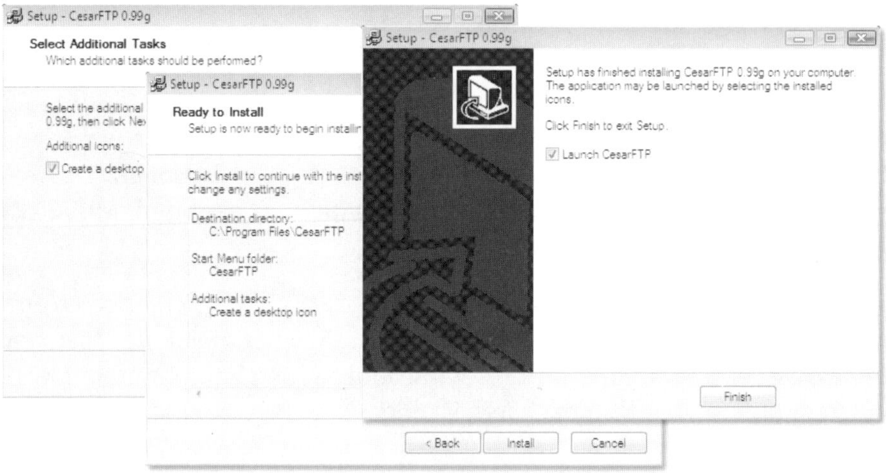

Bild 7.9 Mit *Finish* wird die Installation von CesarFTP abgeschlossen. Ist die Option *Launch CesarFTP* aktiviert, wird CesarFTP sofort gestartet.

5. Prinzipiell sollte der FTP-Server nach der Installation reibungslos laufen. CesarFTP ist sehr gut vorkonfiguriert, dennoch sind einige wenige, aber wichtige Einstellungen vorzunehmen. So erfreut manchen Besucher ein persönlicher Begrüßungstext beim Log-in. Alternativ können Sie auch Nutzungsbedingungen oder Informationen zum Inhalt des FTP-Servers eingeben. Setzen Sie Windows XP, Windows Vista oder Windows 7 ein, ist es zusätzlich sinnvoll, den Start des FTP-Servers als Service einzutragen. In diesem Fall wird der FTP-Server automatisch beim Booten Ihres Rechners gestartet und ist für alle im Internet erreichbar.

6. Über die Menüleiste und *Settings/Edit Server Options* gelangen Sie zu den Konfigurationseinstellungen des FTP-Servers. Im Register *General* nehmen Sie kleinere Einstellungen vor, so bestimmen Sie beispielsweise den Begrüßungstext für Ihre Besucher.

   Im Register *IP Configuration* erledigen Sie die IP-Konfiguration des FTP-Servers, indem Sie die IP-Adresse des FTP-Servers in Ihrem Netz einstellen.

   Im Register *Ban* werden die IP-Adressen unerwünschter Störenfriede gespeichert, die Sie einfach per Mausklick »rauskicken« können.

Bild 7.10 Beim erstmaligen Start von CesarFTP schlägt die Windows-Firewall Alarm. Soll ein entfernter Rechner mit dem installierten FTP-Server Kontakt aufnehmen dürfen, klicken Sie die Schaltfläche *Nicht mehr blocken* an.

Schauen Sie ab und an in das Register *Log*. Log-Dateien sind das A und O, um Fehlern und verdächtigen Aktivitäten auf dem FTP-Server auf die Schliche zu kommen. Dafür lassen Sie von CesarFTP sämtliche Dateioperationen sowie Verbindungs- und Log-in-Vorgänge protokollieren.

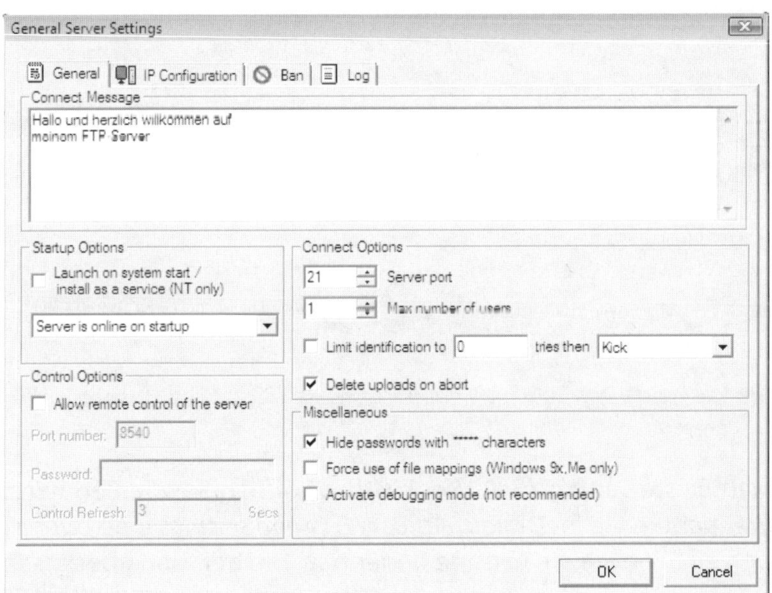

Bild 7.11 Beim Start von CesarFTP erscheint eine übersichtliche und aufgeräumte Oberfläche. Über *Startup Options* können Sie das Startverhalten von CesarFTP steuern.

Nach den Grundeinstellungen richten Sie Gruppen und Benutzer ein, damit nicht jeder auf Ihrem Rechner Narrenfreiheit hat. Prinzipiell sollten Sie sich genau überlegen, wer auf den FTP-Server zugreifen darf und wer nicht. Der Server ist zwar nur für den Personenkreis sichtbar, der den Domain-Namen oder die IP-Adresse des Rechners kennt, trotzdem ist der Einsatz einer Benutzerverwaltung sinnvoll: So können manche Ihrer Freunde nur herunterladen, andere dürfen zusätzlich Dateien löschen oder bearbeiten.

CesarFTP im praktischen Einsatz

Die Benutzung von CesarFTP ist denkbar einfach. Nach der Installation und Konfiguration des FTP-Servers befindet sich dieser im Active Mode, und die Arbeit kann beginnen. Die Benutzerverwaltung finden Sie in der Menüleiste unter *Settings/Edit Users & Groups*.

1. Je nachdem, wie viele Benutzer auf den FTP-Server zugreifen sollen, können Sie für jeden einzelnen ein eigenes Verzeichnis auf der Festplatte anlegen und es dem jeweiligen Benutzer zuordnen.

   Oder Sie verwenden ein gemeinsames Verzeichnis für alle Benutzer. In diesem Fall legen Sie eine Gruppe an und machen die Benutzer zu Mitgliedern der Gruppe. Der Vorteil des Einsatzes einer Benutzergruppe beim FTP-Server liegt auf der Hand: Es müssen nicht jedem Anwender separat die Rechte dafür zugeteilt werden, was er darf und was nicht.

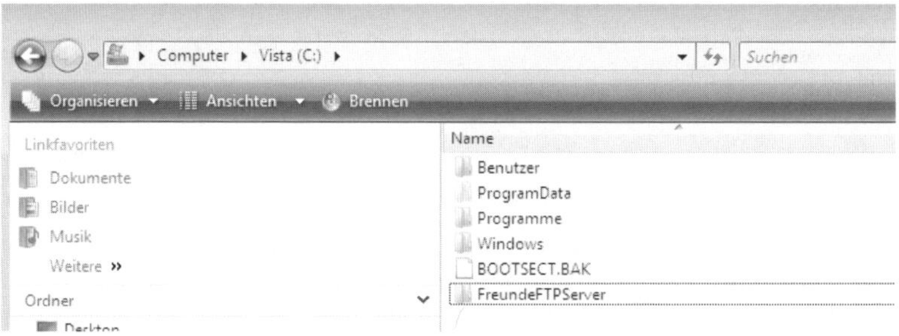

Bild 7.12 Im Windows Explorer legen Sie einen Ordner, hier *C:\FreundeFTPServer*, für die Besucher des FTP-Servers an.

2. Über die Menüleiste *Settings/Edit User & Groups* öffnen Sie die Benutzerverwaltung. Hier richten Sie im Dialogfeld *User & Group settings* eine oder mehrere Gruppen ein. Wie Sie die Gruppe benennen, bleibt Ihnen überlassen.

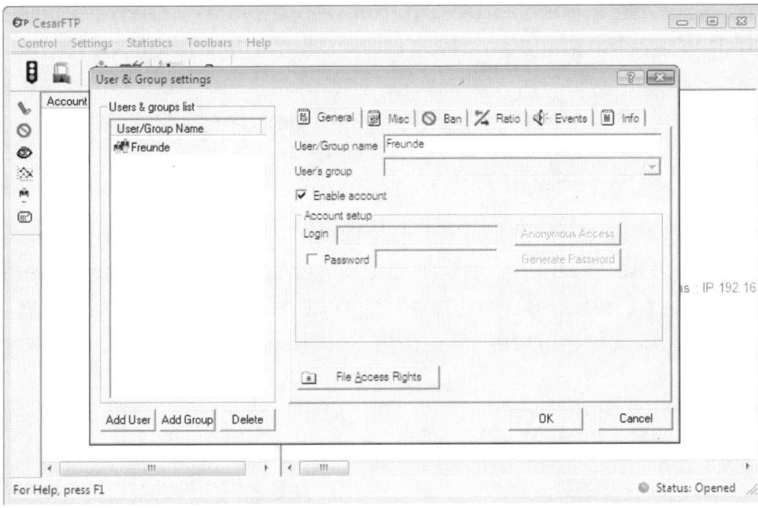

Bild 7.13 Mit einem Klick auf die Schaltfläche *File Access Rights* öffnet sich ein neues Fenster, der CesarFTP-Browser.

3. Wechseln Sie im oberen Fensterbereich zu dem Ordner, den Sie für die Besucher freigeben möchten, hier *C:\ FreundeFTPServer*, und ziehen Sie ihn mit der Maus in den unteren Bereich zu der entsprechenden Gruppe. Benennen Sie später im unteren Bereich einen Ordner um, hat das keinen Einfluss auf den Namen des Ordners auf der Festplatte, da CesarFTP ein virtuelles Dateisystem verwendet. So lassen sich unterschiedliche Ordner auf der Festplatte für eine Gruppe oder einen Benutzer freigeben.

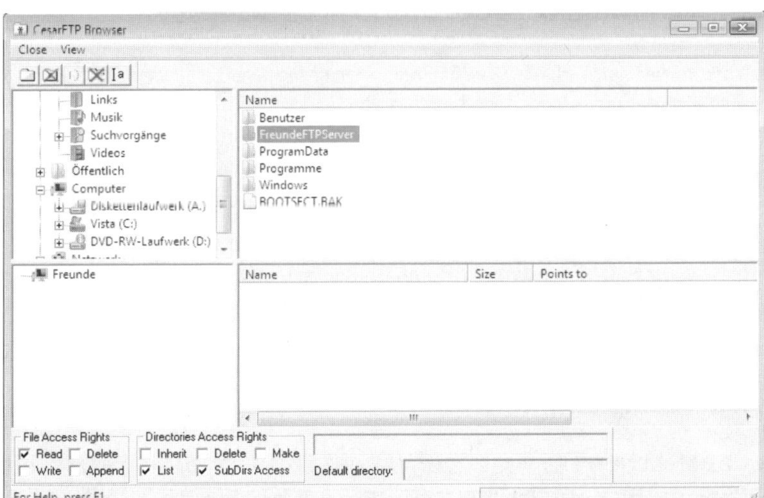

Bild 7.14 Im unteren Bereich des CesarFTP-Browsers unter *File Access Rights* können Sie pro Gruppe festlegen, was diese mit den Dateien anstellen darf, die Sie zum Zugriff freigegeben haben.

4. Es gibt normalerweise keinen Grund, jemanden etwas löschen zu lassen – mit dem Schalter *Read* sind Sie auf der sicheren Seite. Sind viele Besucher auf Ihrem FTP-Server zu erwarten, sollten Sie entsprechend viele Gruppen und Ordner anlegen, damit die Wartung des FTP-Servers übersichtlich bleibt.

Benutzer einrichten und hinzufügen

Sind die Gruppen bei CesarFTP angelegt, können sie mit Benutzerinformationen ergänzt werden. Die Benutzer erben die Eigenschaften der Gruppe. Der Vorteil ist, dass Sie nicht jeden Benutzer einzeln konfigurieren müssen. In diesem Abschnitt legen Sie einen oder mehrere Benutzer an und ordnen sie den jeweiligen Gruppen zu.

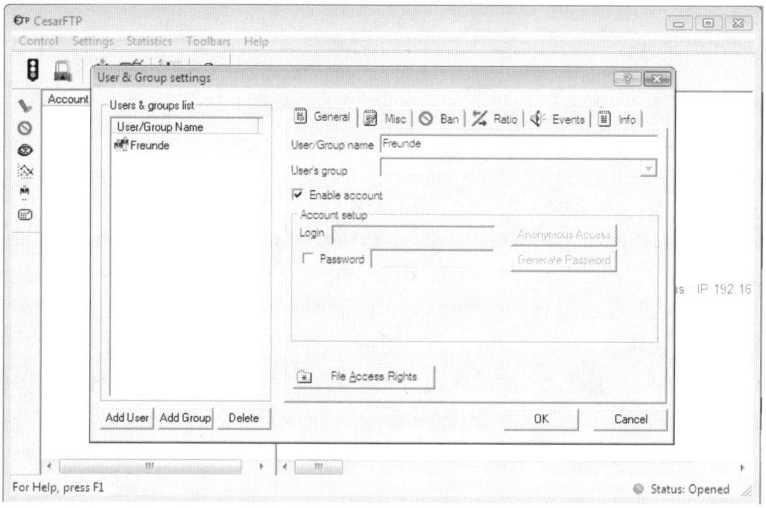

Bild 7.15 Mit einem Klick auf die Schaltfläche *Add User* fügen Sie einen neuen Benutzer auf dem FTP-Server hinzu. Im Bereich *User/Group name* tragen Sie den Namen des Benutzers ein.

Über das Menü *Settings/Edit User & Groups* kommen Sie zur Benutzerverwaltung. Dort können Sie beliebig viele Benutzer einrichten und sie dann einer oder mehreren Gruppen zuordnen. Dazu ist die Gruppe auszuwählen, zu der ein Benutzer gehören soll. Es kann auf Wunsch auch ein einzelner Benutzer ohne Gruppenzugehörigkeit angelegt werden, der beispielsweise mehr Rechte hat als alle anderen.

Zugangsinformationen konfigurieren

Aktivieren Sie das Häkchen bei *Password*, damit ein Passwort gesetzt werden kann. Anschließend ist hier ein Passwort für den neuen Benutzer einzugeben – für Faule generiert der Klick auf *Generate Password* ein Passwort aus Sonderzeichen, Text und Zahlen. Dieses übermitteln Sie dann als Serverbetreiber dem User, damit der sich mit seiner Kennung auf Ihrem FTP-Server anmelden kann.

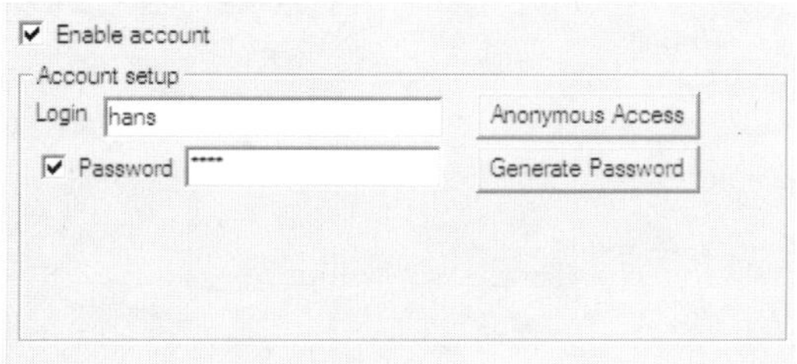

Bild 7.16 Nun ist für den Benutzer ein Log-in-Name (hier *hans*) einzutragen.

Rechte für Ordner setzen

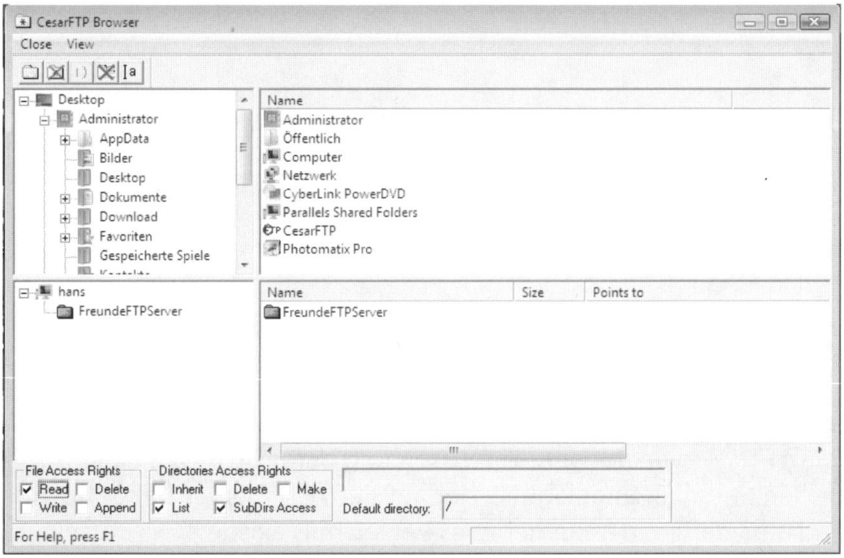

Bild 7.17 Der neue Benutzer erbt die Rechte der Gruppe. Ist der neue Benutzer jedoch nicht innerhalb eines Gruppencontainers untergebracht, kann er gesondert konfiguriert werden.

Markieren Sie diesen Benutzer und legen Sie mit einem Klick auf *File Access Rights* fest, was er auf dem FTP-Server anstellen darf und was nicht. Ist erst einmal eine größere Zahl von Benutzern angelegt, sehen Sie sie in einer übersichtlichen Liste. Mit einer durchdachten Gruppenstruktur haben Sie Überblick über die Rechte jedes einzelnen Benutzers. Mit dem Klick auf *Enable Account* können Sie das markierte Benutzerkonto vorübergehend deaktivieren und später jederzeit wieder aktivieren. Wer es ganz ausführlich mag, kann im Register *Info* für jeden Benutzer den Vornamen, den Nachnamen, eine Adresse sowie Kommentare dazu erfassen.

Upload-Verzeichnis für Benutzer einrichten

Das Konfigurieren eines Upload-Verzeichnisses bei CesarFTP erfolgt prinzipiell wie der Vorgang *Benutzer einrichten*. Zusätzlich sind hier bei der Rechtevergabe noch andere Parameter zu setzen.

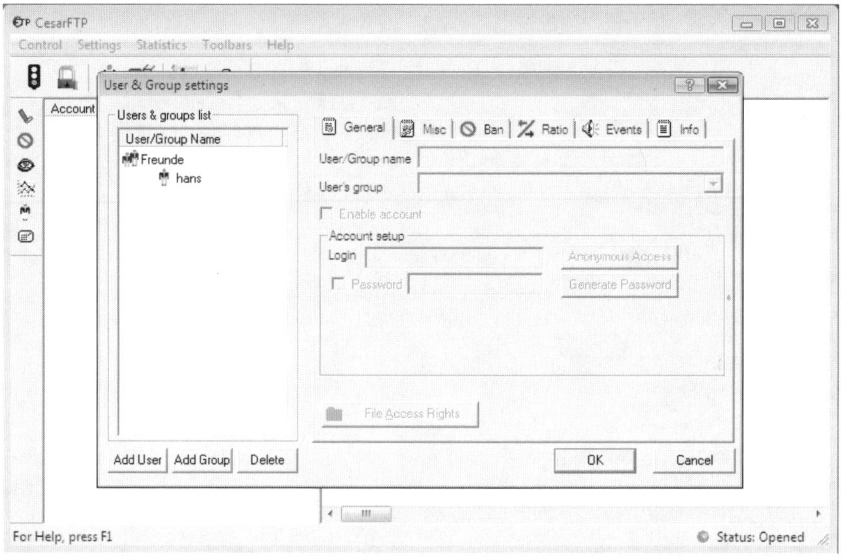

Bild 7.18 Über *Settings* in der Menüleiste öffnen Sie *User & Group settings*. Erstellen Sie über *Add User* einen neuen Account oder wählen Sie den, der geändert werden soll.

Die Benutzer können damit nicht mehr nur Dateien saugen, sondern auch Daten auf dem FTP-Server ablegen. Voraussetzung dafür ist, dass ein Benutzer-Account für den Benutzer angelegt ist, der auf dem FTP-Server Daten hochladen darf, und dass dafür ein freigegebenes Verzeichnis existiert.

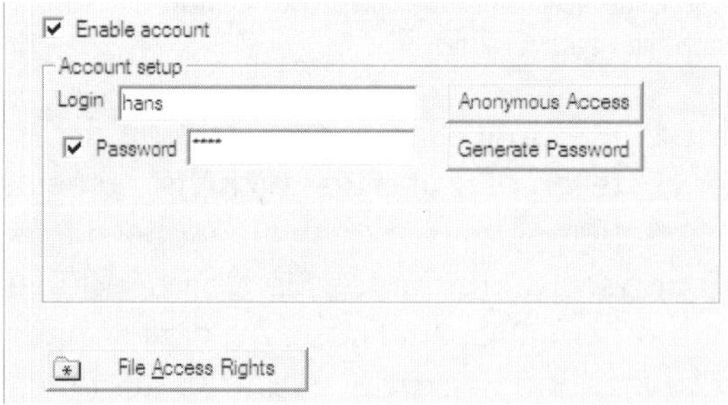

Bild 7.19 Öffnen Sie mit einem Klick auf *File Access Rights* den Dateibrowser von CesarFTP. Haben Sie noch keinen Ordner zum Hochladen angelegt, erstellen Sie mithilfe des Windows Explorer ein neues Verzeichnis.

Ordner zuordnen

Hier können Sie beliebig viele Ordner und Dateien, auch von verschiedenen Quelllaufwerken, unterbringen. Das virtuelle Dateisystem von CesarFTP bietet mit seiner Rechtestruktur vielfältige Möglichkeiten. Markieren Sie den Ordner, der für das Hochladen der Dateien zur Verfügung stehen soll, und aktivieren Sie das Kontrollkästchen *Inherit*, nachdem Sie die *File Access Rights* auf *Read* und *Write* gesetzt haben.

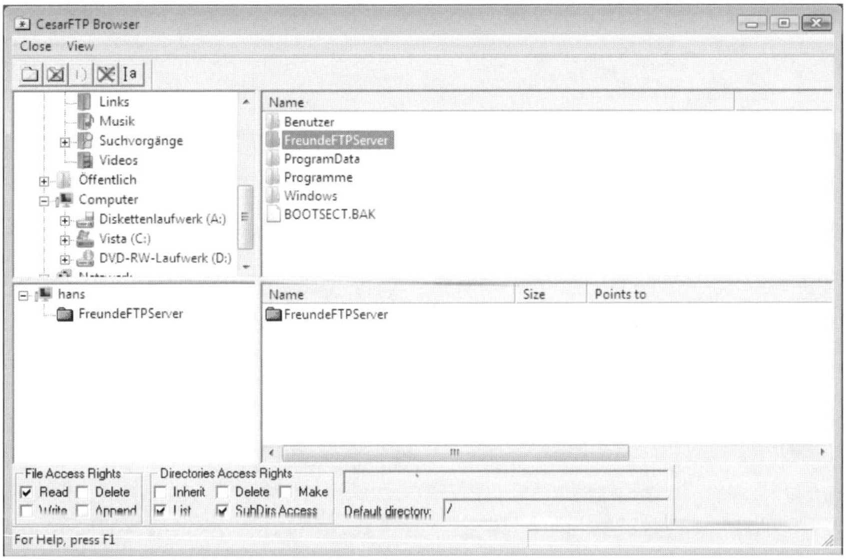

Bild 7.20 Im Dateibrowser von CesarFTP suchen Sie im oberen Fenster den frisch angelegten Ordner und ziehen ihn per Drag-and-Drop in das untere Zielbereichsfenster.

Soll nur das Hochladen von Dateien möglich sein, deaktivieren Sie das *Read*-Kontrollkästchen. Soll das Wiederaufnehmen von abgebrochenen Downloads erlaubt sein, aktivieren Sie die Option *Append*. Mit *Make* können Sie den Anwendern erlauben, selbst Ordner auf Ihrem FTP-Server anzulegen. Keinesfalls sollten Sie das Kontrollkästchen *Delete* aktivieren, da die Gäste sonst Dateien löschen können.

Konfiguration abschließen

Schließen Sie nun per *Close* in der Menüleiste den CesarFTP-Dateibrowser und klicken Sie auf *OK* zum Speichern der Einstellungen. Jetzt können Sie mit einem beliebigen FTP-Client die Einstellungen testen:

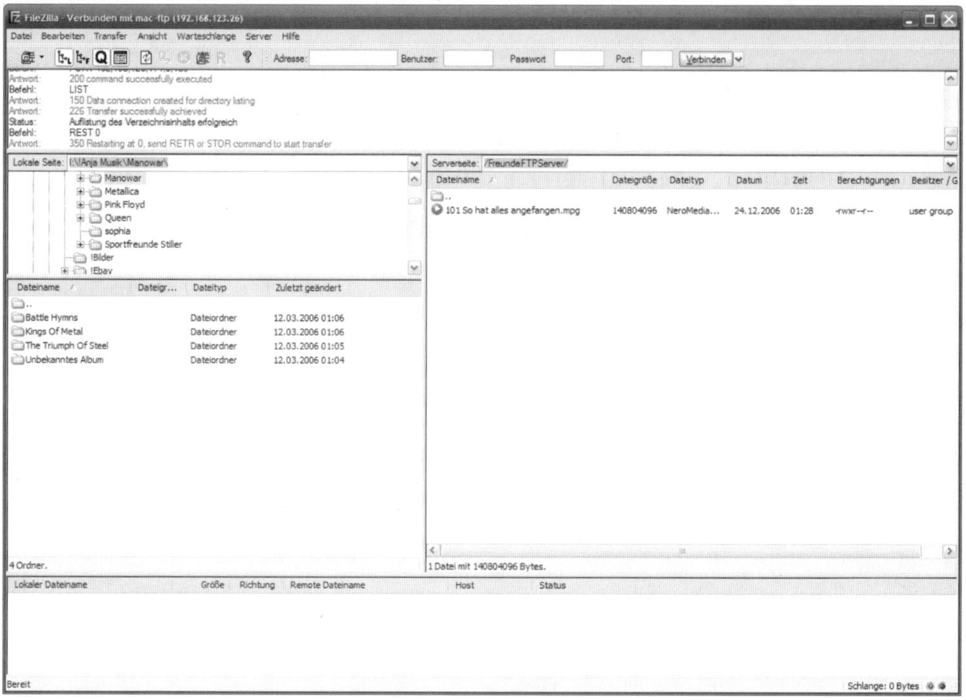

Bild 7.21 Ein User hat sich auf dem eingerichteten FTP-Server eingeloggt.

Wer keinen FTP-Client installieren möchte, kann sich auch mit Hausmitteln behelfen: Ohne Installationsaufwand geht das Saugen von einem FTP-Server auch mit dem Internetbrowser: Möchten Sie lediglich Dateien herunterladen, können Sie auch Webbrowser wie Firefox oder Internet Explorer als FTP-Client nutzen.

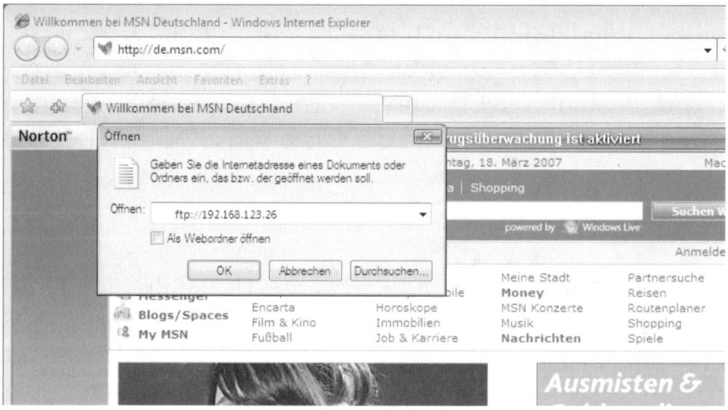

Bild 7.22 Im Webbrowser wählen Sie *Datei/Öffnen* und geben nach *ftp://* die Adresse des FTP-Servers ein. Das kann entweder eine IP-Adresse oder ein DNS-Name sein.

Das geht ganz einfach: Im *Datei öffnen*-Dialog geben Sie den entsprechenden FTP-Server ein. Der Webbrowser erkennt automatisch, ob die Dateien im Binär- oder ASCII-Modus übertragen werden sollen. Noch einfacher geht es mit einem vollwertigen FTP-Client wie FileZilla, mit dem Sie nicht nur Dateien auf einen FTP-Server hochladen, sondern auch mehrere FTP-Server verwalten können.

7.3 Arbeitsweise eines FTP-Clients

FTP-Clients gibt es wie Sand am Meer: Für Einsteiger ist die Freeware FileZilla ideal, da sie nicht nur einfach und intuitiv zu bedienen, sondern auch kostenlos ist. Das Programm finden Sie im Internet, suchen Sie mit Google nach dem Schlagwort FileZilla. Derzeit ist die Version 3.3.2.1 in deutscher Sprache aktuell.

⊡ LESEZEICHEN

http://bit.ly/SwD

FileZilla: Nach dem Download von FileZilla starten Sie per Doppelklick auf die FileZilla-Setup-Datei das Installationsprogramm.

Wie gewohnt, bringt auch dieses Programm seine eigenen Lizenzbedingungen mit. Obwohl Freeware, sichert sich der Hersteller hier gegen etwaige Schäden ab, die durch sein Produkt entstehen könnten. Mit einem Klick auf *Annehmen* kommen Sie zum nächsten Dialog.

Nun legen Sie den Speicherort der Programmdateien von FileZilla fest. Normalerweise sind die Voreinstellungen in Ordnung. Wenn Sie das Programm in einen anderen Ordner installieren möchten, geben Sie diesen hier an. Bei der Installation erscheint die Nachfrage, ob Passwörter für die FTP-Server innerhalb des Programms gespeichert werden sollen oder nicht. Arbeiten mehrere Benutzer mit dem PC, sollte diese Option nicht gewählt und stattdessen FileZilla im sogenannten sicheren Modus betrieben werden. Mit *Ja* wird dieser aktiviert. Nach dem Kopieren der Programmdateien wird die Installation mit einem Klick auf *Beenden* abgeschlossen.

Je nachdem, welcher FTP-Client im Einsatz ist, funktioniert das Hochladen und Herunterladen von Daten unterschiedlich. Ist der FTP-Client mit einem FTP-Server verbunden, können Sie mehr machen, als nur Daten herunterzuladen. So können Sie – abhängig von der FTP-Serverkonfiguration – selbst Verzeichnisse anlegen, Dateien hochladen und auch verändern. Wie das funktioniert und worauf Sie bei der Konfiguration des FTP-Clients achten sollten, lesen Sie im nächsten Abschnitt.

Up- und Download mit FileZilla

Ein »echter« FTP-Client wie FileZilla ist gerade im Praxiseinsatz wertvoller als ein Browser, denn er kann mehr als nur das simple Übertragen von Daten über den Webbrowser. So können Sie mit FileZilla bequem Ihre Websites regelmäßig auf einem entfernten Rechner aktualisieren, Musik und Videos von bestimmten Servern laden oder auch Freeware und andere Software von anderen FTP-Servern herunterladen.

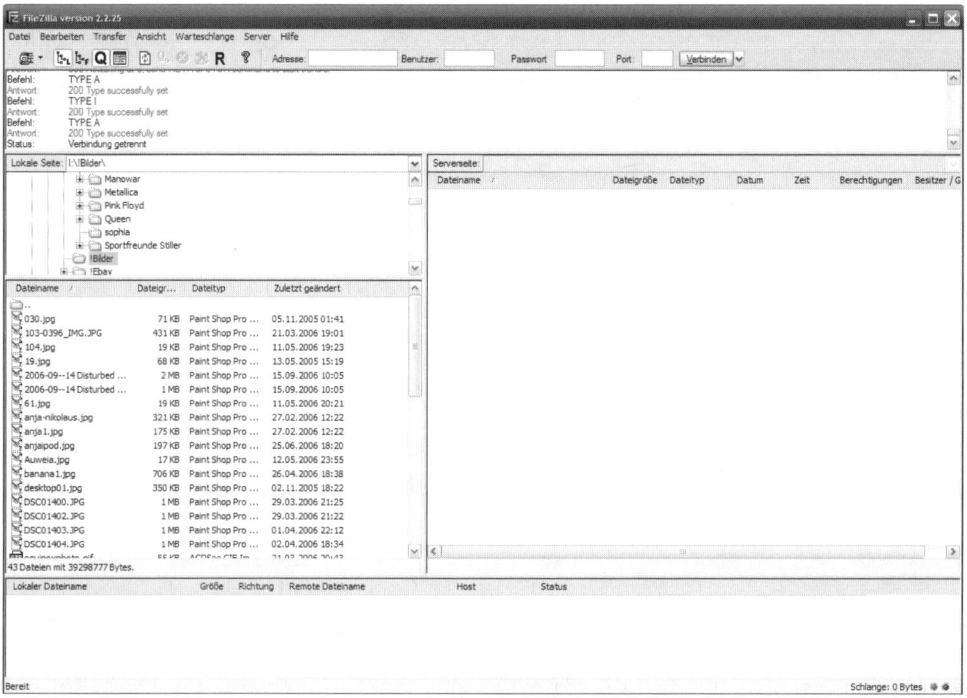

Bild 7.23 Mit einem Doppelklick auf das FileZilla-Symbol wird der FTP-Client gestartet. Im linken Bereich ist die lokale Festplatte, auf der rechten Seite die Serverseite zu sehen.

1. Bevor Sie dort auch Ordner und Dateien ablegen können, müssen Sie sich erst einmal bei einem FTP-Server einloggen.

   Zunächst benötigt der FTP-Client die Adresse des FTP-Servers. Das führende *ftp://* ist nicht notwendig, da FileZilla es selbst automatisch anfügt. So geben Sie beispielsweise im Fall einer *dyndns*-Domain einfach den DNS-Namen (hier *ftp://meinheimserver.homedns.org*) ein. Anschließend sind Benutzername und Zugangspasswort für den FTP-Server notwendig. Der Port wird automatisch von FileZilla eingestellt (*Port: 21*).

Weiter ist keine Eingabe erforderlich, es sei denn, der FTP-Server ist auf einem anderen Port als dem Standardport konfiguriert. Mit einem Klick auf *Verbinden* wird der Verbindungsaufbau zu dem angegebenen FTP-Server gestartet.

Bild 7.24 Sind die Adresse, der Benutzername sowie das Passwort eingetragen, wird per Klick auf *Verbinden* eine Verbindung zum FTP-Server hergestellt.

2. Kommt eine Verbindung mit dem FTP-Server zustande, landet der Benutzer genau dort, wo Sie ihn haben wollten, denn anhand des Namens und des Passworts kann der Server den Zugriff steuern. Der FTP-Server (hier CesarFTP) protokolliert, welcher Benutzer sich wann eingeloggt hat und was er auf dem Server anstellt.

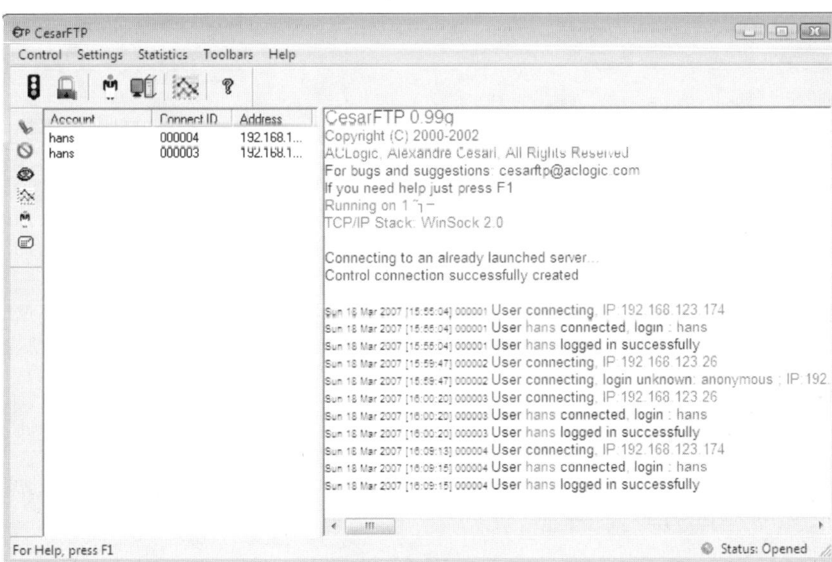

Bild 7.25 Nach einem kurzen Moment ist die Verbindung zum FTP-Server hergestellt. User *hans* hat sich erfolgreich auf dem FTP-Server angemeldet.

3. Wer die erweiterte FTP-Serververwaltung von FileZilla nutzen möchte, öffnet sie über *Datei/Seitenverwaltung*. Dort können Sie mit der Schaltfläche *Neue Seite* einen neuen FTP-Server eintragen. Im rechten Fensterbereich tragen Sie bei *Host* die FTP-Serveradresse ein. Für den *Logontyp* stehen *Anonym* und *Normal* zur Auswahl. Letztere Option nutzen Sie, wenn Sie für den gewünschten FTP-Server eine persönliche Benutzerkennung besitzen.

4. Geben Sie nun die FTP-Adresse des Heimservers – beispielsweise *ftp.franzlftp.dyndns.org* – und als *Logontyp Normal* ein und speichern Sie den neuen Eintrag. Mit der Schaltfläche *Verbinden* stellen Sie die Verbindung zu dem FTP-Server her.

5. Sind Sie auf einem FTP-Server angemeldet, fehlt noch das entsprechende Benutzerpasswort, um sich mit dem Account auch einzuloggen. Anschließend stellt dieser automatisch die Verzeichnisse und Dateien zur Verfügung, die der Benutzerkennung zugeordnet sind.

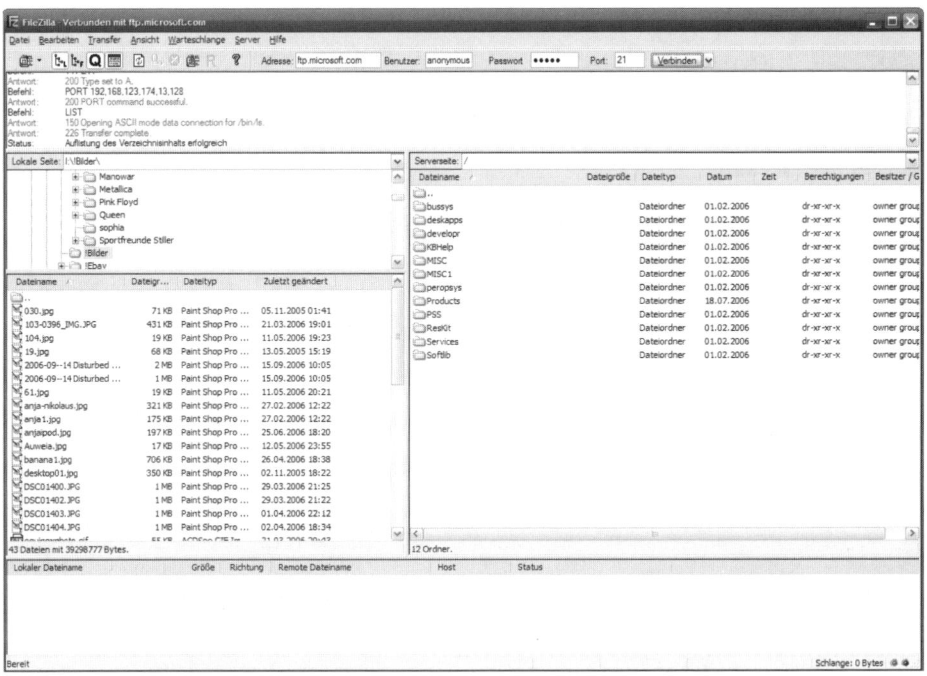

Bild 7.26 Per Drag-and-Drop ziehen Sie die zu übertragenden Dateien oder Verzeichnisse vom rechten Quellfenster in das untere linke Zielbereichsfenster.

Ist die Verbindung einmal unterbrochen, wird der Up- oder Download automatisch an der Stelle wieder fortgesetzt, an der er abgebrochen ist. Haben Sie also bereits einige MByte einer Datei heruntergeladen, brauchen Sie nicht ganz von vorne zu beginnen. FileZilla wacht über die Verbindung und nimmt den Dateitransfer nach Verbindungsaufbau automatisch wieder auf. Wer eine DSL-Flatrate im Einsatz hat und für Freunde Daten, Musik & Co. permanent zur Verfügung stellen möchte, muss bei einem FTP-Server auf dem Rechner den PC natürlich permanent laufen lassen.

8 Zugriff auf das Heimnetz über die FRITZ!Box

Das Wichtigste vorab: Remote-Zugriffstechniken wie die von Windows bekannte Remote-Desktopverbindung, die plattformübergreifende VNC-Technik und dergleichen sollten grundsätzlich aus Sicherheitsgründen über sichere Verbindungen wie HTTPS, SSL oder besser VPN geführt werden. Soll das Feature »Zugriff auf das Heimnetz« immer zur Verfügung stehen, setzt das einen permanent eingeschalteten Computer oder gar einen Heimnetzserver voraus, der dadurch in seinen Leerlaufzeiten unnötig Strom verbraucht und damit Geld kostet.

Das muss nicht sein: Die FRITZ!Box ist in der Regel ohnehin immer eingeschaltet, aber dennoch deutlich energiesparender als ein permanent eingeschalteter Computer.

8.1 Wake on LAN: Heimcomputer aus der Ferne aktivieren

Mit der FRITZ!Box steuern Sie mithilfe der sogenannten Wake on LAN-Funktion die Geräte in Ihrem Heimnetzwerk. Hier lässt sich der gewünschte Computer einfach per Mausklick aus der Ferne einschalten, um nach ein paar Minuten des Hochfahrens mit einem Fernwartungsprogramm via SSL oder VPN auf ihn zuzugreifen. In diesem Abschnitt lesen Sie, wie Sie aus dem Internet auf die Benutzeroberfläche der FRITZ!Box zugreifen und einen Computer im Heimnetzwerk starten.

Sichere Fernwartung der FRITZ!Box einschalten

Sind die Experteneinstellungen der FRITZ!Box aktiviert, finden Sie, wie im nachstehenden Dialog bei *Einstellungen/Erweiterte Einstellungen/Internet/Freigaben* zu sehen, das Häkchen bei *Fernwartung freigeben*. Anschließend wählen Sie einen beliebigen Benutzernamen plus Kennwort für den Zugriff auf die FRITZ!Box-Login-Seite aus. Achten Sie aus Sicherheitsgründen darauf, dass sich Benutzername und Kennwort von Ihrem Windows-Zugang bzw. vom FRITZ!Box-Kennwort unterscheiden.

Sicherheitsfetischisten wählen im gleichen Dialogfenster noch einen alternativen Port für den Zugriff via HTTPS-Protokoll aus. Anstelle des Standardports 443 können Sie Portadressen aus dem Bereich 450 bis 499 verwenden. HTTPS (*HyperText Transfer Protocol Secure*) steht für »sicheres Hypertext-Übertragungsprotokoll«, das in diesem Beispiel über Port 450 übertragen werden soll.

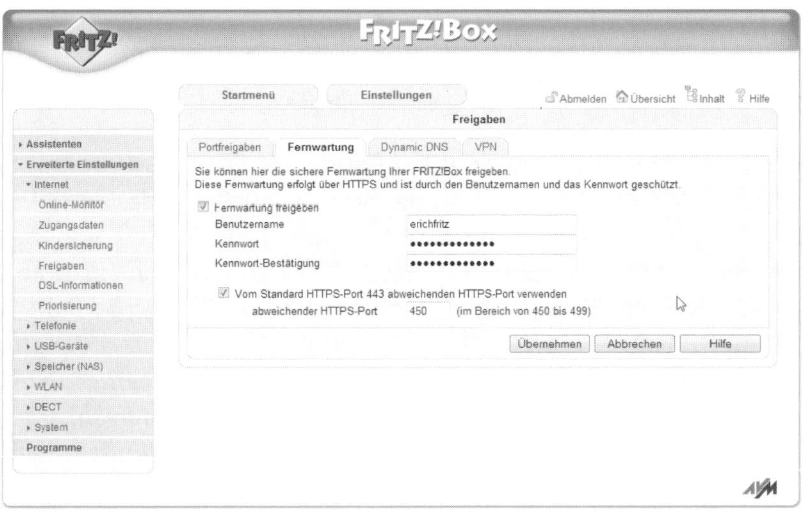

Bild 8.1 Sind die Einstellungen festgelegt, klicken Sie auf die *Übernehmen*-Schaltfläche.

Grundvoraussetzung für den bequemen Zugriff auf die FRITZ!Box über das Internet ist natürlich ein eingerichteter dynamischer DNS-Name, beschrieben im Kapitel 7 »Voraussetzung für den Heimserver: Dynamic DNS«.

Sicherer Zugriff auf die FRITZ!Box mit HTTPS

Dank des dynamischen DNS brauchen Sie sich nicht die externe WAN-IP-Adresse der FRITZ!Box zu merken, die ja in der Regel bei Privatkunden alle 24 Stunden vom Provider geändert wird. In diesem Beispiel greifen Sie über den dynamischen DNS-Namen *https://meinheimserver.homedns.org:450* und das HTTPS-Protokoll über den selbst definierten Port 450 auf Ihre FRITZ!Box zu Hause zu.

Bild 8.2 Sind die neuen Einstellungen per Klick auf die *Übernehmen*-Schaltfläche bestätigt, wirft die FRITZ!Box im selben Dialog auch die eingerichtete Fernwartungsadresse aus.

Nun ist die FRITZ!Box im Internet unter der konfigurierten DynDNS-Adresse erreichbar. Nach dem Aufruf der Adresse prüft der Browser zunächst das Zertifikat der HTTPS-Ausgabe. Hier lässt sich auf Wunsch vom Browser das von der FRITZ!Box generierte Zertifikat anzeigen. Da diese HTTPS-Verbindung auf das eigene Heimnetz zeigt, können Sie dem Zertifikat also für diese Sitzung oder auch permanent vertrauen. Dafür klicken Sie auf die *Fortfahren*-Schaltfläche (Safari), die Schaltflächen *Ich kenne das Risiko/Ausnahmen hinzufügen/Sicherheits-Ausnahmeregel bestätigen* (Firefox) bzw. *Laden dieser Website fortsetzen (nicht empfohlen)* (Internet Explorer 8), um das Zertifikat zu genehmigen. Andernfalls wird die HTTPS-Verbindung nicht hergestellt, und der Zugriff auf die FRITZ!Box wird unterbunden.

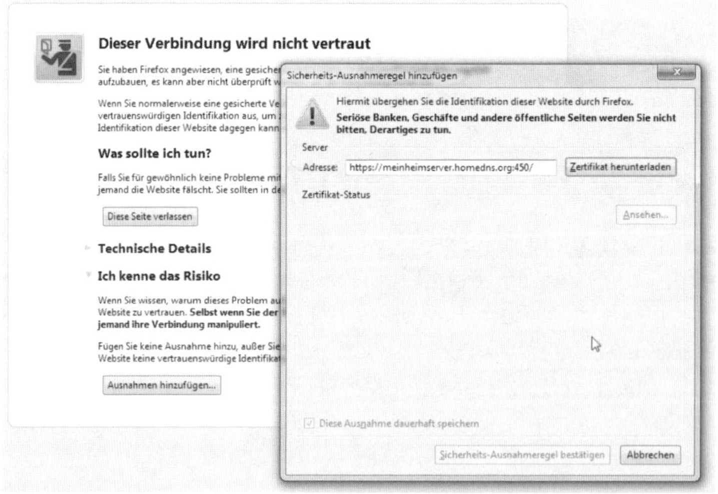

Bild 8.3 Viele Klicks sind bei Firefox notwendig, um endlich auf die HTTPS-Log-in-Seite der FRITZ!Box zu kommen.

Bei Safari reicht der Klick auf die *Fortfahren*-Schaltfläche, um zum Benutzername-Kennwort-Dialog zu gelangen.

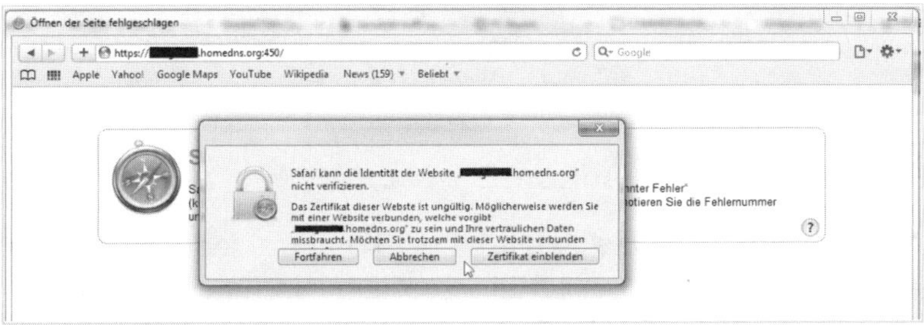

Bild 8.4 Auf Wunsch kann hier auch der Inhalt des Zertifikats eingeblendet werden. Für den Zugriff auf die FRITZ!Box-Webseite muss jedoch zwingend auf die *Fortfahren*-Schaltfläche im Safari-Browser geklickt werden.

Anschließend fragt die FRITZ!Box Benutzername und Kennwort für den Zugriff auf die Benutzeroberfläche ab.

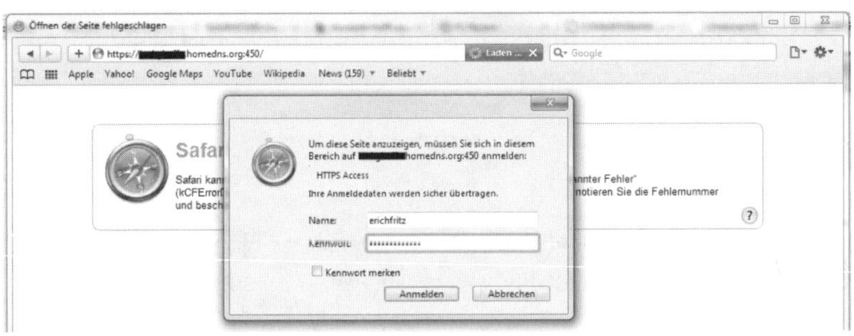

Bild 8.5 Nun tragen Sie den Benutzernamen sowie das Kennwort für den Zugriff auf die HTTPS-Seite der FRITZ!Box ein.

Ist die Log-in-Hürde genommen, erscheint der Gerätedialog der FRITZ!Box. Hier können Sie das schon bekannte Gerätekennwort des Geräts nutzen, um auf die Konfigurationsseiten zuzugreifen.

Bild 8.6 Erfolgreich über das Internet verbunden: Nun können Sie sich wie gewohnt an der FRITZ!Box anmelden.

Im nächsten Schritt wecken Sie den gewünschten Computer in Ihrem Heimnetz auf. Dafür sind prinzipiell nur wenige Klicks notwendig, falls folgende Voraussetzungen erfüllt sind:

1. Der Computer bzw. dessen Netzwerkkarte unterstützt Wake on LAN.
2. Wake on LAN ist im Computer-BIOS eingeschaltet.
3. Der Computer hat eine »feste« IP-Adresse.

Während Punkt 1 in diesem Buch vorausgesetzt wird (nahezu jeder Computer mit Onboard-Netzwerkschnittstelle besitzt ein Boot-EPROM für die Netzwerkschnittstelle), ist das Einschalten von Wake on LAN im Computer-BIOS oftmals eine wahre Schnitzeljagd.

Pflichtprogramm: Computer-BIOS überprüfen

Neben dem Boot-EPROM bzw. der WoL-(*Wake on LAN*-)tauglichen Netzwerkschnittstelle muss der Computer den sogenannten ACPI-Standard (*Advanced Configuration and Power Interface*) unterstützen, und im BIOS muss der Aktivitätsmodus S3, S4 oder S5 eingeschaltet sein.

ACPI-Aktivitätsmodi	Beschreibung	Leistung
S0	Eingeschalteter Normalzustand, bei dem sich einzelne Komponenten im Stand-by-Modus befinden können.	je nach Energiemodus und Auslastung
S1	Monitor oder LCD wird auf Stromsparen gestellt.	20–200 Watt
S2	Monitor oder LCD wird auf Stromsparen gestellt – zusätzlich ist der Prozessor im Sleep-/Halt-Modus.	20–200 Watt
S3	Suspend-to-RAM (STR): Das Betriebssystem sichert den Systemzustand im Arbeitsspeicher und schaltet dann das Netzteil in den Soft-off-Zustand. Hier beträgt die Aufweckzeit weniger als eine Minute.	2–20 Watt
S4	Suspend-to-Disk (STD): Das Betriebssystem sichert den Systemzustand in eine Datei auf der Festplatte und schaltet dann das Netzteil in den Soft-off-Zustand. Die Aufweckzeit dauert hier länger, der komplette Startvorgang (BIOS, Betriebssystem booten) kann mehrere Minuten dauern.	2–20 Watt

ACPI-Aktivitätsmodi	Beschreibung	Leistung
S5	»Normales« Herunterfahren (Soft-off-Zustand). Hier wird der Computer über die Software (das installierte Betriebssystem) heruntergefahren, und das Netzteil wird in den Soft-off-Zustand geschaltet.	0–10 Watt

In der Regel befindet sich der Schalter für Wake on LAN in den *Energie/Power Management Setup*-Einstellungen des Computers. Bei einem PC kontrolliert das *Power Management Setup* die Energiesparfunktionen des Mainboards, der Videoausgabe und der Festplatten. Hier haben Sie die Möglichkeit, alle Strom führenden Geräte anzupassen, um Strom – also bares Geld – zu sparen. Gerade wenn der Rechner rund um die Uhr verfügbar sein soll, ist es sinnvoll, die Energiespareinstellungen zu aktivieren, nicht jedes Gerät muss zu jeder Zeit permanent zur Verfügung stehen.

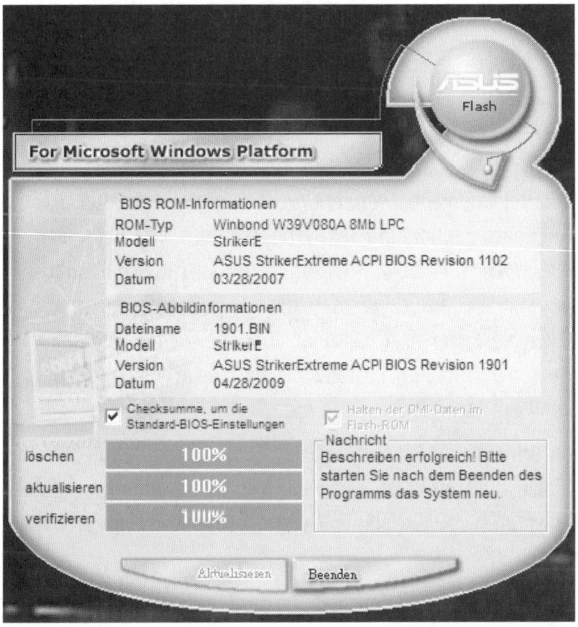

Bild 8.7 Ist im BIOS kein Eintrag zu Wake on LAN, APM, S3, S4, S5 etc. zu finden, sollten Sie das BIOS des Computers auf den aktuellen Stand bringen, um diese Funktionen gegebenenfalls nachzurüsten.

Im *Power Management Setup* können Sie alles anpassen, was es im Stromsparbereich zu konfigurieren gibt: Angefangen vom An- und Ausschalten des Rechners bis hin zum Aufwecken von unterschiedlichen Geräten wie Tastatur, Maus, PCI-Karten und anderen können Sie hier nahezu alles detailliert einstellen. Im nachfolgenden Beispiel findet sich die Wake on LAN-Funktion im Bereich *APM Konfiguration* bei *Einschalten per PCI/PCIe*:

```
Phoenix - AwardBIOS CMOS Setup Utility
Energie
APM Konfiguration
Neustart nach Stromausfall[Ausschalten]
PWR Taste <4 Sekunde[Instant-Off]
Einschalten per PCI/PCIe[Aktiviert]
...
```

Standardmäßig ist das Einschalten durch PCI-Geräte deaktiviert. Da die Netzwerkkarte und damit Wake on LAN zu den PCI/PCIe-Komponenten auf einem Mainboard zählt, muss im BIOS der Schalter auf *Aktiviert* (*enabled*) umgestellt werden.

Abhängig von Hersteller und BIOS des Rechners können auch folgende Optionen im *Power Management Setup* auftauchen:

Energie/Power Management Setup-Option	Beschreibung
Soft-Off by PWR-BTTN	Ist der Schalter auf *Instant Off* oder *On/Off* eingestellt, schaltet sich der Rechner nach Beendigung des Betriebssystems automatisch ab. Steht hier *Suspend* oder *Delay 4 sec.*, muss der An-/Ausschalter länger als 4 Sekunden gedrückt werden, um den Rechner auszuschalten. Drücken Sie kürzer als 4 Sekunden auf den Schalter, wechselt der Rechner in den Soft-off-Zustand, die aktuelle Arbeitsumgebung bleibt damit erhalten.
Wake-Up by PCI-Card	Mit dieser Option legen Sie fest, welche PCI-Karte den Rechner aus dem Schlafzustand aufweckt, wenn sie (von außen) angesprochen wird. Das ist beispielsweise sinnvoll, wenn Sie mit einer Faxkarte arbeiten.
Wake-Up by LAN	Mit der *Wake-Up by LAN*-Option lässt sich das Aufwecksignal über das LAN (Netzwerk) einstellen, damit der Rechner aus dem Stand-by-Modus aktiviert wird. Falls vorhanden, schalten Sie diesen Schalter um.
USB KB/MS Wakeup From S3	S3 hat nichts mit alten Grafikkarten zu tun, sondern bezeichnet den STR-(*Suspend-to-RAM-*)Modus. Mit aktivierter (*enabled*) Option *USB KB/MS Wakeup From S3* weckt eine Aktivität an einem angeschlossenen USB-Gerät den Rechner aus dem sogenannten S3-Schlafzustand auf.

Energie/Power Management Setup-Option	**Beschreibung**
Resume by Alarm	Kommt ein Anruf am angeschlossenen Modem bei aktiviertem *Resume by Alarm* an, wird der Rechner aus dem Stand-by-/Suspend-Modus geweckt. Ist die Option aktiviert (*enabled*), können Sie Zeit und Datum des gewünschten Monats eingeben. Mit dem Datum 0 wird der Rechner jeden Tag zur gleichen Zeit gestartet.

Je nachdem, wie alt der Rechner und das BIOS sind, steht für die Konfiguration von AGP-/PCI-Steckkarten der *PnP/PCI Configuration*-Dialog zur Verfügung, falls im *Energie/Power Management Setup* keine Wake on LAN- bzw. APM-Schalter vorhanden sind. Ist der Wake on LAN-Schalter im Computer aktiviert, dann ist noch ein kleiner Eingriff in der FRITZ!Box-Konfiguration notwendig, damit der Computer trotz DHCP seine »feste« IP-Adresse bekommt.

Computer aufwecken – Wake on LAN nutzen

Trotz DHCP können Sie auch eine IP-Adresse für ein Gerät im heimischen LAN reservieren. Damit erhält das Gerät immer dieselbe IP-Adresse, wenn es auf den DHCP-Server zugreift. Das ist besonders bei Computern nützlich, die mit einer angepassten Portkonfiguration etwa für Fernzugriff, VPN, SSL, Remote-Desktop oder dergleichen genutzt werden sollen.

Gerade bei aktivierter Portweiterleitung sorgen permanente IP-Einstellungen für eine geringere Fehlerquote. Hierfür suchen Sie im Menü *Erweiterte Einstellungen/System/Netzwerk* im Register *Geräte und Benutzer* den entsprechenden Computer heraus, der später über Wake on LAN von der FRITZ!Box geweckt werden soll, und klicken im rechten Bereich auf die *Bearbeiten*-Schaltfläche, um zu dem nachstehenden Dialog zu gelangen.

Per Klick auf die *Übernehmen*-Schaltfläche bekommt der ausgewählte Computer zukünftig immer die gleiche IP-Adresse aus dem für die FRITZ!Box festgelegten IP-Bereich. In diesem Dialog ist auch die Schaltfläche *Computer starten* untergebracht, mit der Sie später das ausgewählte Gerät aus der Ferne einschalten können. Hier erzeugt die FRITZ!Box ein Wake on LAN-Signal, das zu dem ausgewählten Gerät geschickt und dort ausgewertet wird und dann den Start aus dem Stand-by-Modus veranlasst.

Nun ist die FRITZ!Box für den externen Zugriff eingerichtet, der Computer lässt sich per Wake on LAN einschalten – für den Zugriff auf die Benutzeroberfläche des heimischen Computers stehen nun zwei Möglichkeiten zur Verfügung:

Nutzen Sie den direkten, unverschlüsselten Weg via Remote-Desktopverbindung, VNC etc., muss ein Mitleser/Eindringling die Benutzer-Account-Kennwort-Kombination kennen. Das ist zumindest besser als gar kein Schutz. Noch sicherer und empfehlenswerter ist es, die komplette Verbindung bzw. Remote-Desktopverbindung über SSH oder VPN zu tunneln – hier bringt die FRITZ!Box! eigene Bordmittel mit, die Sie auch unbedingt nutzen sollten.

Für Windows-Schlafmützen: Netzwerkkarteneinstellungen prüfen

Ab Windows XP ist die ACPI-Funktionalität erst richtig beim PC angekommen: Hier finden sich unter *Systemsteuerung/Geräte-Manager* bei der Netzwerkkarte bzw. bei den Netzwerkanschlüssen Optionen für Wake on LAN bzw. die Handhabung des sogenannten *Magic Packet*, mit dem ein schlafender PC aus dem Dämmerschlaf geholt werden kann.

Zunächst prüfen Sie, ob im Register *Erweitert* des genutzten Netzwerkadapters im Feld *Eigenschaft* die Option *Aktivierung durch Magic Packet* existiert. Ist das der Fall, schauen Sie, ob der Wert auf *Aktiviert* eingestellt ist – falls nicht, holen Sie das jetzt nach.

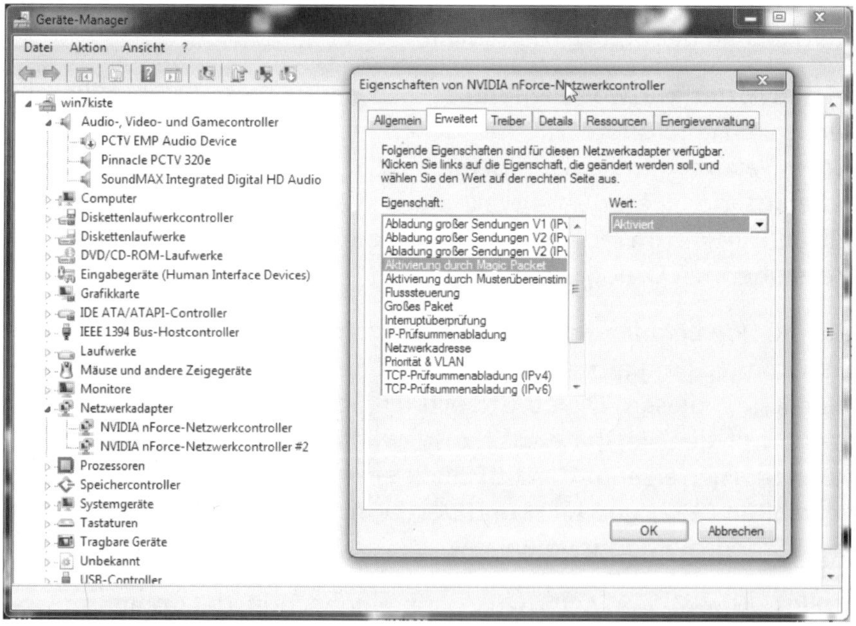

Bild 8.8 Sind mehrere Netzwerkadapter im *Geräte-Manager* zu sehen, schalten Sie am besten bei beiden Schnittstellen Wake on LAN ein.

Die zweite Anlaufstelle ist im gleichen *Eigenschaften*-Dialog das Register *Energieverwaltung* (bei älteren Windows-Versionen auch *Energieoptionen* genannt). Hier sollten sämtliche Häkchen – wie im nachstehenden Dialog zu sehen – gesetzt sein. Anschließend sollte der PC zumindest für die Modi S3 (*Suspend-to-RAM*, Windows: Stand-by) und S4 (*Suspend-to-Disk*, Windows: Ruhezustand) Wake on LAN-tauglich sein.

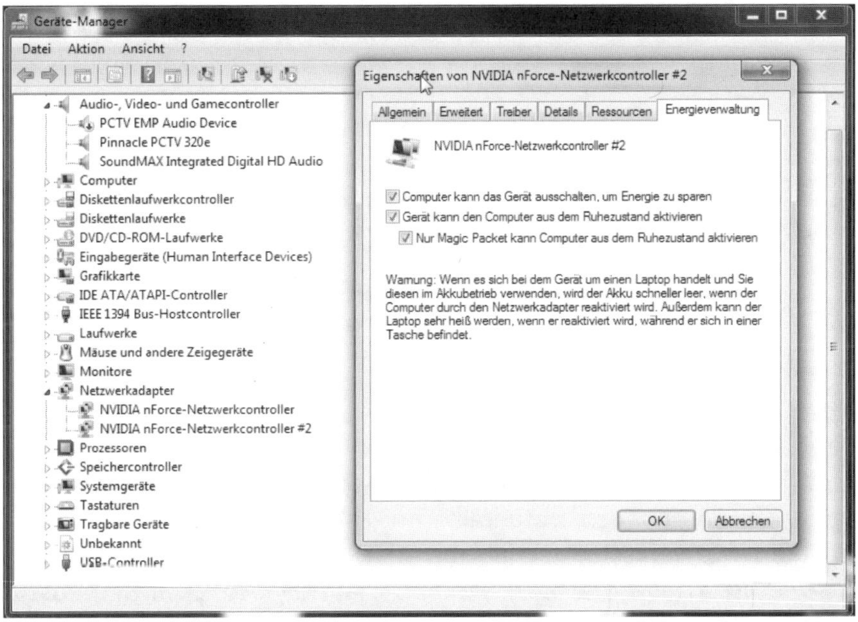

Bild 8.9 Im Register *Energieverwaltung* setzen Sie sämtliche Häkchen, um die ACPI-Steuerung zu aktivieren.

Gerade bei älteren Netzwerkkarten bzw. Mainboards mit älteren Onboard-Schnittstellen verweigert Windows bzw. der PC das Aufwecken im ACPI-Modus S5 (*Soft-Off*) – hier bleibt häufig der Rechner bei gesendetem Magic Packet ausgeschaltet. Warum das so ist, lesen Sie im nächsten Abschnitt.

Oft kastriertes Wake on LAN: Netzwerkkarte prüfen

Stand-by oder Soft-off? Das ist hier die Preisfrage. Manchmal kommt es nämlich vor, dass das BIOS das Aufwecken des Computers aus dem Soft-off-Zustand erlaubt, aber in der Praxis funktioniert das Wake on LAN ausschließlich dann, wenn der PC in den Stand-by-Modus gebracht worden ist – in Windows *Start/Herunterfahren/Energie sparen*. Ob die eingebaute bzw. in den meisten Fällen die Onboard-Netzwerkkarte auch sämtliche Wake on LAN- bzw. ACPI-Modi unterstützt, finden Sie unter Windows 7 über den *Eigenschaften*-Dialog der Netzwerkverbindung heraus. Nicht alle Mainboards bzw. Netzwerkkarten unterstützen sämtliche ACPI-Modi. Manche unterstützen nur den Stand-by-Modus, andere zusätzlich auch den Ruhezustand.

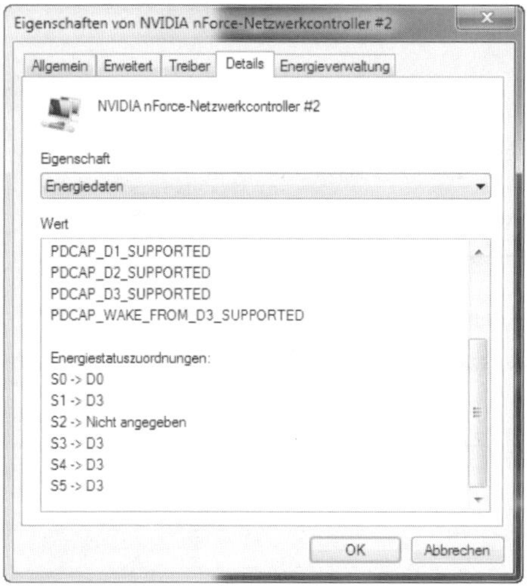

Bild 8.10 Hier wählen Sie im Register *Details* den Eintrag *Energiedaten*, um den Funktionen der Netzwerkkarte in Sachen Wake on LAN auf den Zahn zu fühlen.

Bei älteren Windows-Versionen ist der *Energiedaten*-Eintrag in *Energiekapazität* und *Energiestatuszuordnungen* aufgeteilt. Im Fall des gezeigten Zustands unterstützt die Netzwerkschnittstelle mit der Zuordnung *PDCAP_WAKE_FROM_D3_SUPPORTED* alle drei ACPI-Modi: S3 (*Suspend-to-RAM*, Betriebszustand wird ins RAM geschrieben), S4 (*Suspend-to-Disk*, Betriebszustand wird auf die Festplatte geschrieben) und S5 (*Soft-Off*, Herunterfahren des PCs). Alternativ können Sie auch über ein DOS-Fenster mit dem Befehl:

```
powercfg /devicequery wake_armed
```

herausfinden, welche Geräte gerade so eingerichtet sind, dass sie den Computer aus dem Stand-by-Modus reaktivieren dürfen.

```
powercfg /devicequery S4_supported
```

listet hingegen die Geräte, die den Ruhezustand unterstützen, auf. Grundsätzlich lassen sich mit dem Werkzeug *Powercfg.exe* die Energieeinstellungen des Computers einrichten sowie die Modi für Ruhezustand und Stand-by nach Wunsch festlegen.

8.2 VPN: sicher, komfortabel, plattformübergreifend

Mit einem VPN (*Virtual Private Network*) können Benutzer von unterwegs in das heimische Netzwerk einfach und sicher über das Internet zugreifen. Hier werden die zu übertragenden Daten beim Sender verschlüsselt, über einen sogenannten Tunnel sicher über das öffentliche Internet zum Empfänger geschickt und anschließend entschlüsselt. Durch das »Tunneling« wird sichergestellt, dass die Daten weder mitgelesen noch manipuliert werden können. Damit können Sie beispielsweise vom PC im Urlaubshotel Bilder der Digitalkamera auf Ihre heimische Festplatte sichern, beliebige Daten von zu Hause herunterladen und vieles mehr.

Je nach Modell des DSL-WLAN-Routers ist die VPN-Technik bereits im DSL-WLAN-Router integriert und macht das Einrichten einer VPN-Verbindung damit nahezu kinderleicht. Trotzdem lauern Gefahren. Da der Datenverkehr im Internet im Allgemeinen ungesichert abläuft, muss verhindert werden, dass nicht jeder die Verbindungsdaten mitlesen oder gar manipulieren kann.

Hier setzt VPN an und verschlüsselt den Datenstrom zwischen den beiden Teilnehmern. Zusätzlich autorisieren sich beide Gegenstellen vor dem Verbindungsaufbau, damit sich kein unbefugter Teilnehmer einfach so einklinkt. Für die Verschlüsselung der Verbindung bietet die VPN-Technik mehrere Möglichkeiten, am weitesten verbreitet gilt der IPSec-Standard, der auch in den meisten VPN-tauglichen DSL-WLAN-Routern implementiert ist.

VPN-Verbindung: Netzwerk oder Benutzer?

Grundsätzlich wird beim Einrichten einer VPN-Verbindung zwischen dem Benutzerfernzugang und der Kopplung entfernter Netzwerke unterschieden. Bei dem benutzerbasierten VPN-Zugang verbindet sich ein Benutzer aus dem Internet mit seinem Notebook oder einem PC im Internetcafé via VPN mit dem Heimnetzwerk. Hier initiiert der entfernte Client die VPN-Verbindung, anschließend wird diesem eine IP-Adresse aus dem Heimnetz zugewiesen, um einen Datenaustausch zu ermöglichen.

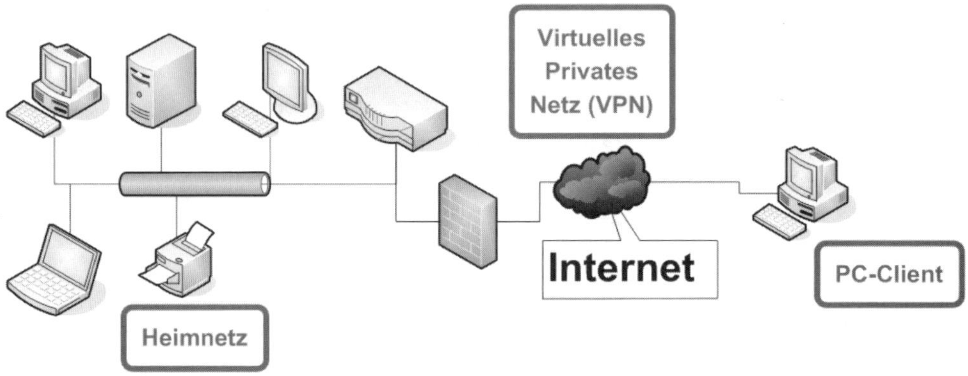

Bild 8.11 Bei einer aktiven VPN-Verbindung arbeitet der PC-Client so, als wäre er direkt mit dem Heimnetz verbunden. Hier kann der Benutzer auf Dateifreigaben oder NAS-Festplatteninhalte zugreifen.

Neben dem benutzerbasierten Zugriff lässt die VPN-Technik auch die Kopplung zweier Netze über das Internet zu. Damit lassen sich zwei Netzwerke zu einem gemeinsamen »Heimnetzwerk« vereinigen. In der Praxis kommt das vorwiegend im Unternehmensbereich zum Einsatz, etwa wenn ein Unternehmen einen räumlich getrennten Standort in das Unternehmensnetzwerk integrieren möchte. Bei der Kopplung von Netzwerken über VPN kann der Verbindungsaufbau von beiden Seiten erfolgen – hier ist auch kein Software-VPN-Client auf dem PC/Mac notwendig, da diese Aufgabe auf beiden Seiten der VPN-taugliche DSL-Router oder Switch übernimmt.

Diese Technik können Sie sich gerade im Zeitalter des Breitbandanschlusses zunutze machen: So ist es mit verhältnismäßig wenig Aufwand möglich, mit Freunden ein gemeinsames Netzwerk aufzubauen, ohne dass die eigentliche Verbindung dank der VPN-Sicherheit irgendwelchen Gefahren ausgesetzt ist.

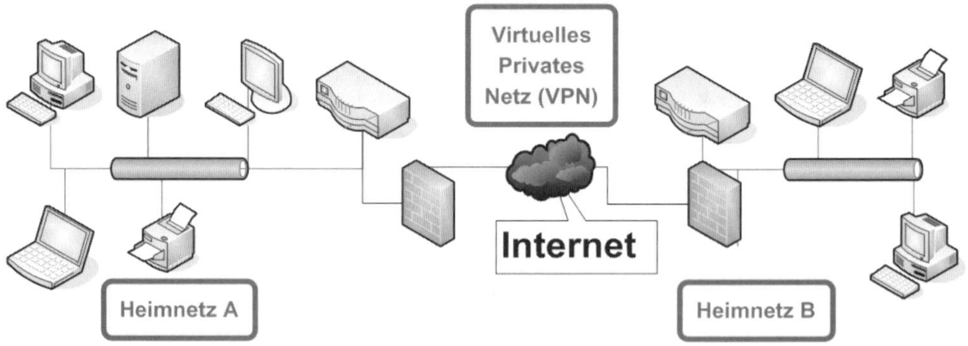

Bild 8.12 Sind zwei Netzwerke miteinander verbunden, können sämtliche Geräte aus Heimnetz A auf alle Geräte in Heimnetz B zugreifen. Damit lassen sich – abhängig von der DSL-Up-/Downstream-Geschwindigkeit – Daten hin- und hertransferieren, gemeinsame Musik- und Videobestände nutzen und vieles mehr.

Bei einer VPN-Verbindung wird also das private Heimnetz mit einem anderen Netzwerk oder/und mit einem VPN-Client über das Internet verbunden. Damit eine VPN-Verbindung aufgebaut werden kann, braucht der VPN-Client bzw. die VPN-Gegenstelle des entfernten Netzwerks die passenden IP-Informationen des Heimnetzes. Ist eine VPN-Verbindung erfolgreich hergestellt, ist darüber jede IP-basierte Anwendung wie sicherer E-Mail-Abruf, Zugriff auf vertrauliche Daten im Heimnetz, Fernwartung und vieles mehr möglich.

Nadelöhr oder nicht? – DSL-Anschluss testen

Da bei einer VPN-Verbindung in der Regel ein höheres Datenaufkommen entsteht, sollten auch aus Performance-Gründen auf beiden Seiten schnelle Internetzugänge zur Verfügung stehen. Der Knackpunkt ist hier der Datendurchsatz – trotz 16er-DSL-Anschlüssen und schneller ist die Upload-Geschwindigkeit das Nadelöhr: Je nach Anbieter und Zugang ist bei manchen Anbietern sogar schon bei 384 KBit/s Schluss.

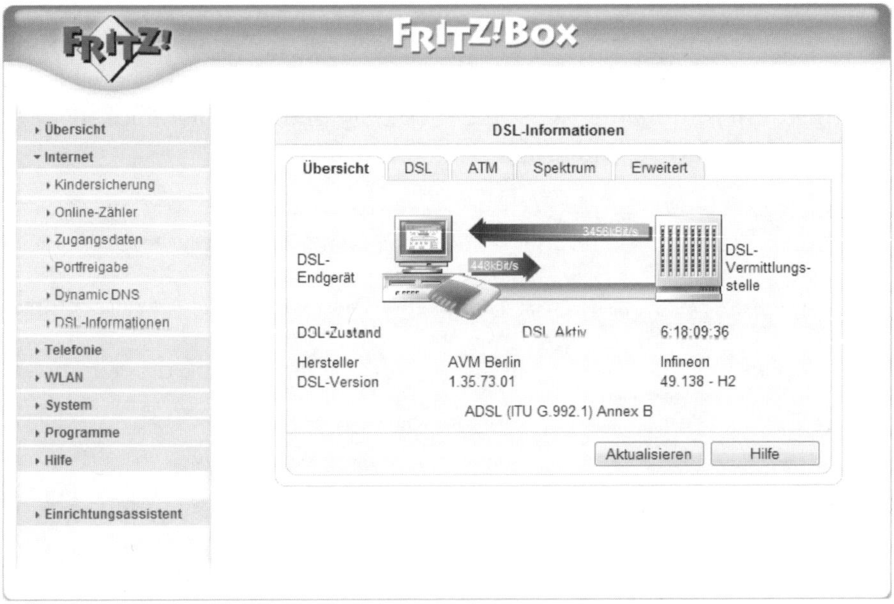

Bild 8.13 Jeder DSL-Router zeigt die Verbindungsdaten und die Geschwindigkeit zur Vermittlungsstelle in seinem Konfigurationsmenü an.

Bei einem DSL-Anschluss mit 16 MBit (Download) bieten die meisten Anbieter eine Upload-Geschwindigkeit von 1 MBit/s – die Praxiswerte schwanken jedoch stark. Wie schnell Ihr DSL-Anschluss tatsächlich ist, lässt sich mithilfe diverser Testseiten im Internet überprüfen.

LESEZEICHEN

http://bit.ly/1laF3x

DSL Speedtest: Mit dieser URL rufen Sie den DSL Speedtest auf.

Geben Sie nach dem Aufruf der Seite den Namen Ihres Providers, die angegebene Geschwindigkeit sowie die Postleitzahl ein und klicken Sie auf die *Speedtest jetzt starten*-Schaltfläche.

Nach rund einer Minute haben Sie Auskunft darüber, ob der DSL-Zugang das leistet, was er verspricht. Liegt die Upload-Geschwindigkeit des DSL-Anschlusses im Bereich um 500 KBit/s – je mehr, desto besser –, läuft auch die Geschwindigkeit des VPN-Zugriffs zumindest zufriedenstellend ab. Damit lässt sich einigermaßen arbeiten, doch möchten Sie beispielsweise GByte-große Dateien aus Ihrem Heimnetz herunterladen, bleibt die DSL-Upload-Geschwindigkeit Ihres DSL-Anschlusses der limitierende Faktor.

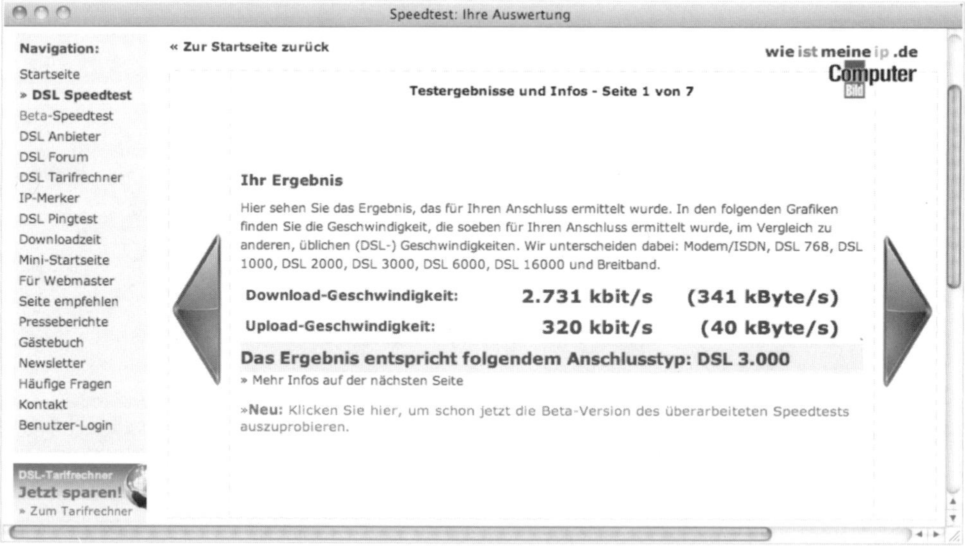

Bild 8.14 Zu gering! Für einen 6.000er-Anschluss ist das Testergebnis ernüchternd. Hier sorgt »eventuell« ein Anruf bei der Provider-Hotline für Abhilfe.

VPN-Voraussetzungen und Konfiguration

Neben der ausreichenden Bandbreite müssen die beiden Kommunikationspartner einen unterschiedlichen privaten IP-Adressbereich verwenden, da sonst nach dem VPN-Verbindungsaufbau keine eindeutige Adresszuordnung möglich wäre. Gäbe es in beiden Netzen ein Gerät mit der Beispiel-IP-Adresse *192.168.123.22*, wäre beim Datenaustausch via VPN-Tunnel nicht klar, ob das Gerät in Heimnetz A oder Heimnetz B adressiert werden soll. Ebenso scheitert ein Datenaustausch mit einem Gerät im gemeinsamen Heimnetz, falls mit diesem über eine VPN-Verbindung kommuniziert werden soll, da hier die Zieladresse immer direkt und nicht über das Gateway angesprochen wird.

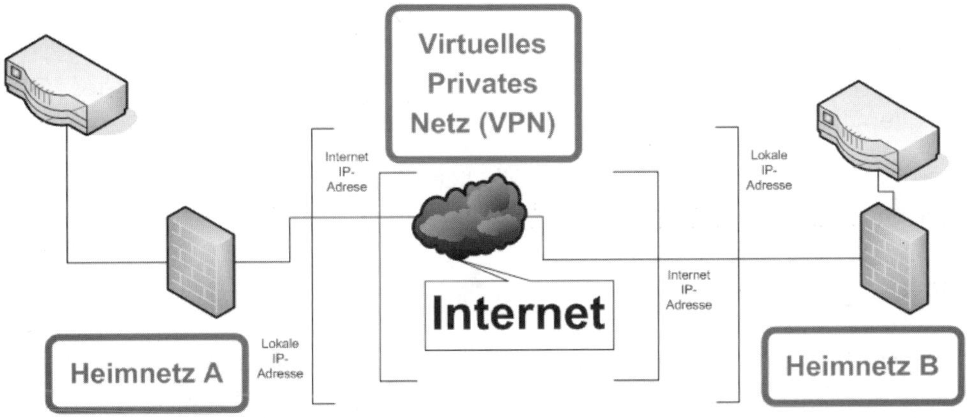

Bild 8.15 Bei einer VPN-Verbindung kommen sowohl öffentliche als auch lokale IP-Adressen zum Einsatz. Das VPN-Netzwerk wird mit öffentlichen Internet-IP-Adressen verbunden.

Um eine VPN-Verbindung aufzubauen, sind grundsätzlich vier IP-Adressen notwendig – die beiden öffentlichen Internet-IP-Adressen der Teilnehmer sowie die privaten Adressen der Netze (oder des VPN-Clients des Benutzers), die mit dem VPN miteinander gekoppelt werden. Da in der Regel die öffentlichen IP-Adressen dynamisch sind, also häufiger wechseln, erfolgt der Verbindungsaufbau nicht mit der öffentlichen IP-Adresse, sondern mit einer dynamischen IP-Adresse, deren Daten über einen dynamischen DNS-Anbieter zur Verfügung gestellt werden können.

VPN-Zugang für den Zugriff aufs Heimnetz einrichten

Um von unterwegs über VPN auf das Heimnetz zuzugreifen, werden ein VPN-tauglicher DSL-WLAN-Router sowie ein spezieller Software-VPN-Client auf dem Notebook, Mac oder PC benötigt. Egal welches VPN-Verfahren bzw. Protokoll

(PPTP, L2TP, IPsec, SSL etc.) zum Einsatz kommt: Beide Kommunikationspartner müssen dasselbe verwenden, damit eine Verbindung zustande kommt. In den meisten SOHO-Lösungen ist das IPSec-Protokoll implementiert, das dazugehörige Schlüsselprotokoll ISAKMP/IKE sorgt für die eigentliche Verschlüsselung der Verbindung.

In diesem Abschnitt wird die Konfiguration einer VPN-Verbindung von einem entfernten PC und Mac zu einer VPN-tauglichen FRITZ!Box erklärt. Grundsätzlich sind hier folgende Arbeitsschritte notwendig:

- Erstellen der Konfigurationsdatei für die FRITZ!Box.
- Erstellen der Konfigurationsdatei für den benutzerbasierten Zugang.
- Importieren der Konfigurationsdatei in die FRITZ!Box.
- Gegebenenfalls Installation eines VPN-Clients und Konfiguration des VPN-Clients anhand der FRITZ!Box-Konfigurationsdatei.

Bei der Kopplung zweier Netze entfällt der letzte Schritt, hier wird einfach auf beiden Seiten die Konfigurationsdatei eingespielt.

VPN-Config-Datei für die FRITZ!Box erstellen

Die FRITZ!Box erhält ihre VPN-Konfiguration über eine sogenannte Config-Datei, in der die wichtigsten Parameter für die Verbindung abgelegt sind. Um hier Tipp- und Syntaxfehler auszuschließen, stellt AVM einen Assistenten mit der Bezeichnung *FRITZ!Box-Fernzugang einrichten* für die Erzeugung der Config-Dateien zur Verfügung, der auf dem AVM-Webserver zum Download bereitsteht.

LESEZEICHEN

http://bit.ly/9gEu5L

FRITZ!Box-Fernzugang einrichten: Dies ist der Download-Link des Assistenten.

Bevor Sie loslegen, sollten Sie jedoch nachstehende Informationen für die VPN-Konfiguration parat haben. Fehlt hier eine Kleinigkeit, wird die VPN-Verbindung scheitern. Am besten tragen Sie Ihre Daten in nachstehende Tabelle ein:

Information	Beispiel	Ihre Daten
Benutzername	*ihremail@adresse.de*	
Dynamischer DNS-Name oder öffentliche IP-Adresse	*ihrdnsname.homedns.org*	
Dynamischer DNS-Benutzername	ihrdnsname	
Dynamisches DNS-Passwort	password	
IP-Netz zu Hause	192.168.123.0	________.________.________.0
Subnetzmaske	255.255.255.0	255.________.________.________

1. Nach Download und Installation starten Sie das Programm. Wer mit einer Einwahlverbindung bzw. einer wechselnden öffentlichen IP-Adresse im Internet unterwegs ist, braucht eine dynamische DNS-Adresse bei einem FreeDNS-Anbieter. Profi-User mit fester IP-Adresse können stattdessen diese nutzen. Den Dynamic DNS-Account richten Sie unter *Erweiterte Einstellungen/Internet/Fernzugang/Dynamic DNS* ein. Starten Sie das Programm *FRITZ!Box-Fernzugang einrichten* und klicken Sie auf die Schaltfläche *Neu*.

Bild 8.16 Spartanisch: Nach dem Start des Assistenten klicken Sie auf die Schaltfläche *Neu*.

2. Es meldet sich ein Assistent, der Ihnen drei Optionen zu Auswahl anbietet. Wählen Sie die Option *Fernzugang für einen Benutzer einrichten* aus und klicken Sie auf *Weiter*.

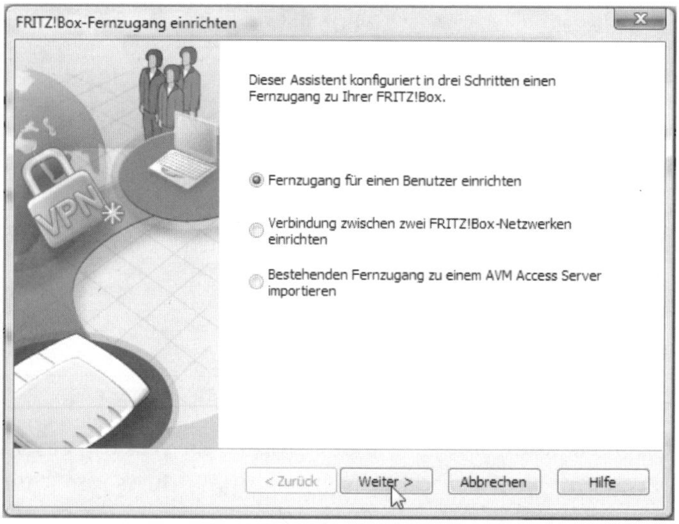

Bild 8.17 Abhängig davon, welche Art der VPN-Verbindung erstellt werden soll, wählen Sie hier die entsprechende Option aus. Bei der Kopplung zweier Heimnetze ist die zweite Option die richtige – für den benutzerspezifischen VPN-Zugang zum Heimnetz ist *Fernzugang für einen Benutzer einrichten* auszuwählen.

3. Tragen Sie im Eingabefeld *E-Mail-Adresse des Benutzers* die E-Mail-Adresse des Users ein. Das ist der Benutzername – es braucht nicht unbedingt eine E-Mail-Adresse zu sein, auch ein beliebiger Benutzername lässt sich verwenden. Das entsprechende Passwort zu diesem Benutzernamen erzeugt der Assistent automatisch.

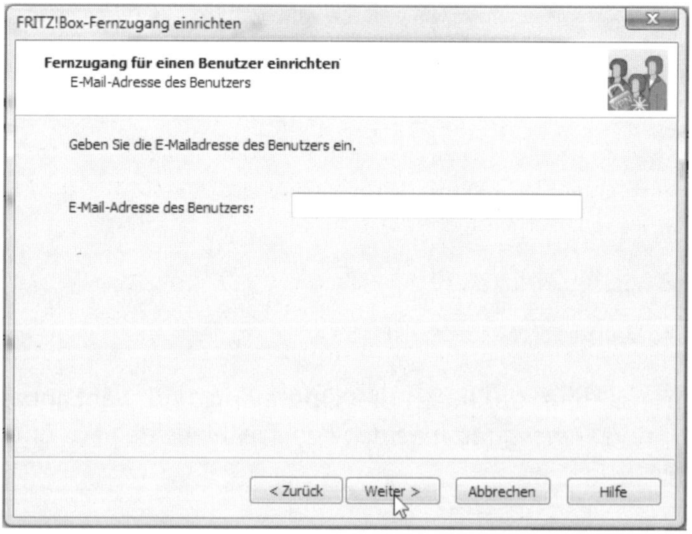

Bild 8.18 In diesen Dialog tragen Sie den Benutzernamen ein und klicken anschließend auf die *Weiter*-Schaltfläche.

4. Im nächsten Dialog tragen Sie in das Eingabefeld *Name* den in der FRITZ!Box konfigurierten dynamischen DNS-Domain-Namen ein. Alternativ kann hier eine IP-Adresse eingetragen werden. Profi-User mit fester öffentlicher IP-Adresse zu Hause brauchen den Umweg über den dynamischen DNS-Namen nicht zu gehen.

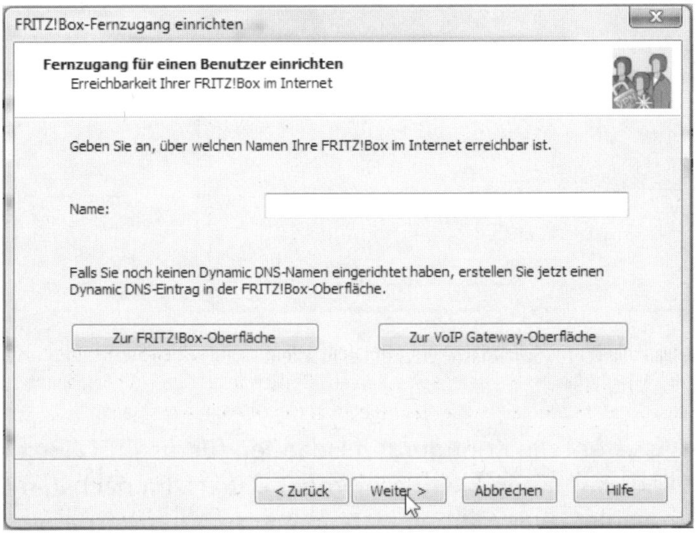

Bild 8.19 Nach dem Eintragen der IP-Adresse oder des dynamischen DNS-Namens klicken Sie auf die *Weiter*-Schaltfläche, um zum nächsten Konfigurationsschritt zu gelangen.

5. Falls die FRITZ!Box im Heimnetz die Standardkonfiguration für den IP-Adressbereich verwendet, nutzen Sie die Option *Werkseinstellungen der FRITZ!Box für das IP-Netzwerk übernehmen*. In diesem Fall stellt die FRITZ!Box den Adressbereich *192.168.178.0* für die Geräte im Heimnetz zur Verfügung.

   Wer hingegen den IP-Adressbereich nach seinen persönlichen Wünschen konfiguriert hat, wählt die Option *Anderes IP-Netzwerk verwenden* und trägt das IP-Netzwerk sowie die Subnetzmaske ein.

   Anschließend geben Sie die IP-Adresse ein, die der Computer beim VPN-Verbindungsaufbau erhalten soll. Achten Sie darauf, dass die IP-Adresse nicht bereits von irgendeinem Gerät in Ihrem Heimnetz verwendet wird, damit es nicht zu Verwechslungen und damit IP-Adresskonfikten kommt.

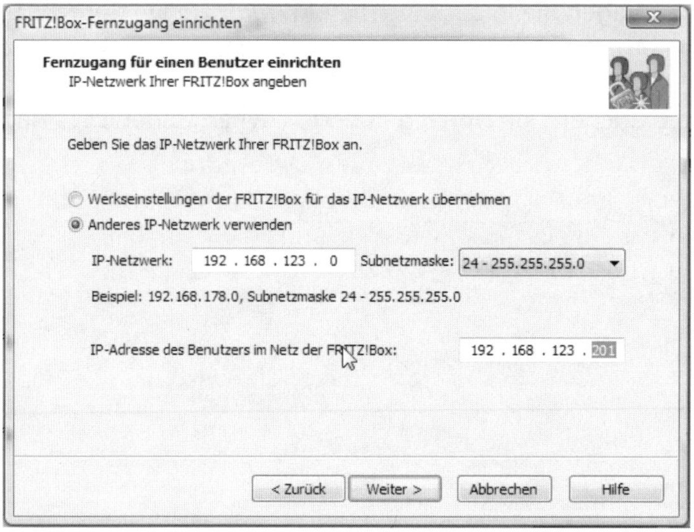

Bild 8.20 Nach dem Klick auf die *Weiter*-Schaltfläche erzeugt der Assistent die Konfigurationsdatei für die FRITZ!Box.

6. Jetzt erzeugt der Assistent die Konfigurationsdateien für die FRITZ!Box und den Benutzerzugang, was einen kleinen Moment dauert. Im nächsten Dialog können Sie auswählen, was mit den erstellten Konfigurationsdateien als Nächstes passieren soll.

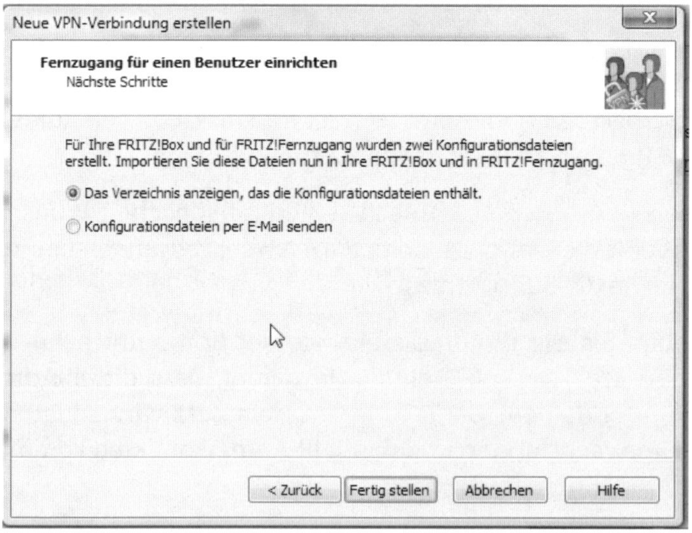

Bild 8.21 Völlig ausreichend: Lassen Sie sich einfach das Verzeichnis anzeigen, in dem der FRITZ!Box-Assistent die Konfigurationsdateien abgelegt hat.

7. Um die Einstellungen besser zu verstehen, sind hier die relevanten Bereiche der beiden erstellten Beispieldateien abgedruckt. In der benutzerspezifischen Konfigurationsdatei *vpnuser.cfg* ist im Bereich *targets* unter *name/ remotehostname* der dynamische DNS-Name (hier: *ihrdnsname.homedns.org*) eingetragen. Weiterhin sind der Benutzername (*user_fqdn*) sowie das verschlüsselte Passwort (*key*) für den Verbindungsaufbau wichtig. Diese Informationen brauchen Sie immer, auch wenn ein alternativer VPN-Client für den Zugriff verwendet wird.

```
targets {
        policies {
                name = "ihrdnsname.homedns.org";
                connect_on_channelup = no;
                always_renew = no;
                reject_not_encrypted = no;
                dont_filter_netbios = yes;
                localip = 0.0.0.0;
                virtualip = 192.168.123.201;
                remoteip = 0.0.0.0;
                remotehostname = "ihrdnsname.homedns.org";
                localid {
                        user_fqdn = "ihremail@adresse.de";
                }
                mode = mode_aggressive;
                phase1ss = "all/all/all";
                keytype = keytype_pre_shared;
                key = "9bdde4d6K83ki17b3Uc3dd2_0316d7e0e8";
                cert_do_server_auth = no;
                use_nat_t = no;
                use_xauth = no;
                use_cfgmode = no;
                phase2ss = "esp-all-all/ah-none/comp-all/pfs";
                accesslist = "permit ip any 192.168.123.0 255.255.255.0";
                wakeupremote = no;
        }
}
```

Bild 8.22 Bei der benutzerbasierten Konfigurationsdatei sind der dynamische DNS-Name bei *remotehostname* sowie die IP-Adressparameter bei *virtualip* und *accesslist* zunächst das A und O, um die VPN-Verbindung erfolgreich aufbauen zu können.

Unter *accesslist* (Zugriffsregel) ist das IP-Netz angegeben, auf das per VPN zugegriffen werden darf. In diesem Fall hat das entfernte Netz den Bereich *192.168.123.0/24*. Bei Bedarf kann diese Liste durch ein Komma getrennt erweitert werden – das ist jedoch in der Regel nicht notwendig. Wer den Zugriff auf einen einzelnen Fileserver beschränken möchte, kann das auch hier tun – statt des Netzwerks lässt sich ebenfalls eine einzelne Hostadresse eintragen.

fritzbox.cfg

```
vpncfg {
        connections {
                enabled = yes;
                conn_type = conntype_user;
                name = "ihremail@adresse.de";
                always_renew = no;
                reject_not_encrypted = no;
                dont_filter_netbios = yes;
                localip = 0.0.0.0;
                local_virtualip = 0.0.0.0;
                remoteip = 0.0.0.0;
                remote_virtualip = 192.168.123.201;
                remoteid {
                        user_fqdn = "ihremail@adresse.de";
                }
                mode = phase1_mode_aggressive;
                phase1ss = "all/all/all";
                keytype = connkeytype_pre_shared;
                key = "9bdde4d6K83ki17b3Uc3dd2_0316d7e0e8";
                cert_do_server_auth = no;
                use_nat_t = no;
                use_xauth = no;
                use_cfgmode = no;
                phase2ss = "esp-all-all/ah-none/comp-all/pfs";
                accesslist =
                        "permit ip 192.168.123.0 255.255.255.0 192.168.123.201 255.255.255.255";
        }
        ike_forward_rules = "udp 0.0.0.0:500 0.0.0.0:500",
                            "udp 0.0.0.0:4500 0.0.0.0:4500";
}


// EOF
```

Bild 8.23 Der *key* (das Kennwort) wird vom *FRITZ!Box-Fernzugang einrichten*-Assistenten automatisch generiert und verschlüsselt. Wer möchte, kann händisch nachbessern.

Unter *remote_virtualip* ist die IP-Adresse angegeben, die der Client nach dem Abarbeiten der VPN-Sicherheitsparameter zugewiesen bekommt. Wer nachträglich die IP-Adresse verändern möchte, passt hier diesen Eintrag an und importiert die Konfigurationsdatei *FRITZ!Box.cfg* erneut in die FRITZ!Box, um dieser die Änderung bekannt zu machen.

VPN-Konfiguration in die FRITZ!Box übertragen

Die FRITZ!Box lässt bis zu fünf gleichzeitige VPN-Verbindungen zu. Für jede Verbindung wird unter Umständen eine eigene Konfigurationsdatei benötigt. Um die erzeugte Konfigurationsdatei *FRITZ!Box.cfg* in die FRITZ!Box zu übertragen, öffnen Sie zunächst über den Webbrowser die Benutzeroberfläche der FRITZ!Box. Dort gehen Sie zu *Erweiterte Einstellungen/Internet/Freigaben* und dort in das Register *VPN*. Über die *Durchsuchen*-Schaltfläche ist zunächst die entsprechende *FRITZ!Box.cfg*-Konfigurationsdatei auszuwählen.

Die Konfigurationsdateien für die VPN-Verbindung befinden sich bei Windows Vista und Windows 7 hier:

```
%USERPROFILE%\AppData\Roaming\AVM\FRITZ!Fernzugang\
```

und bei Windows XP in diesem Verzeichnis:

```
%USERPROFILE%\Anwendungsdaten\AVM\FRITZ!Fernzugang\
```

Bild 8.24 Klicken Sie auf die Schaltfläche *VPN-Konfiguration importieren* und anschließend auf die *OK*-Schaltfläche.

Dort sind ein Verzeichnis mit dem gleichen Namen wie dem von Ihnen gewählten dynamischen DNS-Domain-Namen sowie die Konfigurationsdatei *FRITZ!Box.cfg* für die FRITZ!Box zu finden.

Bild 8.25 Nach dem erfolgreichen Import der Konfigurationsdatei ist die FRITZ!Box bereit, VPN-Verbindungen mit dem entfernten Benutzer aufzubauen.

Im nächsten Abschnitt wird der Zugriff vonseiten des entfernten Benutzers eingerichtet. Für Windows-Anwender stellt AVM einen speziellen Client zur Verfügung, der, wie im nächsten Abschnitt beschrieben, installiert und mithilfe der Konfigurationsdatei eingerichtet wird.

VPN-Zugriff auf das FRITZ!Box-Heimnetz

1. Ist das kostenlose Programm FRITZ!Fernzugang von AVM (*www.avm.de*) heruntergeladen und installiert, benötigen Sie zunächst die Konfigurationsdatei *vpnuser.cfg*, in der sämtliche notwendigen Verbindungsinformationen für den VPN-Zugriff enthalten sind. Die *vpnuser.cfg* befindet sich bei Windows Vista und Windows 7 im Verzeichnis:

   ```
   %USERPROFILE%\AppData\Roaming\AVM\FRITZ!Fernzugang\
   ```

   und bei XP unter:

   ```
   %USERPROFILE%\Anwendungsdaten\AVM\FRITZ!Fernzugang\
   ```

   und zwar in einem Unterverzeichnis mit der gleichen Bezeichnung wie dem von Ihnen gewählten dynamischen DNS-Domain-Namen. Starten Sie über das Startmenü das Programm *FRITZ!Fernzugang*.

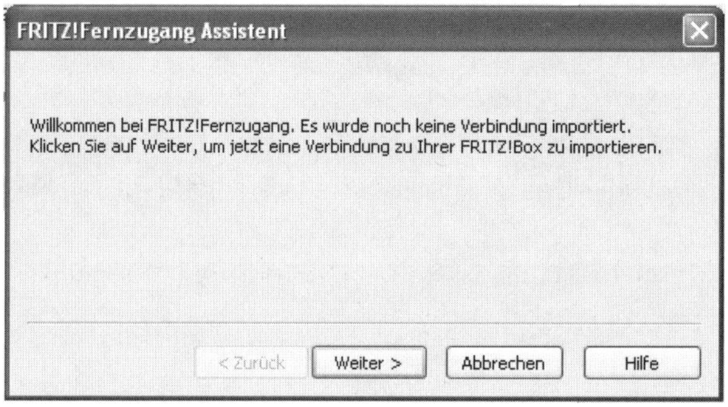

Bild 8.26 Nach dem Programmstart meldet sich umgehend ein Assistent, mit dem die Konfigurationsdatei importiert werden kann.

2. Im nächsten Schritt geben Sie den Pfad zur *vpnuser.cfg* an. Per Ordnersymbol können Sie die lokale Festplatte durchsuchen.

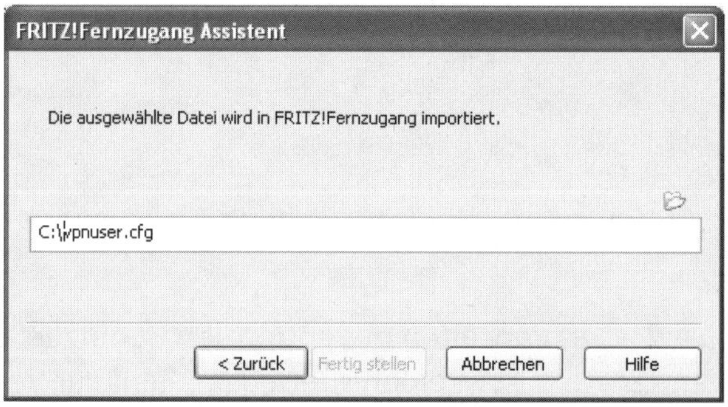

Bild 8.27 Ist die Konfigurationsdatei ausgewählt, klicken Sie auf die Schaltfläche *Fertig stellen*. Alternativ können Sie auch den Assistenten per Klick auf *Abbrechen* beenden und die Konfigurationsdatei manuell importieren.

3. Um die Konfigurationsdatei ohne Assistenten zu importieren, genügt der *Datei/Importieren*-Befehl, der prinzipiell das Gleiche bewirkt wie der Assistent. Nach dem Import befindet sich im Programmfenster ein Verbindungssymbol für die erstellte Verbindung. Per Klick auf den grünen Telefonhörer wird der Verbindungsaufbau gestartet.

Bild 8.28 Damit eine VPN-Verbindung zur Heimnetz-FRITZ!Box aufgebaut werden kann, muss sie auch über ihren dynamischen DNS-Namen im Internet erreichbar sein. Ist das nicht der Fall, erscheint diese Fehlermeldung.

Ist der dynamische DNS-Name über das Internet erreichbar, baut die FRITZ!Box anschließend die VPN-Verbindung auf.

Bild 8.29 Erfolgreich: In der Statusleiste informiert das Programm FRITZ!Fernzugang über den aktuellen Status der Verbindung.

4. Nun können Sie schalten und walten, wie Sie möchten, Sie befinden sich in Ihrem Heimnetz. Die Dateifreigaben sind über Ihre IP-Adresse erreichbar, hier genügt die Eingabe von *\\IP-Adresse* – beispielsweise *\\192.168.123.100\Daten* – im *Ausführen*-Dialog von Windows, um auf die Freigabedaten auf dem PC mit der IP-Adresse *192.168.123.100* zugreifen zu können.

VPN-Alternative für Profis: NCP-VPN-Client im Einsatz

Im Gegensatz zu der kostenlosen AVM-Lösung sind noch zig weitere VPN-Clients auf dem Markt unterwegs. Manche sind kostenlos, dafür aber etwas umständlich zu konfigurieren und zu bedienen, und kostenpflichtige Lösungen bringen neben der Grundfunktionalität weitere Features wie eine integrierte Firewall oder eine Profilunterstützung für verschiedene VPN-Verbindungen mit.

⊡ LESEZEICHEN

http://bit.ly/cLVB9C

NCP-VPN-Client: Wer einen einfachen, aber durchaus leistungsfähigen VPN-Client für Windows XP/Vista/7 sucht, der im Gegensatz zu kostenlosen Lösungen zudem noch eine 64-Bit-Unterstützung mitbringt, sollte den Secure Entry Client von NCP nutzen.

Die für die Konfiguration notwendigen Angaben entnehmen FRITZ!Box-Anwender der benutzerbasierten Konfigurationsdatei.

```
targets {
        policies {
                name = "ihrdnsname.homedns.org";
                connect_on_channelup = no;
                always_renew = no;
                reject_not_encrypted = no;
                dont_filter_netbios = yes;
                localip = 0.0.0.0;
                virtualip = 192.168.123.201;
                remoteip = 0.0.0.0;
                remotehostname = "ihrdnsname.homedns.org";
                localid {
                        user_fqdn = "ihremail@adresse.de";
                }
                mode = mode_aggressive;
                phase1ss = "all/all/all";
                keytype = keytype_pre_shared;
                key = "9bdde4d6K83ki17b3Uc3dd2_0316d7e0e8";
                cert_do_server_auth = no;
                use_nat_t = no;
                use_xauth = no;
                use_cfgmode = no;
                phase2ss = "esp-all-all/ah-none/comp-all/pfs";
                accesslist = "permit ip any 192.168.123.0 255.255.255.0";
                wakeupremote = no;
        }
}
```

Bild 8.30 Aus der benutzerbasierten Konfigurationsdatei holen Sie den dynamischen DNS-Namen, den Benutzernamen bei *user_fqdn* sowie die IP-Adressparameter bei *virtualip* und bei *key* das Kennwort, um den NCP-Client für eine erfolgreiche VPN-Verbindung zu konfigurieren. Beachten Sie, dass die Anführungszeichen nicht mit dazugehören.

1. Die Installation des Secure Entry Client ist in wenigen Augenblicken erledigt, die dafür notwendigen Schritte brauchen einfach nur »durchgeklickt« zu werden. Nach dem erstmaligen Start des VPN-Clients ist gegebenenfalls zunächst die Anpassung einer aktiven Personal Firewall notwendig.

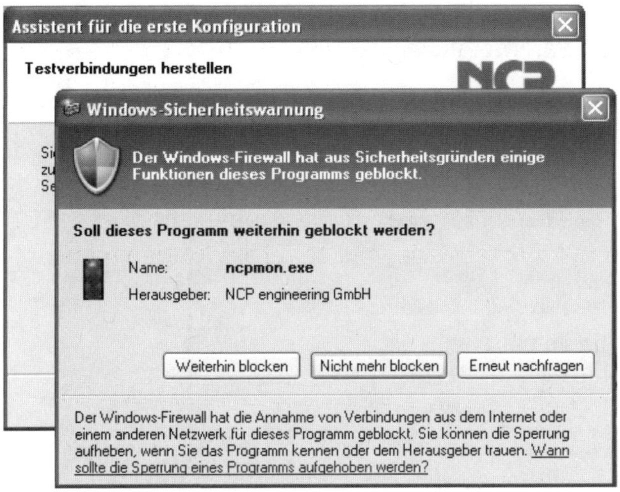

Bild 8.31 Damit der VPN-Zugang auch funktionieren kann, darf die Firewall den NCP-Client selbstverständlich nicht blockieren.

2. Entweder nutzen Sie den Installationsassistenten und tragen dort die notwendigen Parameter ein, oder Sie gehen in den *Einstellungen*-Dialog, den Sie über die Menüleiste per *Konfiguration/Profil-Einstellungen* starten.

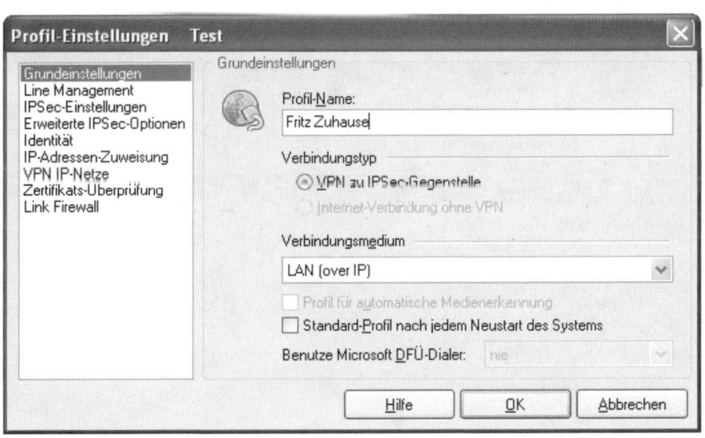

Bild 8.32 Zunächst tragen Sie im Bereich *Grundeinstellungen* eine aussagekräftige Bezeichnung für die Verbindung in das Heimnetz ein.

3. Für die Konfiguration des Verbindungsmediums nutzen Sie den Eintrag *LAN (over IP)* – anschließend wechseln Sie in den Bereich *IPSec-Einstellungen*. Hier sind die wichtigsten Parameter für die VPN-Verbindung zusammengefasst. Zunächst tragen Sie den dynamischen DNS-Namen, über den das Heimnetz erreichbar ist, bei *Gateway* ein. Für die Sicherheitsrichtlinien verwenden Sie für den Zugriff auf eine VPN-taugliche FRITZ!Box die in der nachstehenden Abbildung konfigurierten Parameter.

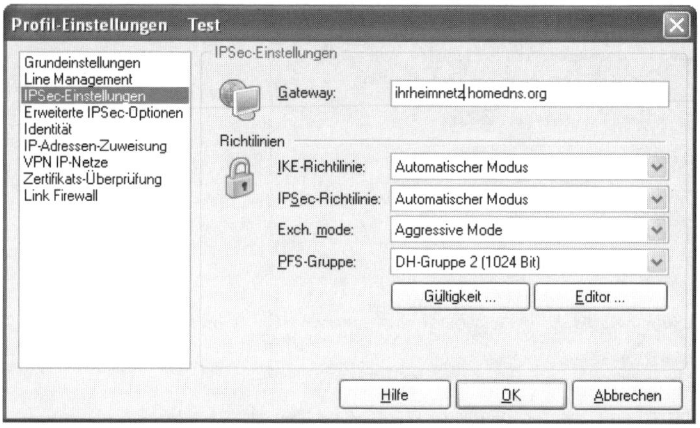

Bild 8.33 Klappt der Verbindungsaufbau nicht, hilft das Umschalten vom automatischen Modus in den manuellen. Hier ist anschließend die Schlüssellänge genau anzugeben.

4. Im Fall einer FRITZ!Box-Anbindung werden die *Erweiterten IPSec-Optionen* wie in der nachstehenden Abbildung konfiguriert – hier braucht kein Häkchen gesetzt zu werden.

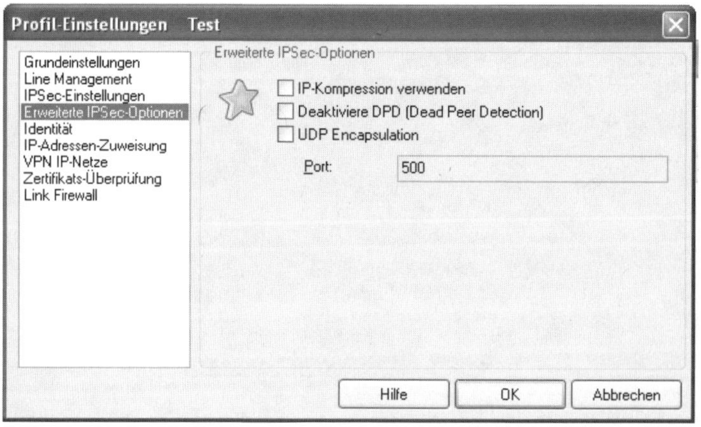

Bild 8.34 Es muss kein Kontrollkästchen aktiviert werden – wechseln Sie in den Bereich *Identität*.

5. Im Bereich *Identität* tragen Sie die Zugangsdaten für den VPN-Zugang ein. Nutzen Sie einfach die Zwischenablage bzw. den Copy-and-Paste-Mechanismus, um den *Pre-shared Key* im nachstehenden Dialog einzutragen.

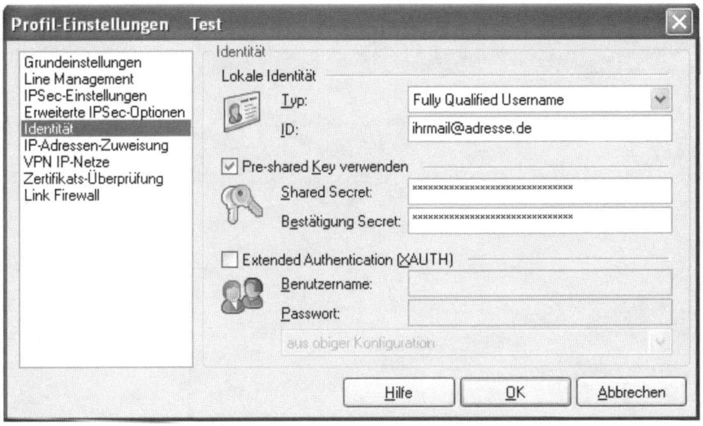

Bild 8.35 Für den FRITZ!Box-Zugang stellen Sie den Schalter auf *Fully Qualified Username* um und tragen im Feld *ID* die konfigurierte E-Mail-Adresse ein.

6. Im nächsten Konfigurationsschritt tragen Sie im Bereich *IP-Adressen-Zuweisung* die IP-Adresse ein, die bei der FRITZ!Box-VPN-Konfiguration für den VPN-Client bei *Verbindungsaufbau* zugewiesen wurde.

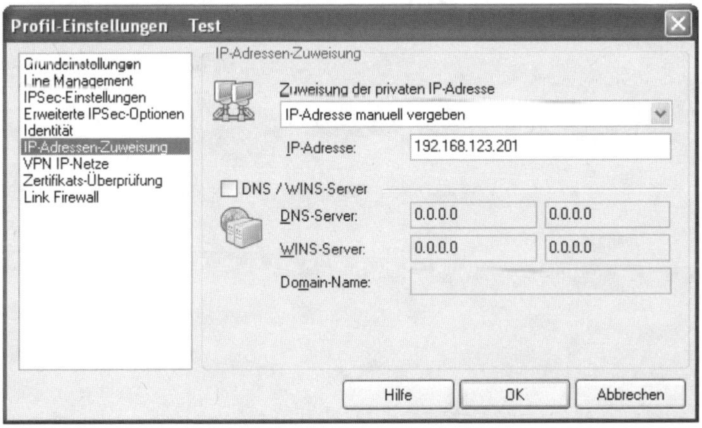

Bild 8.36 Hier tragen Sie die IP-Adresse ein, die für den Fernzugriff »zugelassen« ist und dem PC nach Verbindungsaufbau zugeordnet werden soll.

7. Nun nehmen Sie im Bereich *VPN IP-Netze* noch etwas Feintuning vor und tragen die IP-Adresse des Heimnetzes ein. Das hat den Effekt, dass Sie sich anschließend über die IP-Adresse mit den entsprechenden Geräten verbinden können.

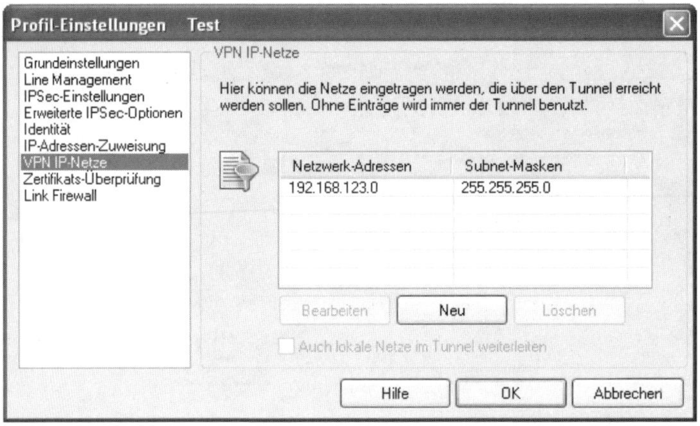

Bild 8.37 Wichtig: Damit Sie auf andere PCs, Server oder NAS/SAN-Geräte im Heimnetz zugreifen können, muss das Heimnetz der VPN-Verbindung bekannt gemacht werden. In diesem Beispiel wird der Netzwerkbereich *192.168.123.0* mit der Subnetzmaske *255.255.255.0* verwendet.

8. Zu guter Letzt stellen Sie sicher, dass – wie in nachstehender Abbildung zu sehen – das Häkchen bei *NetBIOS über IP* gesetzt ist. Wer bereits eine Personal Firewall im Einsatz hat, achtet darauf, dass der Eintrag bei *Stateful Inspection* auf *aus* gestellt ist.

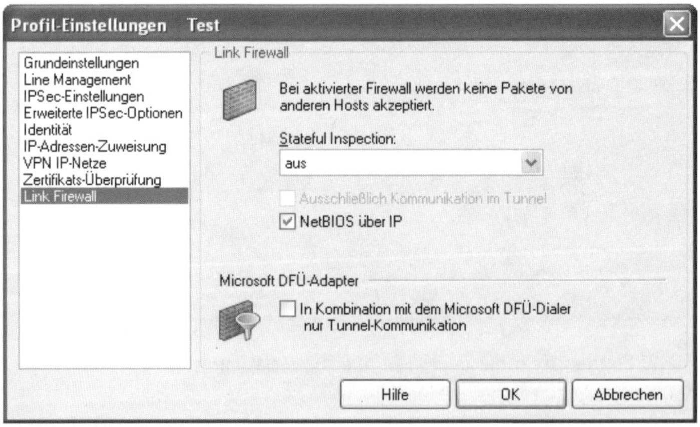

Bild 8.38 Per Klick auf die *OK*-Schaltfläche schließen Sie die Konfiguration der VPN-Verbindung ab.

9. Nun können Sie einen ersten Verbindungstest wagen. Beachten Sie, dass eine VPN-Verbindung nicht aus demselben und in dasselbe Heimnetz funktioniert. Der NCP-VPN-Client nutzt automatisch eine vorhandene Internetverbindung – diese sollte beim Start des NCP-VPN-Clients idealerweise schon aufgebaut sein. Zum Test zu Hause bietet sich eher eine UMTS-Bluetooth-Verbindung über das Notebook an, um die Funktionalität zu testen. Ist die Internetverbindung hergestellt, starten Sie den NCP-VPN-Client. Klicken Sie im Hauptfenster des Programms auf die Schaltfläche *Verbinden*, um Kontakt zum Heimnetz aufzunehmen.

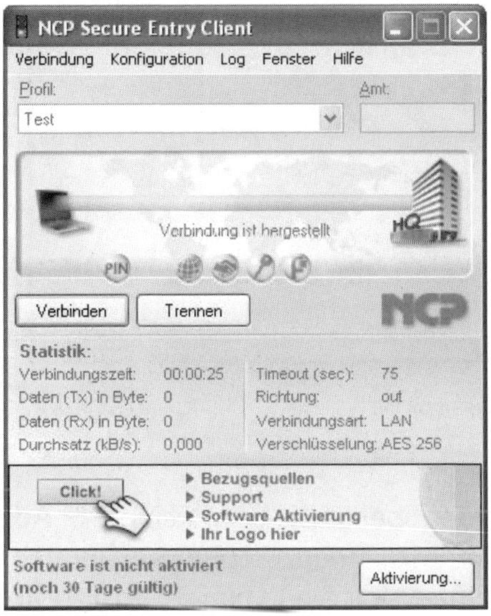

Bild 8.39 Die Verbindung kann nach Verbindungsaufbau über die *Trennen*-Schaltfläche wieder abgebaut werden.

10. Ist die Verbindung aufgebaut, können Sie sich ganz leicht mit einem *ipconfig/all*-Befehl in der DOS-Eingabeaufforderung davon überzeugen, dass Sie sich im »richtigen« Netz befinden:

```
Ethernetadapter LAN-Verbindung 4:

        Verbindungsspezifisches DNS-Suffix:
        Beschreibung. . . . . . . . . . . : NCP Secure Client Virtual Adapter
        Physikalische Adresse . . . . . . : 02-00-4E-43-50-49
        DHCP aktiviert. . . . . . . . . . : Ja
        Autokonfiguration aktiviert . . . : Nein
        IP-Adresse. . . . . . . . . . . . : 192.168.123.201
        Subnetzmaske. . . . . . . . . . . : 255.255.255.0
        Standardgateway . . . . . . . . . :
        DHCP-Server . . . . . . . . . . . : 192.168.123.202
        Lease erhalten. . . . . . . . . . : Mittwoch, 11. Juni 2008 17:01:52
        Lease läuft ab. . . . . . . . . . : Mittwoch, 30. Juli 2008 06:07:17
```

Bild 8.40 Der entfernte Client mit der IP-Adresse *192.168.123.201* hat mit der FRITZ!Box im Heimnetz Verbindung aufgenommen.

11. Wer hinter die Verbindungskulissen schauen möchte, für den bietet der NCP-VPN-Client ein Logbuch an, in dem sämtliche Aktionen protokolliert werden. Das hilft vor allem bei der Fehlersuche, falls der Verbindungsaufbau nicht auf Anhieb geklappt hat.

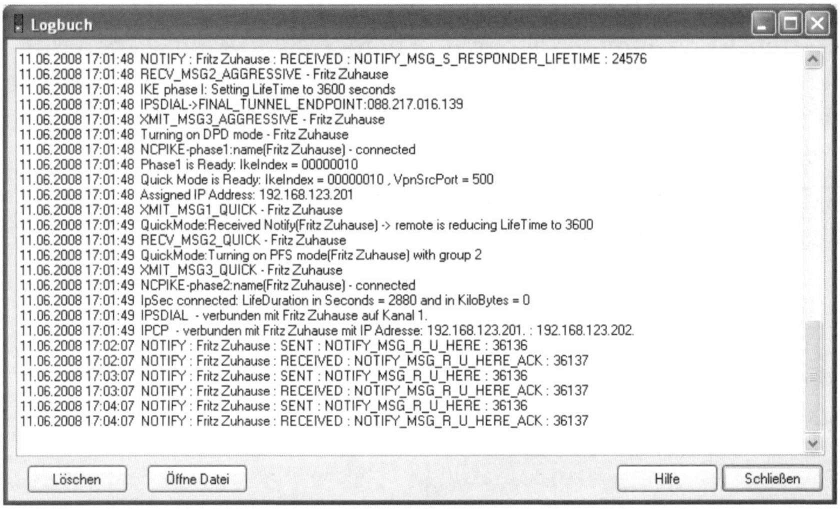

Bild 8.41 Voller Erfolg: Wird die Verbindung mit *Verbunden mit* sowie die entsprechende IP-Adresse gezeigt, steht die VPN-Verbindung über das Internet.

12. Nun können Sie über den Explorer oder über *Start/Ausführen* die IP-Adresse der gewünschten Freigabe im Heimnetz öffnen. Geben Sie dort einfach \\<*IP-Adresse*> ein – anschließend öffnet sich ein Explorer-Fenster mit den entsprechenden Freigaben, in dem Sie wie gewohnt Daten bearbeiten und austauschen können. Um die VPN-Verbindung zu beenden, nutzen Sie einfach die *Trennen*-Schaltfläche des NCP-VPN-Clients.

8.3 VPN-Zugriff auf das Heimnetz mit Mac OS X

Wer von unterwegs mit seinem Mac auf seine Daten zu Hause ohne Spione und »Mitleser« zugreifen möchte, kann auch hier die VPN-Funktionen der FRITZ!Box nutzen. Doch nicht nur der Datenzugriff, sondern auch der Datentransport auf Dateifreigaben zu Hause ist möglich und überaus praktisch – gerade dann, wenn im Urlaub die Kapazität der Speicherkarte in der Digitalkamera zur Neige geht und man seine Bilder einfach und vor allem sicher auf die heimische Festplatte speichert.

Neben dem entsprechend konfigurierten DSL-WLAN-Router mit VPN-Funktionalität ist lediglich ein VPN-Client für Mac OS X notwendig, der kostenlos zur Verfügung steht. Anhand der weitverbreiteten FRITZ!Box 7170 wird hier dieser praktische Anwendungsfall beschrieben. Je nach DSL-WLAN-Router-Modell mit VPN-Funktionen lässt sich die Beschreibung auch auf andere Modelle übertragen.

VPN-Verbindung zum FRITZ!Box-Heimnetz einrichten

Ist die FRITZ!Box mit der passenden Konfigurationsdatei bestückt, lässt sich auch mit einem entfernten Mac auf das Heimnetz zugreifen. Hier wird lediglich ein VPN-Client wie IPSecuritas benötigt.

⊡ LESEZEICHEN

http://bit.ly/Ases

IPSecuritas: Hier finden Sie den kostenlosen VPN-Client IPSecuritas.

1. Im Gegensatz zu anderen, kommerziellen Lösungen ist IPSecuritas Freeware und steht kostenlos zum Download bereit. Nach Download und Installation von IPSecuritas für Mac OS X konfigurieren Sie zunächst den VPN-Client anhand der benutzerbasierten *vpnuser.cfg* des Windows Programms *FRITZ!Box-Fernzugang einrichten.*

2. Ohne diese Datei lässt sich die VPN-Verbindung ebenfalls einrichten, Sie müssen in dem Fall jedoch sicherstellen, dass das genutzte Passwort (*key*) mit jenem auf der FRITZ!Box übereinstimmt. Die Konfiguration starten Sie über *Finder/Programme/IPSecuritas* und wählen in der Menüleiste *Verbindungen/Verbindungen bearbeiten* aus. Anschließend erscheint folgender Dialog:

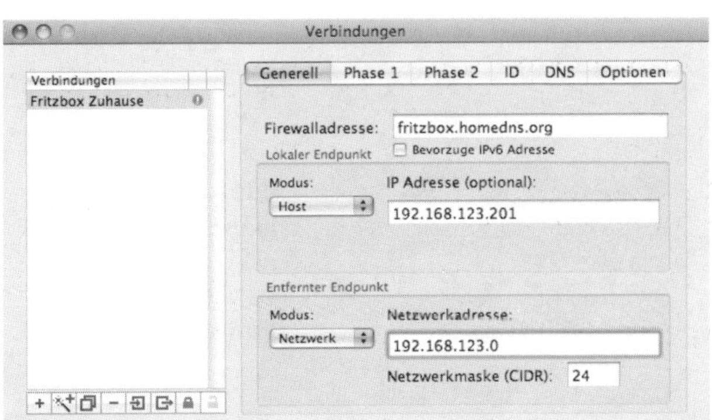

Bild 8.42 Zunächst klicken Sie links im unteren Bereich auf das Plussymbol und tragen einen aussagekräftigen Namen für die VPN-Verbindung ein.

3. Im Register *Generell* tragen Sie bei *Firewalladresse* den dynamischen DNS-Namen ein, unter dem Ihr Heimnetz im Internet erreichbar ist. Wer stattdessen eine feste IP-Adresse von seinem Internetprovider bekommen hat, nutzt diese. Anschließend tragen Sie bei *Modus/Host* die IP-Adresse ein, die der Mac als lokale IP-Adresse im Heimnetz nutzen soll – in diesem Beispiel wurde die IP-Adresse *192.168.123.201* eingerichtet.

   Diese befindet sich im gleichen Adressbereich wie das entfernte Heimnetz. Das wird in diesem Fall unter *Entfernter Endpunkt/Netzwerk* mit dem Adressbereich *192.168.123.0* sowie der Netzwerkmaske *24* – was *255.255.255.0* entspricht – konfiguriert. Anschließend wechseln Sie in das Register *Phase 1*.

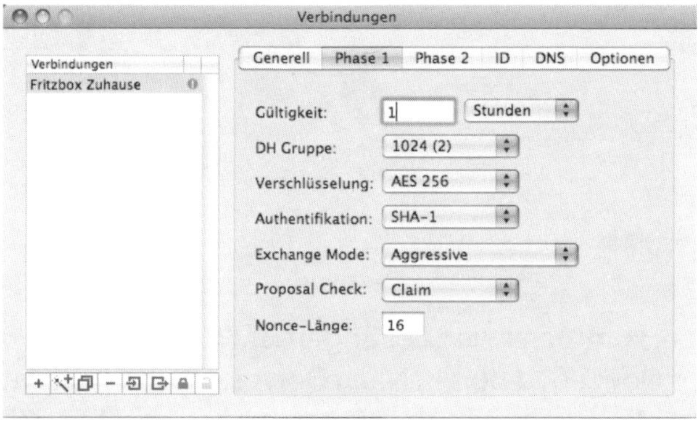

Bild 8.43 Die Gültigkeit der VPN-Verbindung lässt sich in Sekunden-, Minuten- und Stunden-Intervallen einrichten. Auf der sicheren Seite sind Sie mit dem Eintrag *1 (Stunden)*.

4. Weiterhin stellen Sie den Diffie-Hellman-Eintrag bei *DH Gruppe* auf *1024 (2)*, die *Verschlüsselung* auf *AES 256* sowie die *Authentifikation* auf den Hash-Algorithmus *SHA-1* um. Für den Modus für die IKE-Phase 1 stellen Sie bei *Exchange Mode* die Option *Aggressive* ein, die weiteren Einstellungen entnehmen Sie der Abbildung.

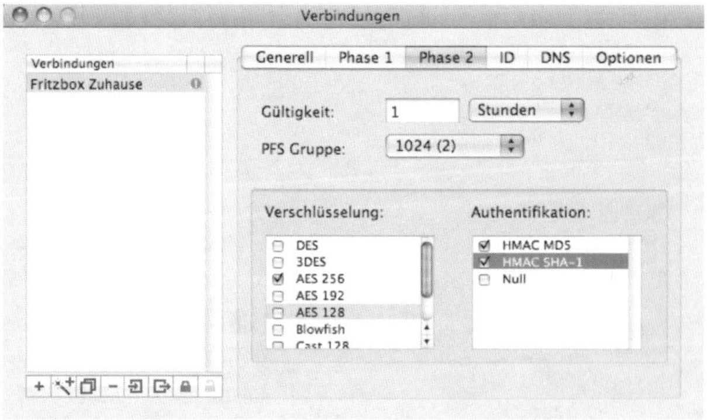

Bild 8.44 Wenige Klicks: In *Phase 2* wählen Sie das *AES 256*-Verschlüsselungsverfahren sowie *SHA-1* für die *Authentifikation* aus.

5. Analog werden in *Phase 2* Verschlüsselungsverfahren und Authentifikation konfiguriert, die Einstellungen können Sie der Abbildung entnehmen. Im Register *ID* verwenden Sie den Benutzernamen sowie das Passwort, die per *FRITZ!Box.cfg* in die FRITZ!Box importiert wurden. In diesem abgedruckten Beispiel steht dort *ihremail@adresse.de*.

fritzbox.cfg

```
vpncfg {
        connections {
                enabled = yes;
                conn_type = conntype_user;
                name = "ihremail@adresse.de";
                always_renew = no;
                reject_not_encrypted = no;
                dont_filter_netbios = yes;
                localip = 0.0.0.0;
                local_virtualip = 0.0.0.0;
                remoteip = 0.0.0.0;
                remote_virtualip = 192.168.123.201;
                remoteid {
                        user_fqdn = "ihremail@adresse.de";
                }
                mode = phase1_mode_aggressive;
                phase1ss = "all/all/all";
                keytype = connkeytype_pre_shared;
                key = "9bdde4d6K83ki17b3Uc3dd2_0316d7e0e8";
                cert_do_server_auth = no;
                use_nat_t = no;
                use_xauth = no;
                use_cfgmode = no;
                phase2ss = "esp-all-all/ah-none/comp-all/pfs";
                accesslist =
                          "permit ip 192.168.123.0 255.255.255.0 192.168.123.201 255.255.255.255";
        }
        ike_forward_rules = "udp 0.0.0.0:500 0.0.0.0:500",
                            "udp 0.0.0.0:4500 0.0.0.0:4500";
}


// EOF
```

Bild 8.45 Das Passwort für den Zugriff auf das Heimnetz entnehmen Sie der *FRITZ!Box.cfg* – es steht bei *key* innerhalb der Anführungszeichen.

6. Stellen Sie bei *Lokale Identifikation* das Optionsfeld auf *User FQDN* um und tragen Sie im nächsten Feld die Benutzerkennung (hier die E-Mail-Adresse) ein. Bei *Entfernte Identifikation* stellen Sie *Adresse* ein. Bevor Sie bei *Preshared Key* das Passwort aus der *FRITZ!Box.cfg* per Copy-and-Paste hineinkopieren, stellen Sie sicher, dass die *Authentifikationsmethode* auf den Eintrag *Preshared Key* eingestellt ist.

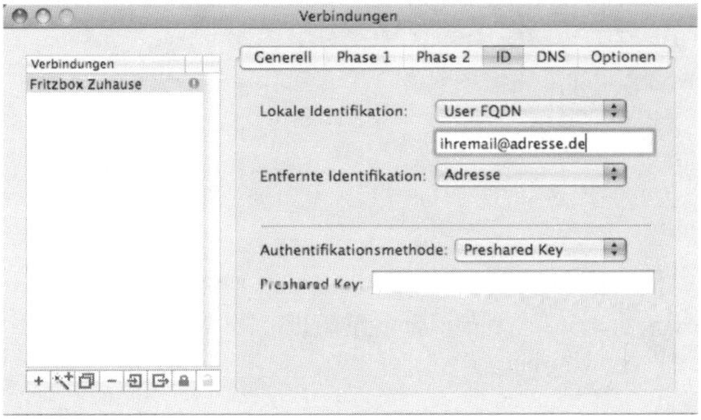

Bild 8.46 Sind die Einstellungen im Register *ID* eingetragen, öffnen Sie gleich das Register *Optionen*. Das Register *DNS* findet nur dann Beachtung, wenn Sie in Ihrem Heimnetz einen eigenen DNS-Server für die lokale Namensauflösung betreiben. In der Regel ist das jedoch nicht der Fall.

7. Im Register *Optionen* setzen Sie die Häkchen so wie in nachstehender Abbildung gezeigt. Nach Abschluss der Konfiguration schließen Sie das Verbindungsfenster.

Bild 8.47 Das A und O sind in diesem Dialog die beiden Häkchen bei *IPSec DOI* und *Lokale IP in entf. Netzwerk*.

VPN-Verbindungsaufbau und Datenaustausch

Die erstellte Verbindung ist nun im Statusfenster von IPSecuritas sichtbar. Haben Sie extern eine Internetverbindung aufgebaut, starten Sie einfach per Klick auf die *Start*-Schaltfläche eine VPN-Verbindung zu Ihrem Heimnetz zu Hause.

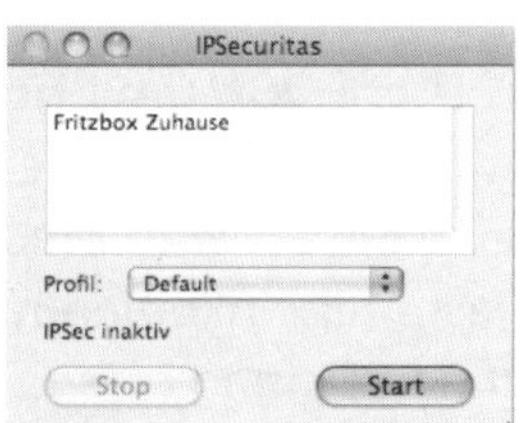

Bild 8.48 Nach der Konfiguration des Verbindungsprofils sind Sie nur noch einen Klick von Ihrem Heimnetz entfernt.

Nach einem kurzen Augenblick ist die Verbindung in das Heimnetz aufgebaut. Nun stehen im Finder die Heimnetzfreigaben zur Verfügung.

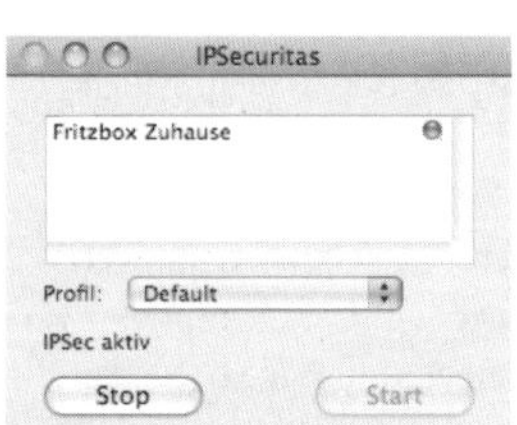

Bild 8.49 Im Verbindungsfenster weist IPSecuritas mit *IPSec aktiv* und einem grünen Lämpchen auf eine aktive Verbindung hin.

Auf der Gegenseite – im Heimnetz – weist die Konfigurationsseite der FRITZ!Box auf eine aktive eingehende VPN-Verbindung hin. Im Übersichtsdialog leuchtet das grüne Lämpchen bei *Fernzugang*.

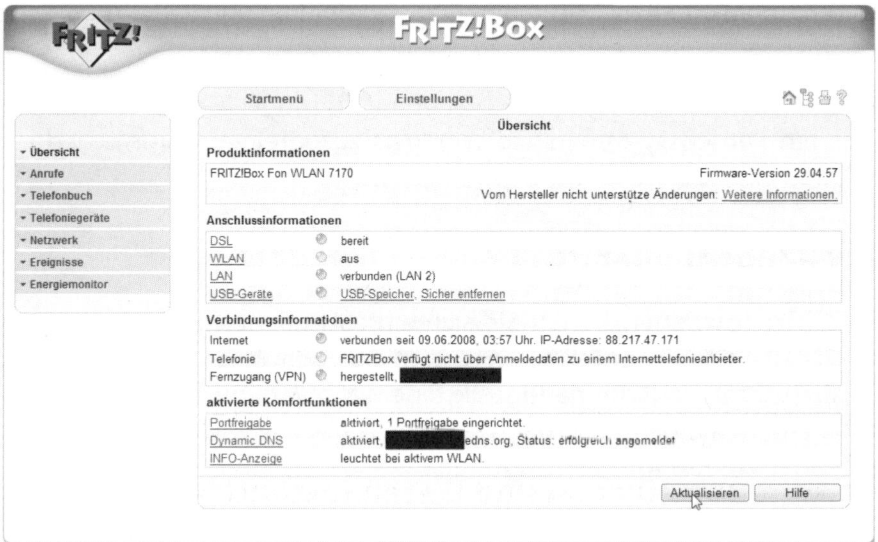

Bild 8.50 Ist der VPN-Zugriff erfolgreich hergestellt, wird neben dem Status *hergestellt* auch der aktive VPN-Benutzername im Übersichtsfenster der FRITZ!Box angezeigt.

Bei einer aktiven VPN-Verbindung können Sie auf die verfügbaren Dateifreigaben im Heimnetz – beispielsweise auf NAS-Server, Time-Capsule-Netzwerkfestplatte und dergleichen – zugreifen. Gehen Sie dazu im *Finder*-Menü über *Gehe zu* zum Dialog *Mit Server verbinden*. Dort tragen Sie das zu verwendende Protokoll sowie die IP-Adresse der Freigabe ein. So greifen Sie beispielsweise mit dem Eintrag *smb://192.168.123.20* auf die Windows-Samba-Freigaben des Geräts mit der IP-Adresse *192.168.123.20* zu.

8.4 SSH-Zugriff: praktisch und besonders sicher

Ein besonders sicherer Zugriff auf UNIX-basierte Systeme ist grundsätzlich über eine sogenannte sichere, verschlüsselte Verbindung nicht nur möglich, sondern über das Internet aus Sicherheitsgründen auch dringend zu empfehlen. Erfolgt der Zugriff über die WLAN-Schnittstelle, gilt das umso mehr. So wird nicht nur das WLAN im Allgemeinen durch eine sichere Routerkonfiguration mit dem Einsatz von WPA/WPA2 sicherer, auch der Zugriff via SSH sorgt für zusätzliche Sicherheit, damit Unbefugte keinen Unsinn auf dem Zielcomputer anstellen können.

Grundvoraussetzung für den SSH-Zugriff ist selbstverständlich ein installierter SSH-Client auf dem Mac sowie ein installierter und konfigurierter SSH-Server auf dem Zielcomputer. Ist der SSH-Zugriff einmal eingerichtet, können Sie benutzerabhängig nahezu nach Belieben auf die System- und Nutzerdaten auf dem Zielcomputer zugreifen, Daten hin- und herkopieren und vieles mehr.

Da Mac OS X nicht nur einen eingebauten SSH-Client, sondern auch einen eingebauten SSH-Server mitbringt, ist es hier ebenfalls möglich, darauf von nicht UNIX-basierten Betriebssystemen wie Windows zuzugreifen. Dafür ist jedoch die Installation eines SSH-Clients notwendig.

Windows-Zugriff über PuTTY

Falls noch nicht geschehen: Laden Sie sich ein SSH-Clientprogramm auf den Windows-PC, um damit den sicheren Zugriff auf den Mac zu ermöglichen. PuTTY ist für Puristen der Kommandozeile eine wahre Freude. Wer lieber in der Fensterwelt arbeiten möchte, für den steht mit WinSCP (*www.winscp.com/*) ein entsprechendes Werkzeug zur Verfügung.

⊡ LESEZEICHEN

http://bit.ly/1kyS98

PuTTY: Hier erhalten Sie das praktische Werkzeug PuTTY, um per Kommandozeile auf UNIX-/Linux-basierte Geräte zugreifen zu können.

Nach dem Herunterladen von PuTTY bzw. WinSCP stellen Sie die Verbindung mit dem Mac her. Selbstverständlich muss bei dem Apple-Gerät für den Zugriff über *Systemeinstellungen/Sharing* im Bereich *Internet & Netzwerke* das Häkchen bei *Entfernte Verwaltung* bereits gesetzt sein, damit eine SSH-Anmeldung zum Mac überhaupt funktioniert.

SSH-Zugriff über Konsole oder Cyberduck

Im Gegensatz zu Windows ist der SSH-Client bei Mac OS X schon von Haus aus dabei. Also ist nur noch das Öffnen eines Terminal-Fensters über *Programme/Dienstprogramme/Terminal* nötig, dann lässt sich per Befehl

```
ssh root@IP-ADRESSE
```

der Zugriff auf den Zielcomputer herstellen. Nach Eingabe des Passworts steht das Dateisystem der Gegenstelle zur Verfügung.

Wer es etwas bequemer mag, holt sich die Freeware Cyberduck, mit der Sie einfach per Drag-and-Drop Dateien und ganze Ordner zwischen Mac und Zielcomputer hin- und herschieben können.

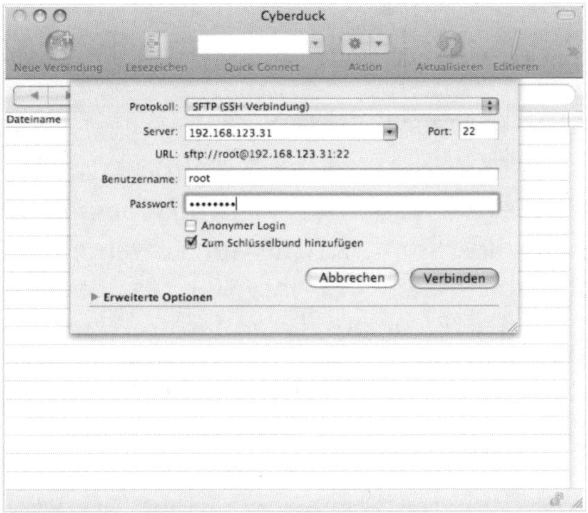

Bild 8.51 Nach Download, Installation und Start von Cyberduck stellen Sie zunächst eine Verbindung per Klick auf *Neue Verbindung* her.

Vor dem Verbindungsaufbau konfigurieren Sie Cyberduck, wie in der vorherigen Abbildung zu sehen, mit dem SFTP-Protokoll und tragen bei *Server* die IP-Adresse des Zielsystems ein. Alternativ nutzen Sie den DNS-Namen der Gegenstelle. Die Standardeinstellung für *Port* ist *22* und braucht nicht geändert zu werden.

Für *Benutzername* verwenden Sie den Account, der Ihnen für den Zielcomputer zur Verfügung steht – bei *Passwort* das dazugehörige Kennwort.

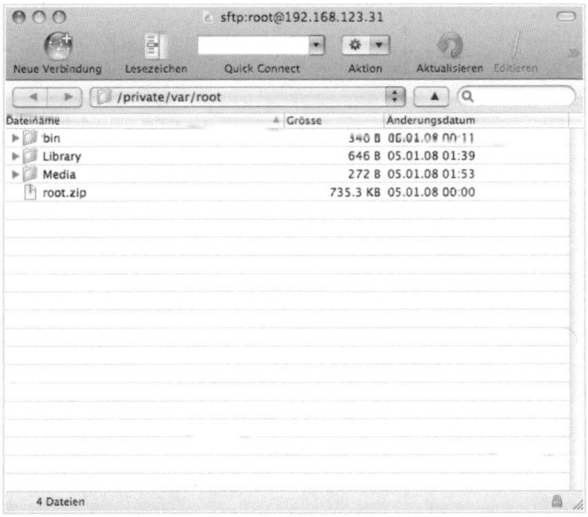

Bild 8.52 Ist Cyberduck via SSH verbunden, können Sie einfach per Maus im Dateisystem navigieren.

Ist der SSH-Zugriff erfolgreich hergestellt, können Sie nach Belieben schalten und walten: Das Haupteinsatzgebiet über die SSH-Konsole ist die Fernwartung des Zielcomputers, was sich nun nicht nur ruck, zuck bewerkstelligen lässt, sondern auch dank der genutzten Verschlüsselung sicher vonstatten geht.

Windows über Mac OS steuern

Unter Windows 7, Vista und XP richten Sie die Remote-Desktopfreigabe mit einem zusätzlichen Werkzeug ein – der Freeware TightVNC. TightVNC ist eine Weiterentwicklung des Forschungsprojekts VNC (*Virtual Network Computing*) und ist für den privaten Gebrauch kostenlos. Kommerzielle Nutzer werden um eine Spende von 10 Dollar gebeten. Beim Einsatz von TightVNC ist es unerheblich, mit welcher Verbindungsgeschwindigkeit Sie auf die entfernte Windows-Installation zugreifen, da sich die Kompression der zu übertragenden Daten manuell einstellen lässt. Trotz der enormen Einsatzmöglichkeiten von VNC & Co. sollte Folgendes nicht unerwähnt bleiben:

Normalerweise sind Remote-Administrationswerkzeuge wie TightVNC, WinVNC u. a. in Sachen Datensicherheit sehr heikel. Der Einsatz wird nur in lokalen, in sich abgeschotteten Netzen empfohlen – es sei denn, der Zugriff ist via SSH oder VPN getunnelt und damit sicher.

TightVNC-Server installieren

Egal ob Windows 7, Windows Vista oder das ältere XP – für den VNC-Zugriff auf Windows ist die Installation eines passenden VNC-Servers notwendig. Die aktuellste Version finden Sie auf der Webseite *www.tightvnc.com/download.html.* Nach Installation und Start nistet sich der VNC-Server in der Taskleiste von Windows ein.

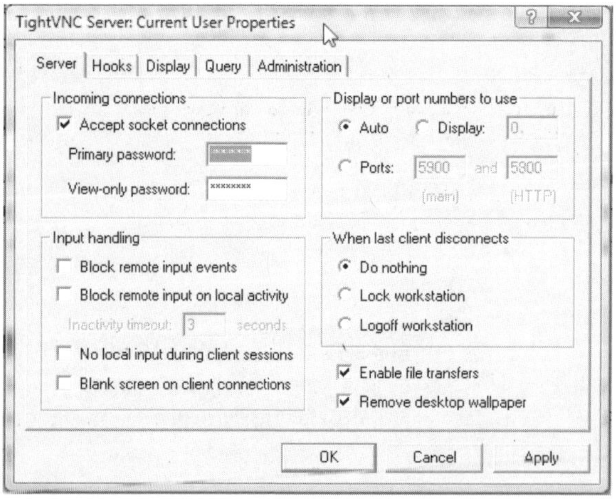

Bild 8.53 In diesem Dialog setzen Sie das für den Zugriff notwendige Passwort.

Über das Kontextmenü der rechten Maustaste öffnen Sie den *Eigenschaften-(Properties-)*Dialog, setzen im Register *Server* das Häkchen bei *Accept socket connections* und sichern mit der Eingabe eines Passworts die Anzeige bzw. die Steuerung des Windows-Systems ab.

Zugriff von Mac OS auf TightVNC-Server

Über die Tastenkombination `Befehl`+`K` erscheint der Dialog *Mit Server verbinden*. Dort tragen Sie den Netzwerknamen oder die IP-Adresse der Freigabe im Heimnetz ein.

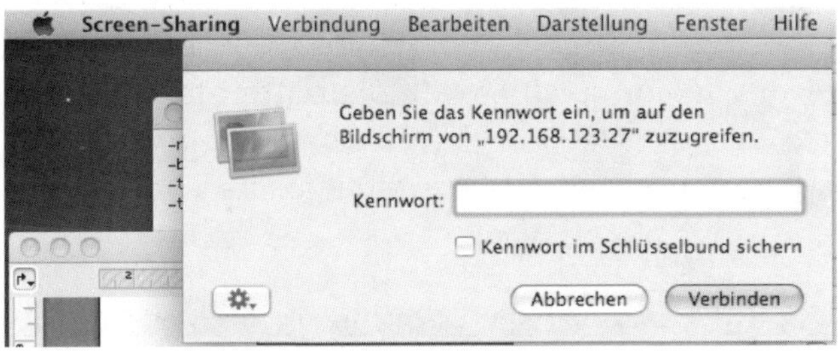

Bild 8.54 Nun geben Sie das unter Windows konfigurierte VNC-Serverpasswort ein, um von Mac OS auf den Windows-Desktop zugreifen zu können.

Es erscheint ein Warnhinweis – im Fall der Verbindung innerhalb eines Heimnetzes ist die Gefahr nicht allzu groß, dass jemand die Tastatureingaben mitliest.

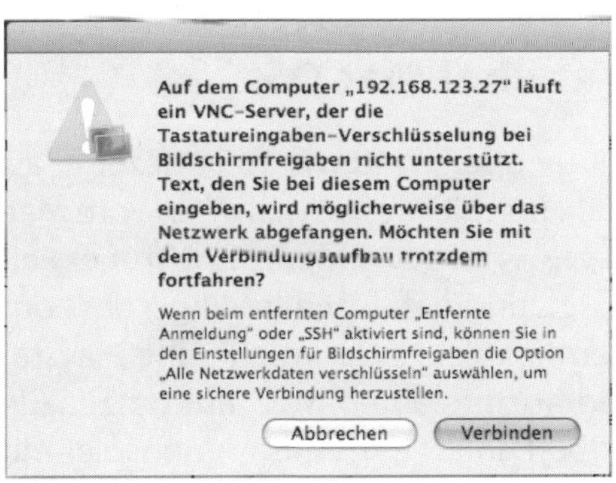

Bild 8.55 Um die Verbindung aufzubauen, klicken Sie auf die Schaltfläche *Verbinden*.

Je nach Geschwindigkeit und Art der Verbindung dauert der erstmalige Bildschirmaufbau einen kleinen Moment. Anschließend steht der entfernte Windows-Desktop unter Mac OS X zur Verfügung.

Bild 8.56 Surfen, Mailen, Systemarbeiten und vieles mehr: Per VNC lassen sich Windows-Systeme via Mac OS bequem warten.

Wer aus dem Internet mit seinem Mac den Windows-PC im Heimnetz steuern möchte, trägt statt der IP-Adresse im TightVNC-Verbindungsassistenten zunächst lediglich den Hostnamen *localhost* ein. Anschließend ist die Portweiterleitung des DSL-Routers entsprechend einzurichten.

Remote-Zugriff aus dem Internet über Mac OS

Mit VNC wird der Desktop von Ubuntu-Linux oder Windows so angezeigt, als würden Sie direkt davorsitzen. So können Sie beispielsweise mal eben vom Mac im Büro aus auf dem Windows-PC daheim etwas nachschauen, ohne früher Feierabend machen zu müssen. Grundvoraussetzung dafür ist allerdings, dass der Windows-PC oder das Ubuntu-Linux-System (in diesem Fall dient eine Playstation 3 als Linux-Rechner) eingeschaltet und hochgefahren ist. Dafür nutzen Sie die in Mac OS eingebaute *Entfernter Desktop*-Funktion im Zusammenspiel mit SSH. Da Mac OS bereits einen SSH-Client an Bord hat, braucht nichts installiert zu werden. Nutzen Sie einfach den SSH-Befehl im Terminal, um eine SSH-Verbindung zu Ihrem Heimnetz herzustellen:

```
ssh -L 4321:IHRDOMAINNAME.dyndns.org:5900 IHRDOMAINNAME.dyndns.org
```

In diesem Fall wird zu dem bei *dyndns.org* reservierten dynamischen Hostnamen *IHRDOMAINNAME.dyndns.org* über Port 5900 (Standardport von VNC) eine SSH-Verbindung aufgebaut.

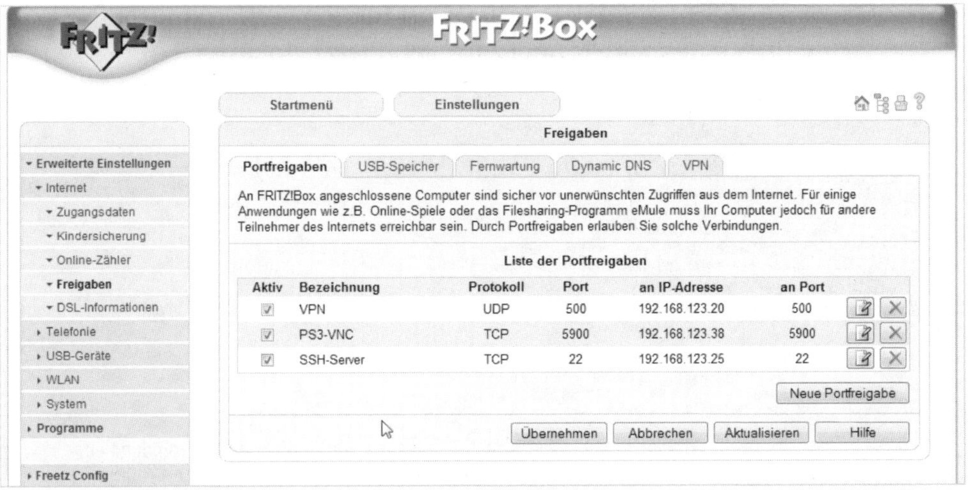

Bild 8.57 Damit die externe VNC-Verbindungsanfrage an den richtigen Computer im Heimnetz weitergeleitet werden kann, muss die Portweiterleitung entsprechend konfiguriert werden. Hier werden VNC-Anfragen via SSH an den Computer mit der internen Heimnetz-IP-Adresse *192.168.123.38* weitergereicht.

In diesem Fall ist die Portfreigabe auf dem heimischen DSL-WLAN-Router für Port 5900 auf die IP-Adresse des Zielcomputers in Ihrem Heimnetz einzurichten. Wer für den VNC-Server einen anderen »Wunschport« konfiguriert hat, nutzt natürlich den anstelle von Port 5900. Der lokale Port 4321 wird auf dem Mac-System für die Kopplung der SSH-Verbindung mit der Funktion *Entfernter Desktop* genutzt und braucht deshalb nicht im DSL-Router konfiguriert zu werden!

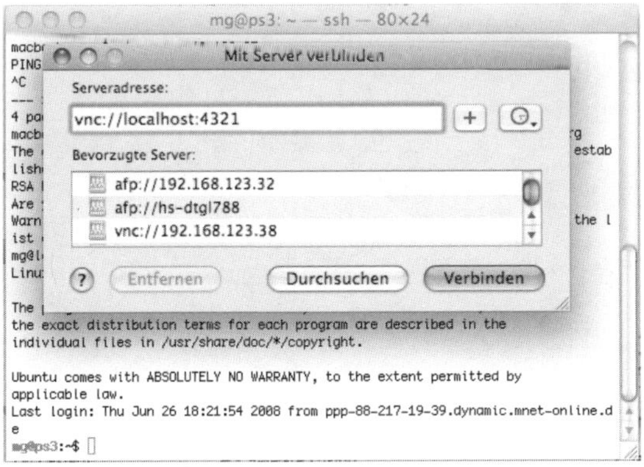

Bild 8.58 Öffnen Sie mit Befehl + K die Option *Mit Server verbinden*.

Im Dialog *Mit Server verbinden* tragen Sie nun die Verbindung zum entfernten Linux-Desktop der Playstation 3 ein. Mit dem Befehl

```
vnc://localhost:4321
```

nutzen Sie den im SSH-Befehl definierten Port für den Verbindungsaufbau, der anschließend über einen SSH-Tunnel zum Heimnetz erfolgt.

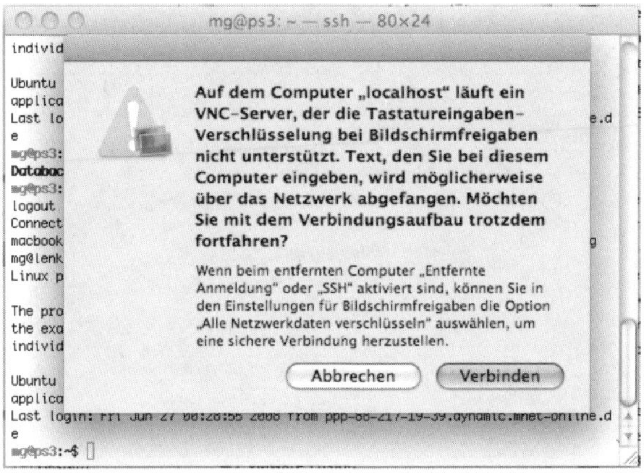

Bild 8.59 Da die Verbindung über den SSH-Tunnel geroutet wird, spielt dieser Sicherheitshinweis keine Rolle.

Nach dem Klick auf die Schaltfläche *Verbinden* wird in diesem Beispiel der aktive Ubuntu-Desktop der Playstation 3 in einem Fenster dargestellt.

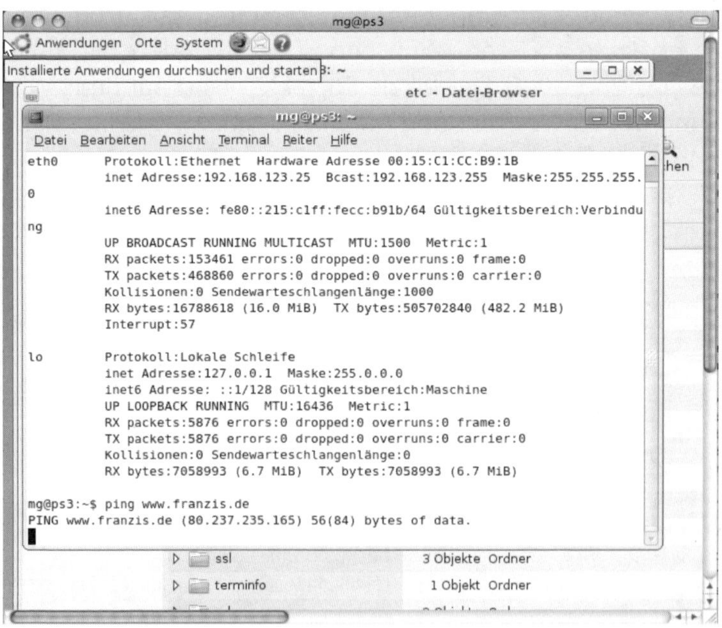

Bild 8.60 Die Darstellungsgeschwindigkeit hängt stark von der Bandbreite der Internetverbindung ab.

Wie immer bei Netzwerkverbindungen hängt die Darstellungsqualität und Geschwindigkeit von der zur Verfügung stehenden Bandbreite der Internetverbindung ab. Abhängig davon sollten Sie nicht zu große Erwartungen in den Fernzugriff setzen, zumal TightVNC zusätzlich zur Fernsteuerungsfunktion unter anderem die Möglichkeit des Dateitransfers anbietet.

Ist eine Dateiübertragung aktiv, kann sie die Fernsteuerungsfunktion erheblich ausbremsen. In diesem Fall ist eine alternative Möglichkeit der Dateiübertragung via SFTP, SCP oder SSH die schnellere Alternative. Beachten Sie aber, dass mit dem Beenden des Screen-Sharing-Werkzeugs die Verbindung aufrechterhalten wird. Den Verbindungsabbau erwirken Sie anschließend im Terminal mit dem *exit*-Befehl, mit dem die SSH-Verbindung geschlossen wird.

9 Via FRITZ!Box zur Windows – Remote-Desktopverbindung

Für den Zugriff auf den heimischen Windows-PC ist aus Sicherheitsgründen wie im vorigen Kapitel beschrieben eine SSH- oder VPN-Verbindung zu empfehlen. Doch was tun, wenn auf dem Computer, mit dem auf das Heimnetzwerk von außen zugegriffen werden soll, die beschriebenen Techniken und Programme nicht vorhanden sind und auch nicht installiert werden können? Hier steht die eingebaute Windows-Lösung Remote-Desktopverbindung bereit, mit der Sie sich aus der Ferne auf dem Windows-PC auf dem heimischen Netzwerk anmelden können. Damit das auch auf Anhieb funktioniert, muss neben der FRITZ!Box der Windows-PC selbst entsprechend vorbereitet sein.

9.1 Windows-Remote-Einstellungen einschalten

1. Zunächst prüfen Sie, ob der Windows-PC Remote-Desktopverbindungen zulässt, und schalten diese Funktion gegebenenfalls ein. Dafür klicken Sie in der Systemsteuerung unter *System und Sicherheit/System* links auf *Remoteeinstellungen*. Auf der Registerkarte *Remote* muss der Remote-Desktop eingeschaltet sein. Im nachstehenden Dialog sind die beiden Remote-Komponenten *Remoteunterstützung* und *Remotedesktop* auf den ersten Blick zum Verwechseln ähnlich.

   Während die Remote-Unterstützung für die Fernwartung eines anderen Computers gedacht ist – hier sitzen zwei Benutzer an dem gleichen Desktop –, ist bei der Remote-Desktopverbindung nur ein einziger Benutzer am Werk, der sich über das Netz wie ein lokaler Benutzer am Computer anmeldet. Dadurch ist die Remote-Desktopverbindung dann besonders praktisch, wenn beispielsweise vom aus Büro oder im Urlaub mal dringend auf den heimischen Computer zugegriffen werden muss.

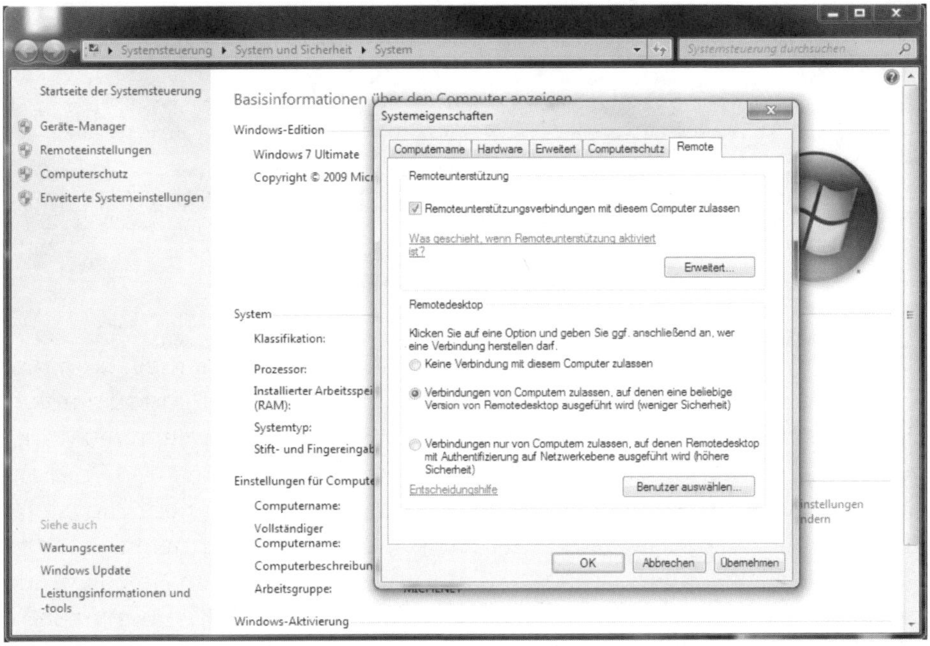

Bild 9.1 Remote-Desktop einschalten: In diesem Fall ist die zweite Option im Bereich *Remotedesktop* die richtige.

2. Um den Remote-Desktop für den Fernzugriff einzuschalten, nutzen Sie die zweite Option, die zwar weniger Sicherheit bietet, aber dafür eine breitere Windows-Unterstützung mitbringt. Hier ist dann auch eine Anmeldung von Computern mit älteren Windows-Versionen als Windows 7 möglich.

3. Bei der Option mit höherer Sicherheit (dritter Punkt) wird auf Netzwerkebene authentifiziert, was dazu führt, dass man sich nur von einem Computer, der ebenfalls mit Windows 7 ausgestattet ist, anmelden kann. Per Klick auf die Schaltfläche *Benutzer auswählen* lassen sich die Benutzer auswählen, die diesen Remote-Desktop nutzen und sich aus der Ferne anmelden dürfen.

4. Grundsätzlich muss dieser Benutzer in einer der Gruppen *Remotedesktopbenutzer* oder *Administratoren* Mitglied sein. Dafür nutzen Sie die Benutzerverwaltung in der Computerverwaltung unter *System/Lokale Benutzer und Gruppen*. Einfacher geht es jedoch über die Systemsteuerung unter *Benutzerkonten,* hier werden Benutzer mit Administratorberechtigung automatisch für den Remote-Zugriff zugelassen.

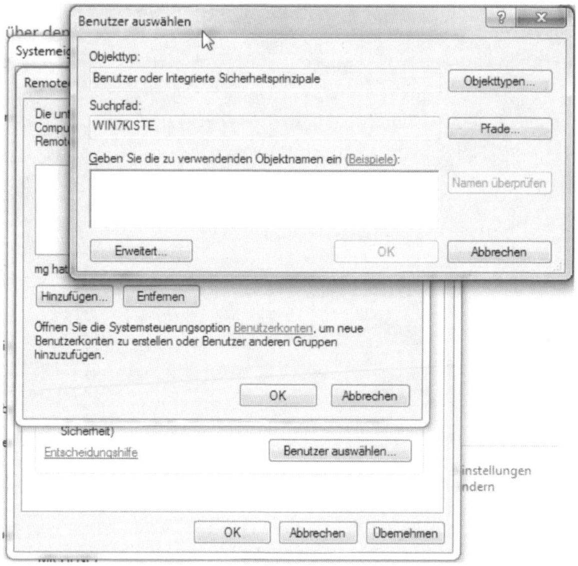

Bild 9.2 Keine Konfiguration notwendig: Benutzer mit Administratorberechtigung sind in Windows 7 automatisch für den Remote-Zugriff zugelassen.

5. Wird der Remote-Desktop über die Systemsteuerung eingeschaltet, konfiguriert Windows im Hintergrund die eingebaute Windows-Firewall um. Hier wird automatisch Port 3389 in der Firewall freigegeben. Um das zu kontrollieren, öffnen Sie die Firewall über die Systemsteuerung unter *System und Sicherheit/Windows-Firewall*. Klicken Sie links auf *Ein Programm oder Feature durch die Windows-Firewall zulassen* und prüfen Sie, ob der Schalter *Remotedesktop* für den Netzwerktyp *Heim/Arbeit* eingeschaltet ist.

6. Nach Abschluss der Konfiguration empfiehlt es sich, die gemachten Einstellungen im heimischen Netzwerk zu testen: Dafür nutzen Sie einen zweiten Windows-Computer und melden sich über *Zubehör/Remotedesktopverbindung* an. Sie brauchen bei den Anmeldeeinstellungen zunächst nur den Computernamen oder alternativ die IP-Adresse des Ziel-PCs.

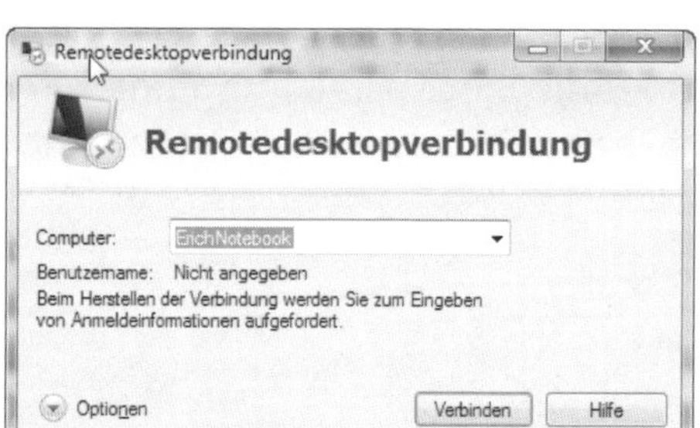

Bild 9.3 Zunächst tragen Sie den (Windows-)Namen des Computers ein.

7. Alternativ können Sie die Optionen im unteren Bereich aufklappen, um dort im Anmeldedialog das Feld für den Benutzernamen zu befüllen und auch die eingetragenen Anmeldeinformationen zu speichern, damit Sie sie nicht jedes Mal wieder eingeben müssen. Erscheint nach dem Klick auf die *Verbinden*-Schaltfläche der Desktop des entfernten Computers, können Sie im nächsten Schritt die FRITZ!Box für die Remote-Desktopverbindung einrichten, damit dieser Mechanismus auch über das Internet funktioniert.

9.2 Port für die Remote-Desktopverbindung freigeben

Wie beschrieben, benötigt die Remote-Desktopverbindung für die Kommunikation den Port 3389. Nun ist es leider so, dass manche Freizeithacker den ganzen Tag damit verbringen, im Internet mit Portscannern bestimmte Ports abzufischen und deren Kommunikation mitzulesen. Wer diesbezüglich ein bisschen mehr Sicherheit haben möchte, leitet den »externen« Datenverkehr von Port 3389 über einen persönlichen Port um. Die Porteinstellungen der FRITZ!Box richten Sie auf der Weboberfläche über *Übersicht/Erweiterte Einstellungen/Internet/Freigaben/Portfreigaben* ein.

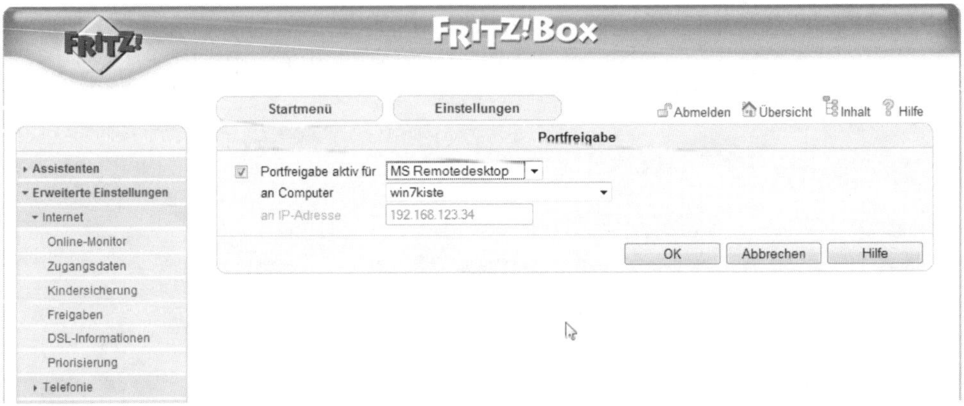

Bild 9.4 Standardmäßig ist für die Remote-Desktopverbindung von AVM bereits eine Portfreigabe vorkonfiguriert, die nur eingeschaltet werden muss.

Wer hingegen aus Sicherheitsgründen statt des Standardports 3389 einen alternativen Port nutzen möchte, der wählt zunächst im oberen Drop-down-Feld den Eintrag *Andere Anwendungen* aus und trägt im darunterliegenden Feld eine aussagekräftige Bezeichnung für die neu einzurichtende Portfreigabe ein.

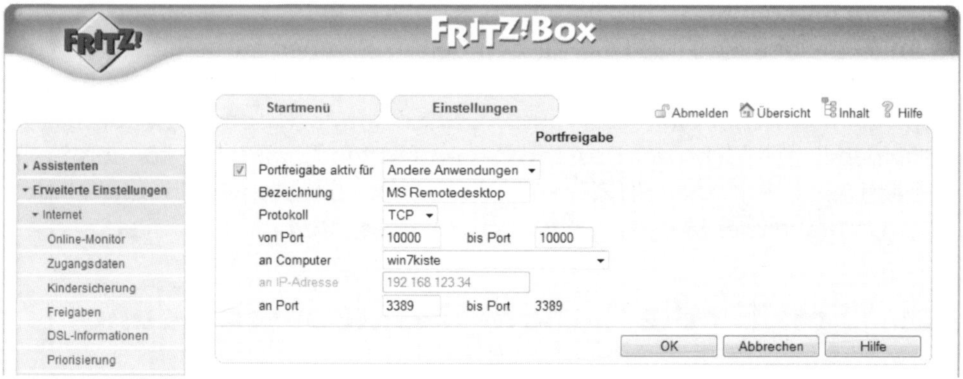

Bild 9.5 Wer aus Sicherheitsgründen einen alternativen, nahezu beliebigen Port für den Remotedesktop (nach außen) nutzen möchte, konfiguriert hier die Portfreigabe entsprechend. In diesem Beispiel wird statt des Standardports 3389 der Port 10000 für die Remote-Desktopverbindung genutzt.

Achten Sie darauf, dass bei der Konfiguration einer Portfreigabe die Zieladresse immer gleich bleibt. Hier ist es möglicherweise besser, für den Zielrechner im heimischen Netz wie oben beschrieben eine feste IP-Adresse für den PC, auf den mit Remotedesktop zugegriffen werden soll, einzurichten. Verwenden Sie im Zweifelsfall statt einer DHCP-Adresse für den PC eine statische IP-Adresse. Mit dem Klick auf die *OK*-Schaltfläche ist nun die Portfreigabe aktiv – Sie können einen ersten Test wagen:

Bild 9.6 Keine Verbindung möglich: Da das Aufwecken des Clients per Wake on LAN offensichtlich fehlschlug, lässt sich auch der Remote-Desktop nicht nutzen. Hier ist eine Überprüfung der Wake on LAN-Umgebung erforderlich.

Prüfen Sie, ob die die Fernwartung der FRITZ!Box via Internet sowie der Wake on LAN-Mechanismus (siehe Abschnitt »Wake on LAN: Heimcomputer aus der Ferne aktivieren« auf Seite 202) auch wirklich eingerichtet ist. Wenn Sie keine VPN-Verbindung zur FRITZ!Box herstellen, können Sie die Benutzeroberfläche über eine sichere HTTPS-Verbindung aufrufen – am bequemsten über einem zweiten Computer im Heimnetz, was den »externen« Zugriff via Internet hier überflüssig macht.

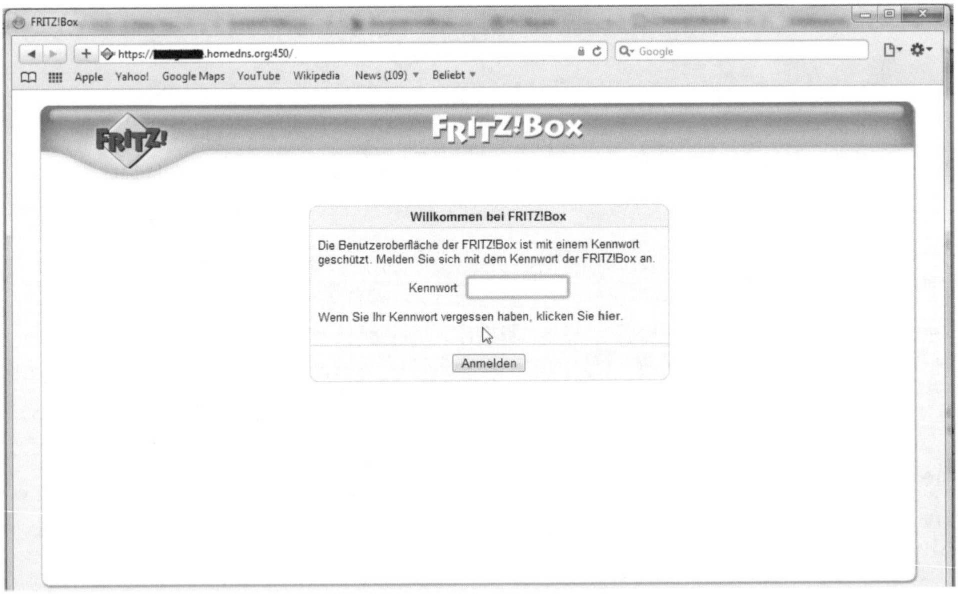

Bild 9.7 Erfolgreich über eine sichere HTTPS-Verbindung verbunden: Nun können Sie sich wie gewohnt an der FRITZ!Box anmelden.

Starten Sie jetzt die Remote-Desktopverbindung: Bei Windows 7 wählen Sie *Start/Alle Programme/Zubehör/Remotedesktopverbindung*. Auch für alternative Betriebssysteme stellt Microsoft einen passenden Client bereit:

Egal ob Mac oder Windows, ist das Programm gestartet, kommt es bei einem externen Zugriff aus dem Internet zunächst darauf an, ob die Verbindung in das Heimnetz via SSH bzw. über VPN getunnelt ist oder nicht. Im Fall einer sicheren Verbindung tragen Sie in das Eingabefeld bei *Computer* einfach den Namen des Windows-PCs oder seine IP-Adresse (im lokalen Netz) ein – hier muss der Standardport nicht angegeben werden.

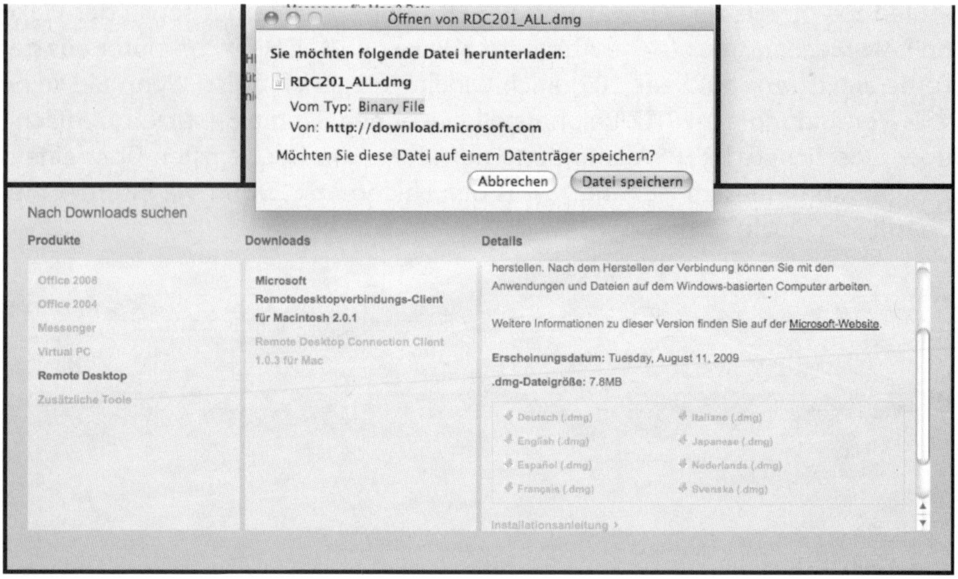

Bild 9.8 Zunächst laden Sie den Remote-Desktopverbindungs-Client für Mac bei Microsoft (*www.microsoft.com/germany/mac/products/remote-desktop/default.mspx*) herunter und installieren den Remote-Desktop-Client auf dem Mac.

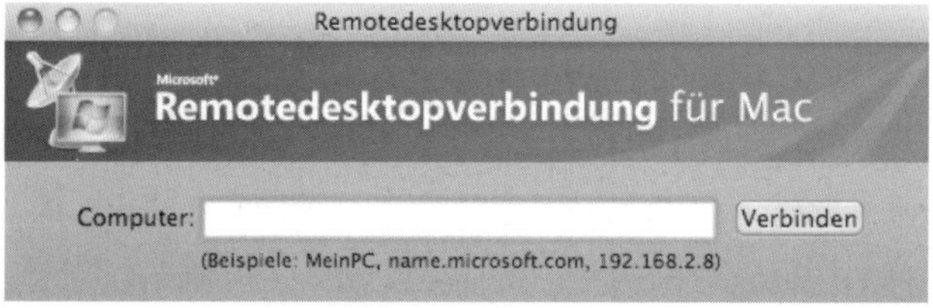

Bild 9.9 Erfolgreich verbunden: Nun können Sie sich wie gewohnt an der FRITZ!Box anmelden.

Erfolgt der Zugriff auf den heimischen PC ohne zusätzlichen Schutz von SSH oder VPN, tragen Sie hier die dynamische HTTP-Adresse ein – je nach Konfiguration gefolgt von der Portadresse. Folgende Syntax nutzen Sie, wenn Sie beispielsweise den Port 10000 für die externe Kommunikation der Remote-Desktopverbindung nutzen:

```
meinheimserver.homedns.org:10000
```

Ist die Adresse eingetragen, klicken Sie auf die *Verbinden*-Schaltfläche – im nächsten Dialogfenster tragen Sie die Anmeldeinformationen, wie Sie beim Anmelden am heimischen Windows-PC notwendig sind, ein. Zunächst wird der Benutzername samt dem dazugehörigen Kennwort und zu guter Letzt die Bezeichnung der Windows-Domain einzutragen.

Das A und O für eine erfolgreiche Verbindung ist die richtige Arbeitsgruppe bzw. Domain. Standardmäßig nennt sie sich nach einer Windows 7- oder Vista-Installation *WORKGROUP*, diese Bezeichnung variiert jedoch je nach Windows-Version. Windows XP nennt sie *MSHEIMNETZ* oder *WORKGROUP*, und falls ein Rechner, beispielsweise das Firmen-Notebook, in einem anderen Netz schon unterwegs war, hat er wieder einen anderen Arbeitsgruppennamen.

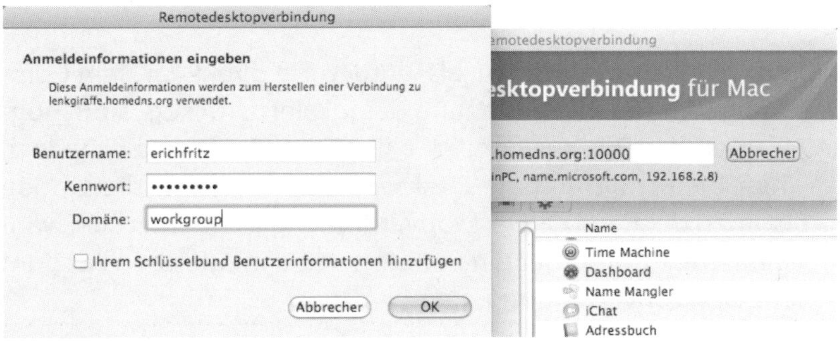

Bild 9.10 Sind die Anmeldeinformationen eingetragen, klicken Sie auf die *OK*-Schaltfläche, um die Verbindung mit dem entfernten Windows-PC aufzunehmen.

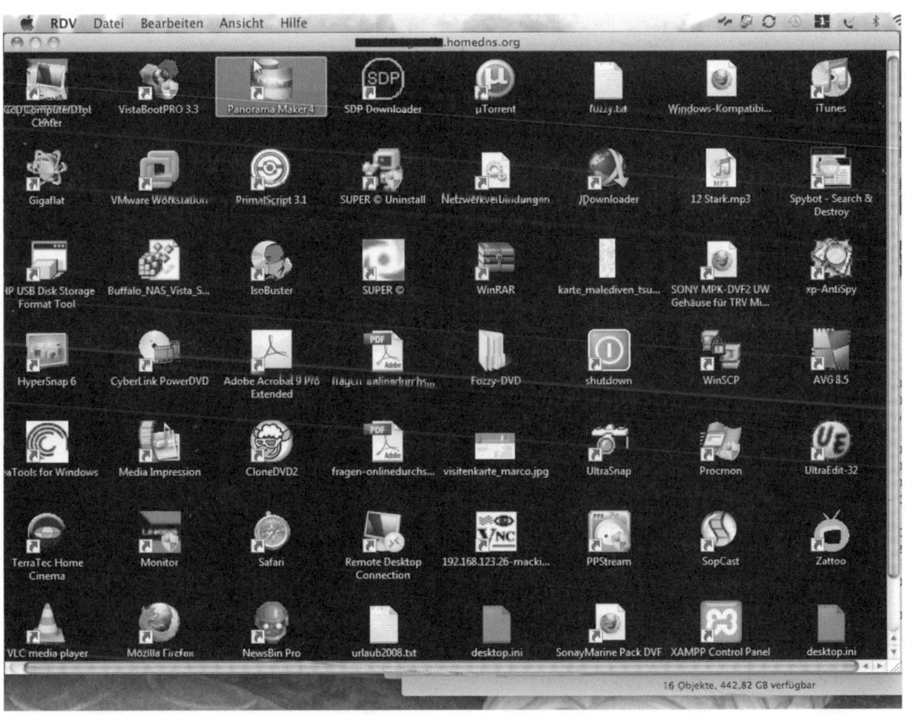

Bild 9.11 Erfolgreich verbunden: Nach einem kurzen Augenblick ist nun der Windows-Desktop des entfernten PCs hier auf dem Mac-Bildschirm zu sehen. Komfortabler ist das Arbeiten jedoch in der Vollansicht, die über die Befehlstaste gestartet werden kann.

TIPP!

Um den Arbeitsgruppennamen zu ändern bzw. auf Ihr Heimnetz anzupassen, sollten Sie Folgendes beachten: Der Name der Arbeitsgruppe muss auf allen Rechnern im Heimnetz identisch sein. Der Name sollte so kurz wie möglich sein sowie ohne Umlaute, Sonder- und Leerzeichen auskommen.

Hier können Sie nun schalten und walten, als würden Sie direkt vor dem Computer sitzen. Dateifreigaben, auch die Nutzung des lokalen Druckers, sind möglich. Das Herunterfahren des PCs aus der Ferne über das Startmenü ist jedoch nicht möglich – hier bietet die Remote-Desktopverbindung nur die Option *Trennen* für das Beenden der Remote-Desktopverbindung an. Meldet sich währenddessen am heimischen Computer ein Benutzer mit dem gleichen Account an, wird die Remote-Desktopverbindung getrennt:

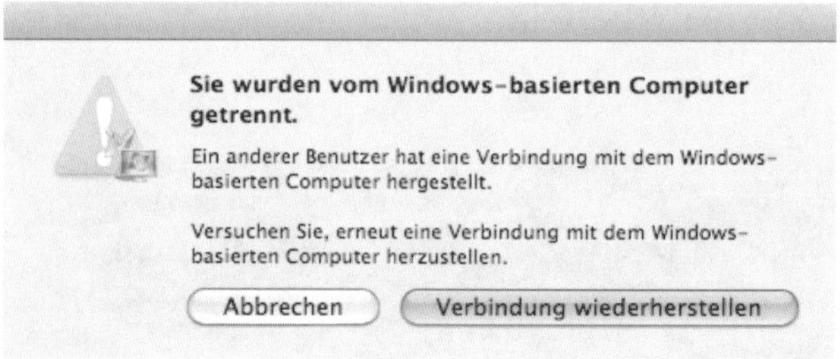

Bild 9.12 Achten Sie in einem Mehrpersonenhaushalt darauf, dass Sie unterschiedliche Benutzerkonten verwenden, damit es bei einem Remote-Zugriff nicht zu unbeabsichtigten Überschneidungen kommt.

Remote-Desktopverbindung ausgetrickst: Wer seinen Windows-PC aus der Ferne trotzdem herunterfahren möchte, legt dafür einfach eine Verknüpfung auf dem Windows-Desktop an: Klicken Sie mit der rechten Maustaste auf den Desktop, wählen Sie *Neu/Verknüpfung* und tragen Sie im *Verknüpfung erstellen*-Dialog folgenden Befehl ein:

```
C:\Windows\System32\shutdown.exe -s -t 0
```

Das Argument *-s* bewirkt, dass der Computer heruntergefahren wird, während *-t 0* das Zeitlimit für das Herunterfahren setzt. In diesem Fall wird keine Wartezeit einkalkuliert, das Herunterfahren wird in *0* Sekunden, also, umgehend, eingeleitet.

Klicken Sie anschließend auf die *Weiter*-Schaltfläche, geben Sie für die Verknüpfung eine passende Bezeichnung ein – beispielsweise *Herunterfahren* – und klicken Sie auf die *Fertigstellen*-Schaltfläche, um den Vorgang abzuschließen. Sind Sie remote mit dem heimischen PC verbunden, brauchen Sie nur noch doppelt auf die erstellte Verknüpfung zu klicken, um den entfernten PC herunterzufahren.

Index

G

H

I

W

Z

Bildnachweis

Kapitel 1

AVM	S. 10–12
E.F. Engelhardt	S. 13–18
AVM	S. 19
E.F. Engelhardt	S. 21
Ulrich Dorn	S. 22

Kapitel 2

AVM	S. 25
E.F. Engelhardt	S. 26–102

Kapitel 3

E.F. Engelhardt	S. 107–113

Kapitel 4

E.F. Engelhardt	S. 114–115
Ulrich Dorn	S. 116
Deutsche Telekom	S. 117
E.F. Engelhardt	S. 119–130

Kapitel 5

E.F. Engelhardt	S. 133–144

Kapitel 6

Western Digital	S. 145
E.F. Engelhardt	S. 146–178

Kapitel 7

E.F. Engelhardt	S. 180–200

Kapitel 8

E.F. Engelhardt	S. 203–246

Kapitel 9

E.F. Engelhardt	S. 249–256